中小学
素质教育与学生成长

郑玉梅 吴彩凤 李小丽 主编

北方文艺出版社
哈尔滨

图书在版编目（CIP）数据

中小学素质教育与学生成长 / 郑玉梅，吴彩凤，李小丽主编. -- 哈尔滨：北方文艺出版社，2022.6
 ISBN 978-7-5317-5528-9

Ⅰ.①中… Ⅱ.①郑… ②吴… ③李… Ⅲ.①素质教育-教育研究-中小学 Ⅳ.① G632.0

中国版本图书馆 CIP 数据核字 (2022) 第 065166 号

中小学素质教育与学生成长
ZHONGXIAOXUE SUZHI JIAOYU YU XUESHENG CHENGZHANG

作　者 / 郑玉梅　吴彩凤　李小丽	
责任编辑 / 张　璐	封面设计 / 邓姗姗
出版发行 / 北方文艺出版社	邮　编 / 150008
发行电话 / (0451) 86825533	经　销 / 新华书店
地　址 / 哈尔滨市南岗区宣庆小区 1 号楼	网　址 / www.bfwy.com
印　刷 / 三河市元兴印务有限公司	开　本 / 710mm×1000mm　1/16
字　数 / 205 千	印　张 / 14
版　次 / 2022 年 6 月第 1 版	印　次 / 2023 年 1 月第 2 次印刷
书　号 / ISBN 978-7-5317-5528-9	定　价 / 50.00 元

内容简介

《中小学素质教育与学生成长》是一本系统研究中小学素质教育与学生成长的专著。本书对素质、素质教育、应试教育的概念做了界定,对素质教育思想的渊源进行了阐述,并对当前中小学生成长发展现状进行了深入分析。同时,本书在科学发展观理论的指导下,对素质教育中的几个重要问题做了比较深入的研究,包括学习问题、"减负"问题、自我教育问题和家庭教育问题,并提出了相应的解决策略,旨在为提高我国中小学素质教育水平提供理论指导。

目 录

第一章 素质教育研究综述 ·············· 1
- 第一节 素质教育研究概况 ·············· 1
- 第二节 素质教育研究成果综述 ·············· 1
- 第三节 素质教育研究的成果与不足 ·············· 14

第二章 优秀传统文化与民族精神教育 ·············· 17
- 第一节 优秀传统文化与民族精神对中小学生素质的影响 ·············· 17
- 第二节 中小学优秀传统文化教育面临的问题 ·············· 25
- 第三节 优秀传统文化与民族精神提升中小学生素质的路径 ·············· 29

第三章 中小学生创新精神与实践能力的培养 ·············· 43
- 第一节 中小学生创新精神与实践能力培养的意义 ·············· 43
- 第二节 中小学生创新精神与实践能力培养的影响因素 ·············· 53
- 第三节 中小学生创新精神与实践能力培养的路径 ·············· 58

第四章 中小学德育课程建设 ·············· 67
- 第一节 中小学德育课程建设现状分析 ·············· 67
- 第二节 中小学德育课程建设中存在的问题 ·············· 76
- 第三节 中小学德育课程建设的创新路径 ·············· 86
- 第四节 网络背景下中小学德育机制的构建 ·············· 95

第五章 中小学素质教育与校长管理 ·············· 111
- 第一节 中小学校长的社会定位与职责 ·············· 111
- 第二节 素质教育对中小学校长管理的要求 ·············· 113
- 第三节 素质教育视角下中小学校长管理水平的提升路径 ·············· 119

第六章　科学发展观视角下中小学素质教育研究 …………… 135

 第一节　科学发展观概述 ……………………………………… 135
 第二节　科学发展观与素质教育的关系 ……………………… 153
 第三节　科学发展观视角下中小学素质教育的实施路径 …… 159

第七章　素质教育视角下中小学教学改革研究 ………………… 167

 第一节　教学在素质教育中的作用 …………………………… 167
 第二节　中小学现行教学问题及成因分析 …………………… 168
 第三节　素质教育视角下中小学教学改革路径 ……………… 175

第八章　中小学"家校社"教育整合研究 ……………………… 193

 第一节　中小学"家校社"教育整合的必要性分析 ………… 193
 第二节　中小学"家校社"教育整合的理论依据 …………… 198
 第三节　中小学"家校社"教育整合运行机制的构建 ……… 206

参考文献 …………………………………………………………… 215

第一章 素质教育研究综述

第一节 素质教育研究概况

我国素质教育研究的高潮主要在21世纪初，这与国家在该阶段连续下发多个推进素质教育的文件密切相关。此外，根据素质教育论文和书籍总量较少的情况可以判断，虽然国家对素质教育非常重视，但学术界对素质教育研究的热情并不算高，特别是2002年以后，无论是发表的研究论文数量还是相关书籍的出版数量都呈下降趋势。产生这一现象的原因是多方面的：①有些人可能认为素质教育理论与教育理论没有太大区别，因此无须特别研究；②素质教育的提出主要是国家行为，因此民间的研究与国家对素质教育的定性几乎同步进行，在一定程度上限制了民间开展素质教育研究的空间；③关于素质教育的一般性理论问题都已得到很好的解决，而素质教育与高考之间的矛盾一时又很难有效地解决，如果素质教育基础理论没有重大突破，素质教育研究就很难取得进展，这在一定程度上挫伤了素质教育研究的积极性。

第二节 素质教育研究成果综述

一、素质教育论文研究成果综述

素质教育论文的研究集中在素质教育的定义、素质教育与应试教育的关系，以及如何实现由应试教育向素质教育的转变等方面。此外，也有对我国推进素质教育进程进行回顾的论文。这里将其中一些具有代表性和典型性的观点分述如下。

邓银城在《理想与现实——素质教育与应试教育》一文中总结了自1990年以来素质教育相关论文的观点，提出素质教育与应试教育体现的是两种不同的教育价值观，即应试教育体现的是一种现实主义的教育价值观，而素质教育体现的是一种理想主义的教育价值观。应试教育是价值多元论在教育领域中的体现，而素质教育是价值一元论在教育领域中的体现。该论文认为，尽管目前对素质教育与应试教育界定的意见并不统一，但有一点应该肯定，就是素质教育是以全面提高学生素质为目的的教育，而应试教育是以应付考试为目的的教育。应试教育价值观的产生有着深刻的社会根源，但其中也存在诸多弊端：①使本来面向全体学生的教育不能做到面向全体学生；②使学生的素质不能获得全面提高。追求社会公平和教育公平的理想社会是素质教育的思想基础。

葛新斌、李罡在《我国学校与考试关系的历史考察——兼议"素质教育"与"应试教育"问题》中研究了学校与考试关系的基本历史形态，分析了北宋三次兴学的历史经验与教训，由此提出对素质教育和应试教育问题的思考。论文指出，学校与考试的关系随着历史的发展有四种形态：①学校与考试浑然一体；②考试从属于学校教育；③学校从属于考试；④学校与考试分立并行。自1996年全国人民代表大会通过的《中华人民共和国国民经济和社会发展"九五"计划和2010年远景目标纲要》提出"改革人才培养模式，由'应试教育'向全面素质教育转变"开始，素质教育终于从一种行政性口号转变为具有一定法律约束力的国家意志。论文还认为，把原有学校教育的主流定性为应试教育有以偏概全之嫌。选拔性考试具有其历史合理性，即从人才选拔制度发展的历史进程看，通过公开考试选拔社会所需人才是最公正合理的方式。该论文最后指出素质教育的根本出路是考试制度的变革。

郑金洲在《素质教育与全面发展教育、应试教育——十年理论研究述评》中对从1988年至1999年的素质教育研究文献进行了述评。该论文集中讨论了两个问题：①素质教育与全面发展教育的关系问题；②素质教育与应试教育的关系问题。论文认为在素质教育与全面发展教育的关系方面，教育理论界主要有四种观点：①具体化说，即素质教育是全面发展教育的具体化，是全面发展教育的落实；②深化发展说，即素质教育理论是马克思主义全面发展学说的深化和发展；③联系区别说，即素质教育与全面发展教育既有联系又有区别；④同一说，即素质教育与全面发展教育没有区别。

论文还总结了教育理论界关于应试教育的十一项弊端，以及素质教育与应试教育的八项区别。论文对素质教育与应试教育的关系提出四种不同的认识：①相互对立说，即二者关系是对立的，属"冰炭不相容"；②依存发展说，即二者是相互联系、相互渗透、层次不同的教育模式；③渗透贯通说，即二者相互渗透、相互贯通，应试教育中包含了素质教育因素，为素质教育的发展提供了生长点和营养素；④对立转化说，即二者既是相互对立的，又是相互联系、相互渗透的，并在一定条件下可以相互转化。

蒋红斌在《关于"应试教育"向素质教育"转轨"提法的思考》中坚持要从应试教育向素质教育"转轨"。论文提出不能因为素质教育与应试教育存在联系就否定"转轨"，因为应试教育和素质教育本质上是两种完全不同的教育模式。关于应试教育是否存在的问题，论文认为我国的基础教育不只存在"些许"应试的"成分"，"应试"已经占据了教育的核心位置，成为评判教育的根本尺度，因此应试教育的存在是毋庸置疑的。论文还讨论了"转轨"的时机问题，认为"转轨"确实需要一系列重要条件，但这些条件不是"自动"具备的，而是在推进"转轨"的过程中逐步创造的。论文认为应试教育无论从理论上看还是从实践上看都已经走到了其历史的尽头，到了非改不可的时候了。论文还认为，不能因为素质教育推进缓慢就否定"转轨"的正确性。

黄路阳的《论教育的筛选功能与应试教育》是一篇反对由应试教育向素质教育"转轨"提法的论文。该论文认为，应试教育是教育的筛选功能在教育实践中的反映，而应试教育的产生是由教育的筛选功能及实现该功能的技术手段决定的。此外，教育的筛选功能决定了教育的竞争性和应试性。论文认为应试教育是我国当前教育实践种种弊端的集中概括，但这并非对我国当前教育实践的全盘否定，因为从理论上讲，应试教育是教育实践的应然状态，是教育实践的合理因素，是教育实践中不可缺少的组成部分。

论文还指出，应试教育受到口诛笔伐，表明其弊端巨大：一是应试教育本身固有的弊端，二是应试教育的过度张扬。论文最后强调，源于教育筛选功能的应试教育和源于教育发展功能的素质教育是教育现象的两个必要组成部分。素质教育应作为应试教育的解毒剂，而非应试教育的替代物。解决我国当前带有过度应试教育倾向的教育实践，需要扬弃与改革，而不是彻底否定、推倒重来。总之，实现应试教育与素质教育的有机结合是当前教育应有的追求与目标。

洪宝书的《应试教育存在的社会原因分析——素质教育系列研究之二》回顾了我国自1950年以来的高考升学率，认为由于20世纪50年代平均升学率高达96.4％，应试教育现象并不存在。20世纪60年代前期，高考升学率下降到30.1％，开始出现"片面追求升学率"的现象，但相比之下并不严重。改革开放以来，虽然高考升学率从9.5％开始不断提高，但应试教育现象不但没有改善，反而越来越严重，主要表现为形式越来越完善、办法越来越多、波及面越来越广，不但冲击初高中，甚至影响小学和幼儿园。论文提出，应试教育的存在有其社会基础，因此不仅要分析其历史原因和思想根源，更要找出其存在的现实经济根源，如就业的激烈竞争、高考的低升学率、考试制度和评价方法不完善，以及应试教育方法对付现今考试制度的有效性。论文还对应试教育和素质教育矛盾的实质进行了分析，认为矛盾主要表现在四个方面：①理想教育目的的价值观与现实教育目的的价值观之间的冲突；②国家和民族的整体及部门与个人的局部之间的利益矛盾；③长远利益与眼前利益的矛盾；④多种社会矛盾在学校中的综合反映。论文最后指出，要使应试教育向素质教育转变，全面推行素质教育，就应该全力改变应试教育的社会基础。

艾修亮、郑长新的《从人的可持续发展看应试教育的弊端》从人的可持续发展教育角度对应试教育的弊端进行分析。论文认为应试教育没有把自身和日新月异的社会很好地结合在一起，更没有从人的可持续发展角度审视当今的教育。论文从三个方面分析了应试教育的弊端：①应试教育把学生当成接收知识的容器；②应试教育认为学校教育是终结教育；③应试教育是掠夺式的教育。论义篇幅虽然不长，但考虑问题的角度新颖，意义重大，是科学发展观用于素质教育研究的雏形。

钱民辉的《教育处在危机中 变革势在必行——兼论"应试教育"的

危害及潜在的负面影响》一文分析了应试教育对学生的危害及潜在负面影响，归纳起来有以下几个方面：教育内容片面、脱离社会实际、面向少数学生、不利于校长和教师素质的提高、加重了学生的负担。论文指出，从表面看，应试教育的盛行是激烈的升学竞争激发的，但从根本上分析，应试教育的存在和迟迟不能退出历史舞台是因为有传统的求学观念、以学历取人的就业制度和选择精英的高考制度支撑。论文认为，我国的教育已经失去了其本身的意义，社会对这种教育的批评越来越激烈，学校教育处在危机之中。教育危机包括道德教育危机、心理教育危机、科学教育危机、智力教育危机、生存教育危机和其他教育危机。论文最后强调，教育的变革势在必行，变革的重点包括：全民教育；构建终身教育体系；调整培养目标；进行课程改革，提高教育质量；调整教育结构，包括纵向结构和横向结构；改革教育管理体系，逐渐向依法治教过渡；加强教师队伍建设；增加教育经费投入，提高使用效率；以学为中心，重视学生的个性发展；加强教育国际化。

王三策的《保证基础教育健康发展——关于由"应试教育"向素质教育转轨提法的讨论》是一篇反对由应试教育向素质教育"转轨"提法的论文。论文认为，在1999年《中共中央国务院关于深化教育改革，全面推进素质教育的决定》发布后，关于"转轨"的提法就有了结论，因为文件没有出现应试教育和"转轨"两个词，所以没有给素质教育设置一个应试教育的对立面，而是说"全面推进素质教育"。但是，论文认为关于"转轨"的问题仍然在继续，因此有必要进一步对为什么不能提"转轨"进行再讨论。论文提出，"转轨"的提法具有一定的合理成分。例如：提高国民素质是"转轨"提法的根据，出发点或初衷是完全正确的；"转轨"提法强调中小学不应该以升学为唯一目的，这也是符合社会、教育发展趋势的；"转轨"提法对追求升学率现象进行严厉批判，这也有合理的一面。同时，论文指出"转轨"提法存在的一些问题，其中包括：①道理说不清楚，认识不能统一；②行动困难；③缺乏社会基础；④与我国教育现代化的进程不相符；⑤轻视科学知识教育和教育质量。论文强调，要在基础教育上体现素质教育精神，应该以1999年《中共中央国务院关于深化教育改革，全面推进素质教育的决定》为指导思想，在社会发展的基础上深化教育改革,在全面推进素质教育的过程中搞好基础教育,保证基础教育的健康发展:①确立教育方针的权威;②积极创造条件,包括依靠法律和社会的支持,加快高等教育发展和调整中等教育结构,改革考试招生和教育评价制度,进行课程调整与改革,积极推进教学改革和提高课堂教学质量,加强教师队伍建设,改善学校教育环境,"减负"等;③把提高教学质量放在第一位。

戴贤远的《如何摆正应试教育与素质教育的关系》从学习基本要素的思维能力和记忆能力入手,阐述了学习中"教"与"学"的相关问题。关于"教"的问题,论文认为:①教书不能不设考试;②考试关系到学生的记忆和思维;③考试有轻重;④强化素质教育,强调学生分析问题、解决问题的能力;⑤高等学校的教学管理部门在课堂秩序之外,不对教学方法、教学形式实施督导,保留课堂上教与学的活力,也保留学科的差异;⑥素质教育的实施比应试教育难度大。关于"学"的问题,论文认为:①学习必须满足考试要求;②学习应该以提高学生素质为目的;③学生不应以考试评判不了素质水平为借口蔑视考试;④在素质教育主导下,学生应努力向老师学习可学的东西,而不是期望老师把学问装进自己的脑子里。

二、素质教育著作研究成果综述

相对论文而言,研究素质教育的著作更为丰富,涉及的内容更为全面,参考价值更高。这些著作的另一个特点是论文集比较多。其中一些代表性著述提出的观点和见解确实引人瞩目。

由北京师范大学顾明远教授主编的《素质教育的理论探讨》是1996年出版的论文集。该书是最早的有关素质教育研究的书籍,全书共收集素质教育相关论文49篇,许多论文作者都是素质教育方面的专家,也是素质教育专著和教材的作者,因此该书对推进我国素质教育的贡献是巨大的。作为最早的有关素质教育研究的论文集,虽然其中的一些观点和认识存在一定的偏颇,但该书涉及的素质教育内容的广泛性和讨论问题的针对性都为今后的素质教育研究打下了坚实的基础。因此,该书应该成为素质教育研究的里程碑。

第一章 素质教育研究综述

其中，顾明远在《教育改革的关键在于教育思想的转变》一文中讨论了教育目的论、人才观、学生观、教学论等教育思想问题。指出只有端正教育思想，教学内容、教学方法的改革才能顺利进行，教育中的弊端才能被克服。郭介成、贾盛茂在《21世纪对人的素质的呼唤和中国教育的选择》一文中指出，健全的人格是进入21世纪的"护照"，充分发展的个性是民族的宝贵财富，同时指出学生要学会生存、学会学习。徐仲安在《教育就是提高人的素质——略论"素质教育"的目标与任务》一文中指出了"素质教育"的目标与任务：①必须强调政治素质的重要性；②培养具有世界意识的、有竞争力的开拓性人才；③要使接受过普通教育的每一个学生都具有作为社会普通劳动者的品格。燕国才在《关于素质教育的几个问题》一文中指出，所谓素质教育，简言之，就是提高人们自然素质和社会素质的教育；详言之，则是身体素质教育、政治素质教育、思想素质教育、道德素质教育、专业素质教育和心理素质教育的有机结合。孙孔懿在《素质教育中的几个关系》一文中，探讨了人的素质发展的无限性与有限性的关系、外因与内因的关系、发展群体素质与发展个体素质的关系，以及素质教育的民族化与国际化的关系。

上海师范大学教授燕国材所著《素质教育论》的前10章为理论研究部分，涉及素质教育的基本概念、素质教育提出的必然逻辑，以及素质教育与教育人本论、学生主体论、心理内化论、结合论及全面发展教育、个性教育、健康教育的关系；后面几章为实践部分，着重讨论了身体素质教育、心理素质教育、政治素质教育、思想素质教育、道德素质教育、业务素质教育、审美素质教育、劳动技术素质教育及教师素质和学校管理问题。

该书在素质的含义、素质的结构、素质的特点、素质教育的含义、素质教育的内容、素质教育的特点、素质教育与应试教育的关系，以及素质教育与全面发展教育等意见分歧比较大的方面，全面总结了前人的观点。作者还从理论和实践两个方面对与素质教育相关的问题进行了系统和全面的阐述，因此该书是一本指导素质教育研究和实践的好书。通过该书可以看出，在素质教育研究初期，学者对素质教育的认识还有很大差异，有些观点甚至是相反的。例如，对于应试教育是否应向素质教育转轨的问题，现在仍然在争论。不过，该书缺少如何解决在推进素质教育过程中遇到的困难等方面的阐述。

《柳斌谈素质教育》收集了教育部原总督学柳斌同志的49篇论文和讲话，涉及素质教育理论和实践的方方面面，对宣传和推进素质教育发挥了重要作用。该书从为什么要提倡素质教育、什么是素质教育、什么是应试教育等方面入手，对素质教育进行了全方位、全过程的探讨。同时也讨论了基础教育的相关内容，如基础教育改革、办学指导思想、家庭教育等。该书可以称为素质教育的经典著作，我国实施素质教育的基本思路大多出自该书。例如：素质教育要面向全体学生，使学生全面发展和主动发展；要构建素质教育体系，改革考试制度；实施好素质教育要转变教育观念，建设校长和教师队伍，建立科学的评价体系；等等。

陆炳炎、王建磐的《素质教育：教育的理想与目标》是1998年12月在华东师范大学召开的"素质教育研讨会"的论文集。本书收录了研讨会中的21篇论文，其中包括素质教育理论研究，课程改革、学科教育与教育评价，区域推进与学校实践三个方面的内容。参加研讨会的人员除华东师范大学多名知名教授外，还有教育部和其他著名高校的素质教育理论工作者及多名来自中小学的教育工作者。该书对素质教育的研究理论和实践都起到了积极的推动作用。该书在素质教育理论研究方面共收录了8篇论文。其中，华中师范大学李以章、杜时忠撰写的《素质教育重在"纠偏"》一文，对素质教育的提法是否合理进行了研究，指出从当前教育改革实践的角度看，提出素质教育这个概念是必要的，也是恰当的；相对于"全面发展教育"，素质教育更具有改革的特点。华东师范大学袁振国在《素质教育——跨世纪的教育指向》一文中提出，素质教育是一种理想、一种价值观、一种境界，而创新教育是素质教育的灵魂。华东师范大学郑金洲在《素质教育研究辨歧》一文中归纳了当时的素质教育成果。当时对于什么是素质教育争议甚大，有着眼点上的差异、方式上的差异、范围上的差异和程度上的差异，很难将其统一在一个框架系统内。该论文将素质教育与全面发展教育的关系归纳为"具体化说""深化发展说""联系区别说"及"同一说"；将应试教育与素质教育的关系总结为"相互对立说""依存发展说""渗透贯通说"和"对立转化说"。对于素质教育的突破口，论文将其归纳为"概念说""制度说""培养目标说""德育说""美育和艺术教育说""学校管理模式说""评价体系说"和"个性发展教育说"。

钟志贤、范才生主编的《素质教育：中国基础教育的使命》是一本论述素质教育的专著。全书共分10章，主要围绕我国基础教育的历史背景和实际状况，对素质教育的内涵、课业负担、健体健心、学习、劳动、做人、创造、审美、发展思路等方面进行了翔实的论述。全书以事例为基础，通过感性畅达的文字，对素质教育的理论和实践问题进行了透彻的分析和研究，情感浓郁，通俗易懂，可读性强。该书比较了日本、美国和我国的基础教育，总结了应试教育的问题：①学业负担繁重，升学压力大；②背不完的概念，做不完的习题，影响学生的休息和健康；③各种名目的"奥校"，使学生不堪重负；④频繁的考试造成学生的心理压力。其结果是青年人社会公德失范、智力开发不足、文化素养较差、劳动技能偏少。该书还提出素质教育的特性，包括全体性、主体性、发展性、全面性和开放性。

《素质教育》是北京师范大学石中英、王卫东主编的"素质教育新概念"丛书中的一本，作者于建福。全书共分8章，主要论述了与素质教育相关的问题，包括素质与素质教育、素质教育与应试教育、观念转变、教育方针、教育机会均等、个性发展、终身教育和课堂教学。该书认为，素质教育中涉及的人的素质应该是广义的素质，指个体的先天禀赋，以及在此基础上通过环境和教育影响并发展起来的，相对稳定的身心组织的要素、结构及其质量水平；而素质教育是教育者基于个体发展和社会需要，利用各种有利条件，通过各种有效途径，以适当的方法引导全体受教育者积极主动地开发自身的潜力，提高自身的整体素质，并实现个体充分且自由发展的教育。在素质教育与应试教育的关系问题上，该书认为素质教育与应试教育是根本对立的，因为二者在教育目的、教育对象、教育任务、教育内容、教育方法、教育评价标准及教育结果等方面都不相同，因此提出由应试教育向素质教育"转轨"是正确的。该书强调，要实施素质教育，转变教育观念是前提与先导，贯彻教育方针是基础，实现教育机会均等是基本要求，促进个性发展是目标。该书言简意赅、条理清楚、观点鲜明，是一本很好的素质教育研究参考书。但该书没有涉及考试与素质教育的关系，以及如何解决考试与素质教育的矛盾等问题，略有遗憾。

《中国教育跨世纪的战略选择：素质教育探索》是罗时茂主编的集素质教育理论与实践于一体的素质教育研究书籍。该书共8章，从素质教育产生的历史背景、素质、素质教育、素质教育的目标体系、素质教育的评价、素质教育与教学改革、素质教育与学科教学、素质教育与教师素质等八个方面进行了详细的论述。其特点之一是比较系统地阐述了素质教育产生的历史背景，使读者对素质教育产生的国际、国内、政治、经济、文化等背景有比较全面、系统的认识。该书根据大多数编者从事一线教育工作的特点，强化了教学改革、学科教学和教师素质等实践性较强的内容，为具体指导中小学教师开展素质教育提供了操作性较强的理论参考。该书提出，可以从多个角度把握素质教育的内涵：①提高和完善人的素质的教育；②提高整个中华民族的素质的教育；③对人的潜能开发、心理品质培养和社会文化素养训练的整体性教育；④提高国民德、智、体、美、劳的教育。

吴文侃、黄仁贤主编的《中小学公民素质教育国际比较》是一本对九个国家中小学公民素质教育进行比较的书籍。该书是"比较教育论丛"中的一本。"比较教育论丛"是"十五"国家重点图书出版规划项目，总主编由曾任世界比较教育学会联合会双主席之一的顾明远担任。该书指出，由于各国在教育改革上的提法不一致，只有把所有能提高教育教学质量、提高人才素质的措施都看作素质教育的组成部分，才能进行公民素质教育的国际比较。该书通过对中国、美国和日本等九个国家的公民素质教育进行比较，总结了各国的经验：①调整培养目标，以适应21世纪对公民素质的要求；②改革课程结构，全面提高中小学生的公民素质；③采用多种形式，全方位实施中小学公民素质教育。该书最后指出，要发扬传统，借鉴国际经验，全面推进有中国特色的中小学公民素质教育。

《素质教育理论与基础教育改革》是吴柳教授主编的"21世纪园丁工

程丛书"中的一本。该书对素质教育的理论沿革、素质教育的理论内涵、素质教育的理论背景、素质教育的核心、素质教育的导向等五个方面进行了全面系统的分析与研究。该书理论系统性强，对实践的指导针对性强，对中小学校长和教师有很好的指导作用，是一本推动素质教育发展的好书。该书将我国的素质教育发展分为三个阶段：酝酿尝试阶段（1988—1993年）、实验推广阶段（1993—1997年）和全面实施阶段（1997年至今）。该书指出：素质教育是一种与应试教育对立的教育模式；是一种全面发展的教育；是贯彻教育方针最有力的教育；是一种通识教育；素质教育不完全等同于基础教育，但基础教育必定是素质教育；是面向全体学生的教育；是一种重视个性发展的教育。

还有许多素质教育研究的优秀书籍，由于本书的篇幅所限，不一一赘述，但是笔者读后收获颇丰，这些优秀书籍为课题的研究和论文的撰写提供了有益的指导和帮助。例如：素质教育调研组编写的《共同的关注：素质教育系统调研》和《共同的关注：素质教育系统调研续》，金一鸣、唐玉光主编的《中国素质教育政策研究》，单中惠主编的《外国素质教育政策研究》，汪青松等编写的《杨叔子院士文化素质教育演讲录》，张楚廷编写的《张楚廷教育文集：素质教育卷》，魏书生编写的《教育改革与素质教育》，谢祥清的《素质教育导论》，赵作斌的《成功素质教育论集》，游铭钧的《论素质教育与课程改革》，崔相录的《今日素质教育》，白水、金矢主编的《中国素质教育论文选》，田征的《素质教育梯次发展管理评价实践研究》，毛宗山的《素质教育学导论》，刘苍劲的《现代素质教育论》，等等，均值得一读。

三、国家文件对推进素质教育的论述

1985年5月，邓小平在第一次全国教育工作会议上指出："我们国家，国力的强弱，经济发展后劲的大小，越来越取决于劳动者的素质，取决于知识分子的数量和质量。"这应该是我国领导人第一次在正式场合提出人的素质问题。同年发布的《中共中央关于教育体制改革的决定》中明确指出，"在整个教育体制改革的过程中，必须牢牢记住改革的根本目的是提高民族素质，多出人才、出好人才"。这是第一次在正式文件中提出提高素质，是我国推进素质教育的发端。1993年2月，中共中央、国务院制定发布的《中国教育改革和发展纲要》首次提出了应试教育的概念。文件指出，"中小学要由'应试教育'转向全面提高国民素质的轨道，面向全体学生，全面提高学生的思想道德、文化科学、劳动技能和身体心理素质，促进学生生动活泼地发展。办出各自的特色"。文件进一步强调，"教育改革和发展的根本目的是提高民族素质，多出人才，出好人才"。

1994年6月，国务院原副总理李岚清在全国教育工作会议上提出"基础教育必须从'应试教育'转到素质教育的轨道上来，全面贯彻教育方针，全面提高教育质量"，首次提到"素质教育"。同年8月，《中共中央关于进一步加强和改进学校德育工作的若干意见》第一次正式在中央文件中使用了"素质教育"的概念。文件指出，"增强适应时代发展、社会进步，以及建立社会主义市场经济体制的新要求和迫切需要的素质教育"。1996年3月，第八届全国人民代表大会第四次会议批准的《中华人民共和国国民经济和社会发展"九五"计划和2010年远景目标纲要》中提到"改革人才培养模式，由'应试教育'向全面素质教育转变"，第一次对我国基础教育的现状和今后改革的方向给出了明确的论断。1997年10月，国家教育委员会（现教育部）制定了《关于当前积极推进中小学实施素质教育的若干意见》（以下简称《若干意见》），对素质教育进行了全面阐述。《若干意见》指出，"改革人才培养模式，由'应试教育'向全面素质教育转变，这是我国国民经济和社会发展对中小学教育提出的要求，是基础教育面临的一项重大任务"。《若干意见》从"全面推进素质教育是中小学的紧迫任务""采取有力措施促进素质教育的实施""加强领导，创设环境，保证素质教育的顺利实施"三个方面入手对素质教育进行了系统论述。《若干意见》还指出，"实施素质教育是一项复杂的社会系统工程，具有长期性和艰巨性"。这是我国推进素质教育的纲领性文件，对指导和推进中小学素质教育的实践起到了积极的作用。

1998年2月，国家教育委员会提出《关于推进素质教育调整中小学教育教学内容、加强教学过程管理的意见》，提出"实施素质教育要逐步建立学生全面发展的多元评价指标体系,使学生能客观、全面地了解自己,体验成功,看到不足,明确努力方向。教师应从评价中得到改进教育教学的反馈信息,要坚决摒弃仅以学业成绩作为评价学生的标准,以及损害学生人格的错误做法"。同年12月,国家教育委员会又制定了《面向21世纪教育振兴行动计划》,提出要"实施'跨世纪素质教育工程',提高国民素质""体育和美育是素质教育的重要组成部分",以及"实施素质教育,要从幼儿阶段抓起"等新概念,完善了素质教育理论体系。

1999年6月发布的《中共中央国务院关于深化教育改革,全面推进素质教育的决定》,提出实施素质教育要以提高国民素质为根本宗旨,以培养学生的创新精神和实践能力为重点,使受教育者坚持学习科学文化与加强思想修养的统一,坚持学习书本知识与投身社会实践的统一,坚持实现自身价值与服务祖国人民的统一,坚持树立远大理想与进行艰苦奋斗的统一。同年召开的第三次全国教育工作会议,发出了深化教育改革、全面推进素质教育的动员令。自此,素质教育开始进入全面推进的新阶段。

2001年5月,国务院印发《国务院关于基础教育改革与发展的决定》,对全面推进中小学素质教育进行了部署。文件提出:实施素质教育,促进学生德智体美等全面发展,应当体现时代要求;切实增强德育工作的针对性、实效性和主动性;加快构建符合素质教育要求的新的基础教育课程体系;贯彻"健康第一"的思想,切实提高学生的体质和健康水平。

2007年5月,国务院发布《国家教育事业发展"十一五"规划纲要》,提出以素质教育为主题,坚持育人为本、德育为先,把立德树人作为教育的根本任务,将素质教育贯穿于各级各类教育,贯穿于学校教育、家庭教育和社会教育,努力培养德智体美全面发展的社会主义建设者和接班人。

此外,在党的十八大报告、十九大报告中,都强调要全面实施素质教育。从1985年我国首次提出人的素质问题开始,在30多年的实践中,素质教育由简单的概念逐步发展成完整的体系,并受到党和国家的高度重视,成为我国教育事业发展的国策之一。

第三节　素质教育研究的成果与不足

一、素质教育研究的初步成果

虽然学术界在研究初期对素质教育的许多方面存在一些争论，但是经过近30年的研究、探索和实践，在素质教育的许多方面都已经形成共识，初步建立了素质教育的理论体系。素质教育研究的初步成果已经体现在党中央、国务院和教育部的有关文件中，概括起来主要体现在以下九个方面。

①素质教育就是贯彻党的教育方针，促进人的全面发展，与中华人民共和国成立以来的教育相比更加强调素质的发展，能更好地促进人的全面发展。因此，推进素质教育既不是要改变党的教育方针，也不是对我国现有教育的全盘否定。

②素质教育的提出最初主要是为解决一部分地区和学校存在的应试教育倾向，是针对基础教育的，现在已推广到各类各级教育中，包括幼儿教育、中小学教育、职业教育、成人教育、高等教育等，成为我国教育的基本模式。

③素质教育以提高国民素质为根本宗旨，以培养创新精神和实践能力为重点，坚持面向全体学生，为学生的全面发展创造条件，使学生生动活泼、积极主动地发展。

④素质教育要使学生"坚持学习科学文化与加强思想修养的统一，坚持学习书本知识与投身社会实践的统一，坚持实现自身价值与服务祖国人民的统一，坚持树立远大理想与进行艰苦奋斗的统一"，成为"有理想、有道德、有文化、有纪律"的、德智体美等全面发展的社会主义事业建设者和接班人。

⑤素质教育中提到的素质指的是广义素质，是指人在后天通过环境影响和教育训练所获得的稳定的、长期发挥作用的基本品质结构，包括人的思想、知识、身体、心理品质等。

⑥素质教育涉及教育的方方面面，包括教育观念转变、教师队伍建设、

教学改革和教学质量提高、课程体系改革、升学考试制度改革、教育评价体系改革，以及学校教育、家庭教育与社会教育配合机制的建立和完善等。

⑦素质教育是庞大而复杂的系统工程，全面实施素质教育是漫长的过程，因此希望通过短时间的探索和实践建立比较完善的素质教育体系是不现实的。同时，在推进素质教育的过程中出现这样或那样的问题和困难也是在所难免的。

⑧应试教育是指在我国教育实践中客观存在的，偏离了受教育者和社会发展的根本需要，单纯为应付考试、争取高分数、片面追求升学率而开展的一种教育倾向。它主要面向少数学生，忽视大多数学生的发展；偏重知识传授，忽视德育、体育、美育和生产劳动教育；忽视能力与心理素质的培养；以死记硬背和机械重复训练为方法，妨碍学生生动、活泼、主动地学习，学生课业负担过重；以考试成绩作为评价学生的主要标准甚至是唯一标准，挫伤学生学习的主动性、积极性和创造性，影响他们素质的全面提高。

⑨对应试教育向素质教育"转轨"提法的认识也在激烈的辩论中逐渐统一了。虽然全面推进素质教育要改变过去的一些教育方式，但"转轨"一词代表了对我国现行教育实践的全盘否定，这不符合我国教育的实际情况，也没有必要。

二、现有素质教育研究的不足

在素质教育的研究中也存在一些问题，主要表现在两个方面：①素质教育的研究成果主要集中于宏观层面，对具体问题的指导还不够；②一些关键问题的理论研究不够深入。这些问题削弱了实施素质教育的积极性，是解决推进素质教育存在的问题的关键。素质教育研究的具体问题集中体现在三个方面。

1. 人的发展规律的研究需要进一步深化

人的发展过程非常复杂。从宏观看，人的发展包括知识、素质、能力的发展。从细节看，人类的知识是无限的，人的素质和能力各有几十项甚至上百项。一方面，人无法学习所有的知识，也无法发展所有的素质和能力；另一方面，人的各个发展阶段对于知识、素质和能力的要求也各不相同。人的发展状况随时间的变化而变化。此外，社会对人的要求也在随着人的成长和发展、岗位的变化、社会地位和职位的变化而变化。这些问题还没得到深入的研究，许多问题甚至还没提出来。因此，素质教育的研究还缺少坚实的理论基础。

2. 对素质教育的认识需要进一步深化

从现有的研究看，对素质教育的认识还存在许多模糊之处。首先，素质教育的目标是促进人的全面发展，这与我国现行教育的目标并没有区别。有研究指出，素质教育能够更好地促进人的全面发展，即素质教育与现行教育之间并没有本质的区别。但素质教育作为教育模式的重大转变仅仅造成教育目标上的微小变化，在逻辑上显然说不通。其次，素质教育自身的规律也需要进一步研究，如学生素质提高的规律、素质教育随着学生发展的变化及素质教育的针对性等。

3. 素质教育具体内容的研究需要进一步深化

素质教育推进困难的重要原因是学术界对素质教育的一些具体内容缺少深入研究：①学生学习规律的研究需要进一步深化。学术界普遍认为素质教育无法提高学习成绩，甚至还会降低学习成绩。这是推进素质教育的"拦路虎"，解决这一问题的关键是学习规律的研究。②"减负"问题的研究需要进一步深化。中华人民共和国成立以来，"减负"始终是教育方面棘手的问题，没有得到有效解决。仅仅把"减负"看成是态度问题显然不够，急需进行深层次的原因分析及相关的理论研究。③学生自我教育问题的研究需要进一步深化。以人为本理念的主要内容之一是一切依靠人。素质教育如何依靠学生开展是一个重要命题。目前，我国对学生自我教育的重视程度远远不够，仅仅把学生的自我教育看成是教育的辅助环节。④家庭教育研究需要进一步深化。素质教育的许多内容都是由家庭教育完成的，推进素质教育如果没有家庭教育的有力配合将很难实现目标。提高家庭教育水平首先要提高全体家长的教育水平，这是非常艰巨的任务。

第二章 优秀传统文化与民族精神教育

第一节 优秀传统文化与民族精神对中小学生素质的影响

一、中华民族优秀传统文化的内涵

中华民族优秀传统文化与民族精神教育的资源十分丰富，有效运用这些资源教育学生，对提升学生素质具有重要的作用。

传统文化是指随文明演化汇集成的一种反映民族特质和风貌的文化，是各民族历史上各种思想文化、观念形态及其附属物的总体表征，其中既包括物质文化，也包括精神文化，是一种外在于当代人主体的、历史的、凝固了的文化，是一种既定的"存在"。古代传说、古代典籍、古代思想、古代建筑等，这些过去遗留下来的东西都属于传统文化的范畴。从世界范围来看，各民族都有自己的传统文化，任何民族与国家都无法完全摆脱传统文化的影响，只能以传统为文化发展和创新的逻辑起点，中华民族传统文化也不例外。

中华民族的传统文化是一个博大精深、源远流长的有机整体，在世界文明发展史上占有极其重要的地位。中国是世界上经济、文化发展最早的国家之一，有文字记载的历史长达五千年。早在1万多年前，中华大地就已活跃着先民的身影，北至黑龙江，南抵珠江，东起东海之滨，西达青海高原，到处都有旧石器时代的文化遗迹。有着悠久历史的中华民族在步入文明时代之初，便迅速形成了具有自己民族特色的传统文化，"四大发明"便是其中的杰出代表。此外，中华民族的传统文化影响深远。据史料记载，中国对外文化交流有两千多年的历史。从秦汉开辟的丝绸之路到晋朝法显的南亚之行，从唐朝玄奘取经到明代郑和下西洋，这些文明的印记为中华民族文明和世界文明的发展做出了杰出的贡献。

中华民族传统文化博大精深。历经5 000年文明的积淀，中华民族传统文化的内容极其丰富，不仅包括政治、经济、军事、历史、教育、哲学等方面的理论和思想，还包括科技成就、文艺创作、文物古迹和民风民俗等。如儒家文化、道家文化、法家文化及孙子兵法的军事思想，都属于中国传统文化中的优秀因子。就文化的系统性及其对中华民族的历史影响来看，儒家文化是中国传统文化的典型代表。再如儒家和道家共同尊奉的经典《周易》提出的"一阴一阳之谓道"的思想，全面深刻地反映了中国传统文化的精华所在。它既是传统的，迄今已有几千年的历史发展，同时又是现代的，甚至与现代文化也有相容之处。

中华民族传统文化影响深远。中华民族传统文化中许多普世性的思想内容历久弥坚，如修身养性、诚信仁爱、和谐中庸、崇尚正义、注重民本的思想，"国家兴亡，匹夫有责""先天下之忧而忧""富贵不能淫，贫贱不能移，威武不能屈""克己奉公，鞠躬尽瘁"的爱国精神和忧患意识等，都是中华民族赖以生存发展、维护国家统一的精神支柱。在中国社会历史发展的不同时期，优秀传统文化对于鼓舞中华民族团结奋斗，提高人民思想境界，推动社会进步，都发挥了巨大的作用。这些优秀传统文化构成了中华民族精神的核心，经过传承和创新，在现代社会仍然具有重要的思想价值，是今天制定治国方略的重要历史资源和思想资源，也是推动国家现代化建设的强大动力。

当然，中华民族传统文化毕竟是在农业社会的背景下发展和演化而来的，是在不同时期、不同民族、不同流派的文化经过长期的碰撞和融合的基础上形成的，是精华和糟粕的统一，不可避免地带有一些消极的因子。

对待民族传统文化，应有清醒的认识和理性的态度，既不能简单地全盘否定，也不能一味地全盘肯定。对待民族传统文化，有两种错误态度是不可取的：①历史虚无主义，不分青红皂白，全盘否定传统文化，将其归结为"封建、迷信、落后"的范畴，甚至把所有问题的症结都归咎于传统文化；②不分青红皂白地全盘肯定，并且不允许人们对之有任何怀疑与批判，否则就是贬低传统文化，数典忘祖，崇洋媚外。事实上，在肯定传统文化博大精深的同时，不得不承认传统文化中也有许多封建、迷信和错误的内容，这也不足为讳,更无损于传统文化的强大。把传统文化封闭起来,无限拔高,拒绝批判与扬弃,最终的结果只能是断送传统文化。总之,对待民族传统文化,既要有坚定的自信,给予其必要的尊重,又要把它放在历时性和共时性的宏观格局中来审视;既不能夜郎自大、孤芳自赏,也不能妄自菲薄、自暴自弃。

对于中华民族传统文化而言,既要对传统文化表现合情合理的尊重,又要对其中的腐朽之物保持足够的警惕。一方面,中华民族传统文化素以博大精深、源远流长著称于世,其中的优秀基因成为其薪火传承的精神命脉。这些优秀基因即中华民族优秀传统文化,是中华民族所创造的,为中华民族世代所继承发展的,具有鲜明民族特色的,历史悠久、内涵博大精深、传统优良的文化。中华民族优秀传统文化蕴含着民族发展的核心理念和思想基因,积淀着中华民族最深层的精神追求,因而成为中华民族安身立命、生生不息的精神根基。这不仅为中华民族的发展壮大提供了丰厚的滋养,也为人类文明的进步贡献了智慧和力量。另一方面,包括中华民族传统文化在内的任何文化都不可能是尽善尽美的,都需要随着时代的变迁而不断创新。

二、中华民族精神的内涵

民族精神是一个民族在长期的历史进程和积淀中形成的民族意识、民族文化、民族习俗、民族性格、民族信仰、民族宗教、民族观念和价值追求等共同特质,是民族传统文化中维系、协调、指导、推动民族生存和发展的思想,是一个民族生命力、创造力和凝聚力的集中体现,也是一个民族赖以生存和发展的核心和灵魂。中华民族精神即中华民族优秀传统文化的基本精神,由在中华民族文化体系中处于核心地位的基本要素构成,是民族文化的主导思想,是中华民族表现于优秀传统文化中的伟大精神。

中华民族精神是中华民族在漫长的社会历史发展过程中逐步形成的,是各族人民社会生活的反映,是中华文化最本质和最集中的体现,是各民族生活方式、理想信仰、价值观念的文化浓缩,是中华民族赖以生存和发展的精神纽带、强大支撑和不懈动力,是创新社会主义先进文化的民族灵魂。2002

年11月8日，江泽民同志在中国共产党第十六次全国代表大会上的报告《全面建设小康社会，开创中国特色社会主义事业新局面》，深刻阐释了中华民族精神的内涵。民族精神是一个民族赖以生存和发展的精神支撑，如果一个民族没有振奋的精神和高尚的品格，就不可能立于世界民族之林。在五千多年的发展中，中华民族形成了以爱国主义为核心的团结统一、爱好和平、勤劳勇敢、自强不息的伟大民族精神。

爱国主义是中华民族精神的核心。爱国主义是人们长期凝结起来的对祖国的一种最深厚的道德感情，它表现为人们对祖国和家乡的深切眷恋和热爱，对祖国统一、民族团结的强烈期盼，对祖国繁荣昌盛的坚定信念，对祖国主权和尊严的坚决捍卫，对卖国求荣的无比鄙视，对爱国志士的无比崇敬，等等。中华民族具有爱国主义传统，为了民族的独立、发展和强大，一代又一代中华儿女前赴后继，进行了不屈不挠的斗争，留下了无数可歌可泣的英雄事迹。"常思奋不顾身，而殉国家之急"的司马迁，"人生自古谁无死，留取丹心照汗青"的文天祥，"我自横刀向天笑，去留肝胆两昆仑"的谭嗣同，视死如归的革命先烈方志敏、刘胡兰，等等。这种为了国家利益和民族大义而英勇献身的爱国主义精神，是中华民族精神的最高体现，是激励中华儿女奋发图强的强大精神动力。

中华民族的爱国主义优良传统有着极为丰富的内涵：第一，热爱祖国，矢志不渝。在中华民族历史中有许多爱国志士，他们刻骨铭心的爱国之情，矢志不渝的报国之志，生死不移的爱国之行，写满了中华民族的光辉史册。"苟利国家生死以，岂因祸福避趋之""位卑未敢忘忧国""报国之心，死而后已"等名言，都寄托了爱国志士对祖国的热爱和赤诚之心，感人肺腑，流播四海，世代传颂。第二，天下兴亡，匹夫有责。以天下为己任，无论身居何位都心忧天下，关心国家的命运和民生的苦乐，自觉地把个人的前途与国家的兴衰联系起来。第三，维护统一，反对分裂。中华民族是一个多民族的统一体，民族团结和睦始终是各族人民的共同心愿，维护民族团结和祖国统一始终是各族人民的最高利益和神圣职责。在中国的历史上，尽管出现过分裂和内乱，但促进民族团结和维护祖国统一始终是人心所向，是历史发展的主流。第四，同仇敌忾，抗御外侮。中华民族历来爱好和平与自由，但也决不容忍外来的侵略和压迫。面对外来侵略，各族人民要团结一致，同仇敌忾，奋起反抗。

中华民族的爱国主义优良传统有着团结统一的民族精神。中华民族是由五十八个民族组成的大家庭。在遥远的古代，我国各族人民就建立了紧密的政治经济文化联系，共同开发祖国的河山，在两千多年前形成了幅员辽阔的、统一的国家。悠久的中华文化，成为维系民族团结和国家统一的牢固纽带。团结统一的精神，深深印在中国人的民族意识中。中国是一个统一的多民族国家，各族人民在这片土地上共同劳作生活，繁衍生息，创造了璀璨的中华文明。在创造中华文明的过程中，各族人民不断进行文化交流，由此形成了强大的凝聚力。团结统一是各族人民的共同愿望，从古至今，中华民族始终把统一祖国视为"天地之常经，古今之通谊"。中华民族的每个成员都为祖国统一做出了自己的贡献，中国历史就是一部中华民族追求团结统一、反对分裂的历史。

中华民族的爱国主义优良传统中有着爱好和平的民族精神。从古至今，中国作为一个东方大国，以协和万邦的姿态与周边各国和睦相处，以驱恶扬善的浩然正气支持各国人民的正义事业。在千百年的历史发展中，中国不仅与周边邻国进行友好往来，还将自己的文化瑰宝惠及友邦，奉献四海，为促进世界文明的发展进步做出自己的贡献。正如江泽民同志所说，中国人民历来就有爱好和平的传统。我国先秦思想家提出了"亲仁善邻，国之宝也"的思想，反映中国人民自古以来就希望天下太平，同各国人民友好相处。在处理民族及国家之间的矛盾冲突时，中国历来主张通过和平的方式解决争端，秉承"以和为贵""兼爱非攻""化干戈为玉帛"的理念，与周边国家保持和平共处的关系。张骞出使西域、郑和下西洋等，都是中外友好交流的历史见证。

中华民族的爱国主义优良传统有着勤劳勇敢的民族精神。几千年的文明史，记录了中华民族勤劳勇敢的事实。有巢氏经过无数次试验，教会人们构木为巢；大禹为解除困扰人们多年的水涝洪荒，率人治水；秦朝修建了世界上最伟大的建筑——万里长城；汉朝张骞以无比的勇气和惊人的毅力，经历了无数艰难险阻，历时12年完成了沟通西域的使命；明朝郑和不畏艰险，七下西洋；中华人民共和国前进不已、创新不止的载人航天事业。这些无不表现了中华民族勤劳勇敢的精神。勤劳勇敢使中华民族得以生存和繁衍，不断战胜大自然和社会的各种困难，没有勤劳勇敢的民族精神，就不会有灿烂的中华文明。勤劳勇敢的精神世代相习，薪火相传，成为中华民族持久深厚的精神气质。

中华民族的爱国主义优良传统有着自强不息的民族精神。自强不息的民族精神是人们在社会生活中通过辛勤劳动，以及与各种恶势力勇敢斗争的实践活动中逐步形成的。盘古开天辟地、后羿射日、愚公移山等神话是自强不息的民族精神的最早体现。自强不息的民族精神，是中华文明得以存在与发展的根本原因之一。正是依靠这种伟大的民族精神，中华民族很早就创造了以发达的农业和手工业为主要内容的物质文明，为民族的生存发展奠定了坚实的物质基础。自强不息的精神还表现在中华民族抵御外敌入侵、与侵略者殊死搏斗的斗争中。在两次鸦片战争、中法战争、中日甲午战争、八国联军侵华战争中，中国人民抵抗侵略的斗争虽然大多以失败告终，但他们可歌可泣的爱国壮举，为后代留下了不屈不挠、无比顽强的斗争精神。一个多世纪以来，中华民族在内忧外患、艰难险阻面前表现出自强不息的英雄气概，坚韧不拔、不可战胜。

中华民族精神深深根植于延绵数千年的优秀文化传统之中，始终是维系各族人民的精神纽带，是支撑中华民族生存发展的精神支柱，是推动中华民族走向繁荣昌盛的精神动力。千百年来，民族精神薪火相传，越燃越旺。井冈山精神、红军长征精神、延安精神、红岩精神、西柏坡精神是革命战争时期中华民族精神的突出体现。在当代和平时期，中华民族精神又有了崭新的表现。在研制"两弹一星"的过程中，形成了"热爱祖国、无私奉献，自力更生、艰苦奋斗，大力协同、勇于攀登"的"两弹一星"精神；在与洪水的搏斗中，形成了"万众一心、众志成城、不怕困难、顽强拼搏、坚韧不拔、敢于胜利"的抗洪精神；航天工作者在长期奋斗中铸就了"特别能吃苦、特别能战斗、特别能攻关、特别能奉献"的载人航天精神；在可歌可泣的抗震救灾过程中凝成了"抗震救灾"精神；等等。

三、优秀传统文化和民族精神对中小学生素质教育的影响

优秀传统文化和民族精神在青少年素质教育中发挥着重要的作用。文化作为各民族生存和发展的普遍价值框架和行为准则，在社会系统的发展和个体或群体的行为导向方面，发挥着其他社会系统要素都无法替代的独特作用。人类创造了文化，文化也在塑造着人。优秀的传统文化和民族精神能够丰富中小学生的精神家园，引导他们积极参加健康有益的社会活动，不断完善自身的精神世界，是培养其健全人格的重要途径。

"实施素质教育，就是全面贯彻党的教育方针，以提高国民素质为根本宗旨，以培养学生的创新精神和实践能力为重点，造就有理想、有道德、有文化、有纪律的德智体美等全面发展的社会主义事业建设者和接班人"。换言之，素质教育是依据人的发展和社会发展的实际需要，以全面提高全体学生的基本素质为根本目的，以尊重学生的个性、强调开发学生的身心潜能、注重形成学生的健全个性为根本特征的教育。素质教育着眼于学生综合素质的全面提升，提出了教育所要培养的人的合理素质结构，包括生理素质、心理素质、思想素质、文化素质。在复杂的素质结构体系中，良好的心理、健康的个性、健全的人格等要素，无疑是实现其他素质的前提，而这些基本素质又蕴含于中华民族的优秀传统文化和民族精神之中。

弘扬中华民族优秀传统文化和民族精神是实施素质教育的题中之义。在素质教育的理念下，传授知识的目的不是让学生简单地记忆现成的东西，而是通过对现有知识的学习，一方面使学生从原有的自然状态提升到理性的存在状态，形成合理的知识结构，养成良好的自学能力和习惯，另一方面培养学生勇于实践、积极乐观、自觉学习的品德素养。而这些能力习惯和品德素养的培养，离不开中华民族优秀传统文化和民族精神为之提供先进的教育理念和连绵不绝的精神动力。有些研究者在思考素质教育的精神价值时，往往不去思考素质教育的文化合理性，仅凭美好的愿望构筑素质教育的精神内涵，

不知不觉把西方人文传统中的精神价值直接搬到中国教育中，或站在西方人文传统的立场上，对我国素质教育进行缺乏原则的批评。事实上，"素质教育最重要的，就是培养学生的创新精神和实践能力，培养学生树立建设中国特色社会主义的共同理想和民族精神，树立正确的世界观、人生观、价值观，养成良好的社会公德、职业道德、家庭美德"。换言之，素质教育在精神内涵上不可能脱离中华民族优秀传统文化和民族精神的影响。中华民族优秀传统文化和民族精神界定了素质教育可能的发展逻辑，规定了素质教育的文化起点，素质教育只能沿着中华民族优秀传统文化和民族精神指引的方向发展。

优秀传统文化和民族精神在学生素质教育中发挥着重要的作用。例如，在中华民族优秀传统文化中，爱国主义精神历来被看作是一种大节。"以天下为己任""舍生取义"的爱国主义精神和浩然正气，在优秀传统文化中处处都有体现。《诗经》中提出的"夙夜在公"，《尚书》中提出的"以公灭私，民其允怀"，《墨子》中强调的"举公义"，《贾谊传》中提出的"公而忘私"，都在强调一种为国献身的精神境界。"王师北定中原日，家祭无忘告乃翁"的陆游，"壮志饥餐胡虏肉，笑谈渴饮匈奴血"的岳飞，"人生自古谁无死，留取丹心照汗青"的文天祥，"先天下之忧而忧，后天下之乐而乐"的范仲淹，等等，都是中华民族爱国志士的杰出代表。作为一种意识形态，爱国主义是在中华民族悠久历史文化的基础上产生的，随着历史的发展和社会的进步，又反过来给中华民族的发展以更大的影响，它是一种伟大的凝聚力和向心力，是推动中华民族向前发展的巨大精神力量。在中小学素质教育中融进中华民族优秀传统文化的相关内容，将会激发中小学生的爱国热情，使中小学生把民族振兴和祖国强盛作为自己义不容辞的责任，对帮助其树立为实现"中国梦"而奋发读书的使命感具有重要的现实意义。

优秀传统文化和民族精神能够培养学生自强不息的良好品格。一个人的成功不在于其有多高的禀赋，也不在于其有多么优越的外界环境，而在很大程度上取决于其是否具有坚定的意志、坚强的决心和明确的目标。只有脚踏实地、百折不挠，一步一个脚印地向着崇高的理想迈进，才会有所收获，有所成就。我们的祖先历来强调，凡是成就事业的人，必定是自强不息的人。

几千年来,"自强不息"的精神历经传承和发展,已成为中华民族生存和发展的重要精神支柱。《易经》提出"天行健,君子以自强不息",《论语·子罕》中有"三军可夺帅也,匹夫不可夺志也",《孟子·滕文公下》有"富贵不能淫,贫贱不能移,威武不能屈,此之谓大丈夫",《礼记·儒行》有"士可杀不可辱"。自强不息是努力向上,是奋发进取,是对美好未来的无限憧憬和不懈追求,它要求学生在生活和学习中,有一种知难而进的勇气和不屈不挠、顽强拼搏的精神。换言之,自强不息是中华民族优秀传统文化展示给我们的有关"君子"人格的完整的范式,对中小学生人格的塑造有着深远的启迪意义。

第二节 中小学优秀传统文化教育面临的问题

一、传统文化课程设置和教材建设不完善

在文化冲突日益激烈的当下,中小学优秀传统文化教育受到日益严峻的挑战,对作为优秀传统文化结晶和自觉结果的民族精神的弘扬也不可避免地产生消极影响。因为中华民族精神本身就植根于民族传统文化中,离开民族优秀传统文化的根基,民族精神也就失去了生存之本。

虽然传统文化教育不仅能提升学生的思想道德修养,而且可以丰富学生的生活状态,但传统文化教育有其特殊性。"现代学校主要以知识教育为主,即使进行传统文化教育,也是将它作为外在的知识予以传授,接受者很难体察到其学问与道德统一的内涵"。更令人担忧的是,在中小学课程设置中,传统文化的比重越来越少,对于传统文化素养的教育被分解到语文、政治、历史、地理等学科之中,导致中小学教育长期缺失"国学"内涵。

一方面,在应试教育背景下,学生的学习范围大大缩小,也很少有机会接触课程以外的东西。一些地方还固守"唯升学率"的教育评价机制,升学率高就可以"一俊遮百丑",升学率低就"一无是处"。考试招生制度"唯分是举",以致一些学校所有的教育活动都围着升学考试这根"指挥棒"转。

老师为了完成上级下达的任务指标，往往"因需施教"，只注重专业课程的拓展和加深及外语能力的提高，忽视了对学生综合能力的开发，更忽视了对中国传统文化知识的汲取与传授。学生为了能够考上理想的初中、高中和大学，也"唯分是图"。这些都是中小学生在谈及中国传统文化时哑口无言的主要原因。

另一方面，缺乏良好的教材是中小学不能有效进行传统文化教育的又一重要原因。良好的教材是吸引中小学生了解和掌握优秀传统文化的重要平台和有效载体。北京师范大学教育学部国学经典教育研究中心主任徐勇认为，现有的中小学学科中有不少与传统文化有关的内容，也有无数学校编写了有关传统文化的校本教材，甚至许多一线老师在没有教材、无人督促的情况下，主动给学生讲授传统文化知识，但这显然不够。因为传统文化有其自身的逻辑和体系，不是通过其他学科的"体现"或者"渗透"就能完成的，更不能仅通过简单组织几次能够"体现"传统文化精神的课外活动完成，而是需要系统学习，需要经过严格的课程设计，形成适合各年龄阶段学生学习的体系。无论是《百家讲坛》还是畅销的通俗历史读物，其吸引大众的秘诀之一就是采取了"说书"的形式，即语言鲜活、故事生动、声情并茂、富于哲理，而且每个"说书者"个性独特；但这其中也有弊端，即为吸引听众而产生的随意性，由此造成所谓的"硬伤"。这就给我们提出了一个问题：学校的历史课本能否既有"说书"式的魅力，又有胜于"说书"的严谨？然而，历史教材的现状与此相去甚远。

二、学生对传统文化缺乏足够的认知

在传统文化日益受到挑战的情况下，很多中小学校及老师对传统文化教育缺乏重视，中小学生对传统文化缺乏足够的认知。在某市小学语文期末测试卷上有这样一道题："我知道：_____吃元宵，_____吃粽子。"结果很少有学生答出"元宵节吃元宵，端午节吃粽子"，甚至有学生给出了"狗吃元宵，猫吃粽子"的答案。批卷老师看到学生五花八门的答案，笑破了肚皮。但笑过之后，我们也不得不反思，中小学生的传统文化教育亟待加强。

这样的例子在现实生活中比比皆是，调查数据也佐证了这一点。例如，福建师范大学社会历史学院暑期社会实践队在宁德市霞浦县长春小学进行一项问卷调查，调查后发现，学生对中国传统文化缺乏足够的认识。大学生志愿者向三到五年级的小学生发放问卷 500 份，收回有效问卷 496 份。调查结果显示，只有 17% 的学生看过《三国演义》等名著，知道四大名著作者的仅有 32%，而 25% 的学生表示一点都没看过；当问到"四书五经"时，只有 4% 的学生能答对；一半以上的学生没听过"负荆请罪""卧薪尝胆""凿壁偷光"的故事。再如，中国农工民主党天津市委员会曾在中小学进行有关"国学"教育的问卷调查，在 205 份调查问卷中，中小学生和他们的家长、老师认为自身缺乏应有的文化、历史知识的，竟多达 138 人，占调查人数的 67%；认为应该在中小学设立"国学"教育专门课程的有 165 人，占调查人数的 80%；认为中小学需要专门设立书法课的有 180 人，占调查人数的 88%；认为自己表达能力差的有 82 人，不会写信、作文困难的有 66 人，写字难看的有 85 人；认为学生的语言、文学、文化水平令人担心的有 74 人，占调查人数的 36%；而希望中小学"要由浅入深地学习中国文化知识"并认为"很有必要"的有 170 人，占调查人数的 83%。

三、学生对传统文化缺乏自豪感

离开了传统，割断传统文化的血脉和根，个体就会迷失自我，丧失根本。中小学应大力发展传统文化教育，向学生讲解中国优秀传统文化在中华民族发展史和世界文明史上的重要地位，讲清学生自身应负有的责任，培养学生对传承优秀传统文化的自豪感和责任感，让学生知道没有民族文化的传承和发扬，就没有中华民族伟大复兴，就没有"中国梦"的实现。但是，由于传统文化教育的氛围不够浓烈，很多中小学生对传统文化知之甚少，加之多元文化的影响和冲击，以及中小学普遍存在的"5+2=0"现象，即学校 5 天的教育成果被双休日的家庭和社会生活抵消，很多中小学生缺乏对传统文化的自豪感。前些年的恶搞圣贤之举，不但反映了有些中小学生缺乏对传统文化的认知，更体现了其对民族优秀传统文化的轻蔑。2012 年，恰逢"诗圣"杜甫诞辰1 300周年，一组题为"杜甫很忙"的学生恶搞杜甫的涂鸦之作火遍了网络：杜甫时而成为送水工、机枪男；时而身骑白马；时而脚踏摩托；时而又变成各种动漫形象，如路飞、宠物小精灵、火影忍者等，喜感十足。此类涂鸦触动了众多网友的记忆，他们也纷纷加入恶搞的行列。恶搞是近些年新兴的一种网络亚文化现象，是年轻网友基于讽刺、幽默、游戏的视角，来解构传统、颠覆经典、娱乐大众的一种网络风尚。恶搞本身是一种网络文化，是一种个性解读和另类表达，本大可不必对恶搞现象过于敏感，但任何事物或现象都有一个度，换言之，过度恶搞是不可取的。对杜甫这样一位历史人物的恶搞，虽有嬉戏的成分，但也在一定程度上反映了人们对中华民族优秀传统文化的淡漠与不尊重。作为唐代现实主义诗人，杜甫人生的大部分时间是在安史之乱中度过的，基调是严肃和忧愁的。杜甫一生著诗逾千首，他的诗歌显示出忧国忧民的忧患意识，以及关注苍生疾苦的动人情怀。学生在涂鸦的过程中，能否体会到诗人的高尚情操和诗中蕴藏的伟大的爱国精神？又是否愿意真正走进他、了解他，继而了解整个中国传统文化？每个民族都有属于自己的文化积淀，我们如果不能做到汲取这些传统文化带给我们的精神养分，那么至少也应该对文化经典保持一颗敬畏之心。这是对先贤的尊重，对民族的尊重，也是对自己的尊重。恶搞杜甫表现的是人们浮躁的心态，但怎样引导中小学生正确看待传统文化，树立对中华民族优秀传统文化的自豪感，更值得我们深思。

四、优秀传统文化因子的缺失

继承和发展优秀传统文化，对中小学生的思想、意识、行为模式都将产生积极的影响。但是，过多关注现代生活带来的感官刺激，无暇顾及甚至不愿顾及优秀传统文化，对中小学生精神品质和完善人格的培育产生了不容忽视的消极影响。福建师范大学的一份问卷调查显示，虽然多数学生知道"孔融让梨"的故事，但有11%的孩子表示遇到类似情况不会像孔融那样做。在对待学习方面，89%的学生认为身边的同学有弄虚作假、不懂装懂的现象；74%的学生把书中的知识和老师传授的知识视为真理；仅有21%的学生曾经质疑过老师所传授的知识。在意志品格方面，只有68%的学生认为"富贵不能淫，贫贱不能移，威武不能屈"等中华民族的宝贵精神财富在现代社会中仍有重要作用，32%的学生认为"只有一些作用"。在问及对"老吾老以及人之老"这一说法的理解时，24%的学生认为"只尊敬自己的长辈"就够了。即使在一些注重让学生掌握大量传统文化知识的学校，也因为应试教育的压力，偏重"形"而忽略了"神"，往往不注意把握传统文化的优秀因子及从中折射出的民族精神。事实上，传统文化不是背诵几首古诗或几篇古文就可以理解的，更应该关注的是文化价值和精神是否得到了传承。可以说，民族优秀传统文化教育的缺失，必然导致中小学生民族精神乃至人文精神的"缺氧"。

第三节　优秀传统文化与民族精神提升中小学生素质的路径

一、近年来用优秀传统文化与民族精神教育学生的实践

教师要用优秀传统文化与民族精神教育引导学生，不断提升学生的思想道德与科学文化素质，其路径是很多的，笔者在这里以发展的线索进行讨论。

当今世界正处在大发展、大变革、大调整的时期，文化的交流、交融、交锋更加频繁，维护国家文化安全的任务更加艰巨，如何开展优秀传统文化和民族精神教育的问题引起了党中央的高度关注。早在1994年，江泽民同志就强调，要加强对学生进行马克思列宁主义、毛泽东思想基本理论，特别是邓小平同志建设中国特色社会主义理论的教育，加强党的基本路线的教育，加强集体主义、爱国主义和社会主义思想的教育，加强中国近代史、中国现代史和中国国情的教育，加强我国优秀文化传统和革命传统的教育。2007年，胡锦涛同志在党的十七大报告中提出："中华文化是中华民族生生不息、团结奋进的不竭动力。要全面认识祖国传统文化，取其精华，去其糟粕，使之

与当代社会相适应、与现代文明相协调，保持民族性，体现时代性。加强中华优秀文化传统教育，运用现代科技手段开发利用民族文化丰厚资源。"2012年，党的十八大报告进一步指出，"文化是民族的血脉，是人民的精神家园"，要"建设优秀传统文化传承体系，弘扬中华优秀传统文化"。2013年12月，习近平同志在中共中央政治局第十二次集体学习时强调，对中国人民和中华民族的优秀文化和光荣历史，要加大正面宣传力度，通过学校教育、理论研究、历史研究、影视作品、文学作品等多种方式，加强爱国主义、集体主义和社会主义教育，引导我国人民树立和坚持正确的历史观、民族观、国家观、文化观，增强做中国人的骨气和底气。中国传统文化博大精深，学习和掌握其中的各种思想精华，对树立正确的世界观、人生观、价值观很有益处。

为推动中华民族优秀传统文化和民族精神教育的深入发展，相关政策、文件陆续出台。1994年8月，中共中央发布的《爱国主义教育实施纲要》指出，要进行中华民族优秀传统文化教育。中华民族在创造灿烂中华文明的过程中，形成了具有强大生命力的传统文化，其内容博大精深，不仅包括哲学、社会科学、文学艺术、科学技术等方面的成就，而且蕴含着崇高的民族精神、民族气节和优良道德；不仅孕育了无数杰出的政治家、思想家、文艺家、科学家、教育家、军事家，而且留下了丰富的文物史迹、经典著作。这笔丰厚的文化遗产是进行爱国主义教育的宝贵资源。教师要按照原中华人民共和国国家教育委员会颁发的《中小学加强中国近代、现代史及国情教育的总体纲要》和《中学思想政治、中小学语文、历史、地理学科教育纲要》的要求，制定各学科（包括自然学科在内）爱国主义教育的分科计划，把爱国主义教育的内容分解、贯穿到各相关学科的课堂教学中去。同年9月，国家教育委员会颁发《关于贯彻〈爱国主义教育实施纲要〉的通知》，强调要按照《爱国主义教育实施纲要》的要求，进一步发挥课堂教学主渠道的作用。中小学要认真贯彻教学大纲规定的德育任务和要求，遵循学科特点，把爱国主义教育贯穿到课堂教学之中，要按中小学不同阶段的特点，加强中华优秀文化和道德传统的教育及形势教育。

2006年9月，中共中央办公厅、国务院办公厅印发《国家"十一五"时期文化发展规划纲要》，为加强学生优秀传统文化和民族精神教育指明了方向。《国家"十一五"时期文化发展规划纲要》要求："重视中华优秀传统文化教育和传统经典、技艺的传承。在有条件的小学开设书法、绘画、传统工艺等课程，在中学语文课程中适当增加传统经典范文、诗词的比重，中小学各学科课程都要结合学科特点融入中华优秀传统文化内容。……加强传统文化教学与研究基地建设，推动相关学科发展。"2010年7月，《国家中长期教育改革和发展规划纲要（2010—2020年）》颁布，要求"加强以爱国主义为核心的民族精神和以改革创新为核心的时代精神教育；加强社会主义荣辱观教育，培养学生团结互助、诚实守信、遵纪守法、艰苦奋斗的良好品质"，强调"加强中华民族优秀文化传统教育和革命传统教育"。

2011年10月，《中共中央关于深化文化体制改革推动社会主义文化大发展大繁荣若干重大问题的决定》，强调要"加强对优秀传统文化思想价值的挖掘和阐发，维护民族文化基本元素，使优秀传统文化成为新时代鼓舞人民前进的精神力量"，要"发挥国民教育在文化传承创新中的基础性作用，增加优秀传统文化课程内容，加强优秀传统文化教学研究基地建设"。2012年2月，中共中央办公厅、国务院办公厅印发《国家"十二五"时期文化改革发展规划纲要》，提出"大力弘扬以爱国主义为核心的民族精神和以改革创新为核心的时代精神，深入开展社会主义荣辱观宣传教育，积极探索用社会主义核心价值体系引领社会思潮的有效途径，形成扶正祛邪、惩恶扬善的社会风气"，强调"加强青少年文化活动场所建设，创造出更多青少年喜闻乐见、益智益德的文化作品，广泛开展面向青少年的各类文化体育活动。大力弘扬中华民族优秀传统文化，深入挖掘中华传统节日、重大纪念日思想内涵，进行思想道德教育"。

在中央的高度重视和统一部署下，相关部门采取各种有效措施，切实加强中小学生优秀传统文化和民族精神的教育。早在1998年，中国青少年发展基金会就发起并组织实施了"中华古诗文经典诵读工程"（以下简称"诵读工程"），希望借此让广大青少年以更便捷的方式接受中华古诗文的基础训练和文化熏陶，进一步激活优秀传统文化，提升青少年道德素质。此外，

"诵读工程"还通过向农村贫困地区、希望小学捐赠古诗文读本及专项活动费用的方式，使农村少年儿童在获得平等受教育机会的同时，不再因贫困、缺好书而影响完善人格、健康心理、良好道德的全面教育和培养。

2008年3月，中宣部等部门发出通知，要求以传统节日为主题开展经典诵读和诗词歌赋创作活动。在此基础上，教育部、国家语委、中央文明办等部门于2010年正式启动"中华诵·经典诵读行动"，具体内容包括：①建设"中华诵·经典资源库"，加强青少年思想教育，构建中华民族共有的精神家园。经典资源库以大中小学语文课本为基础，精心组织遴选反映中华民族优秀传统文化精髓、符合社会主义核心价值体系的经典诗词歌赋，以及与传统节日有关的名篇，为课堂经典教学及课外活动、社会诵读活动等提供辅助和指导。②举办"中华诵·传统节日诵读晚会"，展示民族优秀传统文化的魅力，增强民族自豪感和自信心。围绕"建设中华民族共有精神家园"，开展以清明、端午、中秋和春节等传统节日为内容的"中华经典诵读"节日晚会和"中华赞·诗词歌赋创作"活动。③推动群众性诵读活动，打造社会参与平台，调动国民的文化创造积极性。开展中华诵经典诵读进校园、进社区等活动，使更多人受到优秀文化传统和革命传统的教育和熏陶。④开展"中华诵进校园"活动，实施"中华诵·经典诵写讲"试点工作，立足学校教育教学，促进青少年人文素养的提升。2012年3月，为引导学生感受中华经典的独特魅力，领悟中华文化的思维智慧，建设优秀传统文化传承体系，弘扬中华优秀传统文化，教育部语言文字应用管理司又开展了以"中华诵·经典诵读行动"为主题的全国中小学生作文大赛活动。上述活动的持续开展，正吸引着越来越多的中小学生走进经典，感受和亲近中华民族优秀传统文化。

2009年7月，全国中小学国学教育研究成都市青羊区现场会召开。其间，教育部语言文字应用管理司原司长王登峰透露："现在我们正考虑把经典国学诗文谱写成流行歌曲，以经典诗词为歌词，结合现代流行音乐，让中小学生传唱，这样做是考虑到中小学生的年龄特点和心理需求，让国学经典教育深入学校的方方面面。"

2010年8月，原文化部部长蔡武在接受《学习时报》专访时表示，鼓励在有条件的中小学校增加传统文化教育课程，在中小学生中广泛开展吟诵古典诗词、学习传统技艺等优秀传统文化普及活动。

2012年9月，首部由教育部在国家层面推出的传统文化教材《中国传统文化教育全国中小学实验教材》举行首发仪式。教材不仅选取了《弟子规》《声律启蒙》《论语》《孙子兵法》《道德经》等国学经典，同时还加入了"中国传统历法与节日""中国茶文化""中国传统书法艺术欣赏""中国传统音乐欣赏"等优秀传统民俗文化与艺术的精粹内容。教材要求在每节课上讲解一个繁体字，让学生充分理解中国文字的意境美。教育部基础教育司原副司长、国家督学郑增仪介绍说："它不是简单地将中国古诗词印成一本书集合起来，而是要让孩子们从小就了解中国文化。另外，通过介绍字形字义的演变来介绍中国文字的发展演变。"

此外，全国各地也结合当地实际对优秀传统文化和民族精神教育出台了相关规定。以江苏省为例，该省出台的《江苏省中长期教育改革和发展规划纲要（2010—2020年）》强调要"广泛开展中华经典诵读等活动，加强传统文化教育"。2012年，江苏省语委、江苏省教育厅、江苏省文明办通过开展"爱祖国、爱江苏、爱家乡"经典诵读系列活动，推动各学校以高度的文化自觉和文化自信传承中华民族优秀传统文化。南京市先后印发《关于在各级各类学校广泛开展中华经典诵读活动的通知》等文件，加强教师对经典诵读活动的指导，将经典诵读纳入教师继续教育内容，将经典诵读与语文课堂教学、学校德育工作、校园文化建设等相结合。淮安市盱眙县教育局启动"人文生态引导工程——中华经典进校园"活动，旨在发挥传统文化的育人作用，全面提升中小学生的道德修养水平和人文素养，引导师生、家庭共同读书，与书为伴，在读书中成长，达到文化熏陶、智能锻炼与人格培养的目的。

多年来，淮安市中小学积极开展中华经典诵读活动，形成了一批经典诵读特色学校。淮阴师范学院附中努力探寻能高效发挥经典诵读作用的方法，2000年率先成为"中华诗词进校园"试点学校，承办了国家级诗教现场会，并获得"全国诗教先进单位"的称号。2010年，该校成功申报为江苏省经典诵读基地，同时被教育部批准为"中华诵·经典诵读行动"实验学校。淮安市金湖县城南实验小学以"诵读国学经典,弘扬民族精神"为主题,通过开展看国学讲座、诵国学经典、讲国学故事、唱国粹京剧、演国学经典故事等活动,弘扬了中华民族优秀传统文化,促进了学生的全面发展。

二、拓宽用优秀传统文化和民族精神教育学生的有效路径

近年来,加强优秀传统文化和民族精神教育已得到全社会的高度认可与广泛支持,各地中小学积极开展弘扬优秀传统文化和民族精神的教育活动,取得了明显成效,某些省、市、自治区的部分中小学已开设传统文化教育内容与课程的试点,有些教师也开展了传统文化内容与课堂教学的研究。但是,在学生接受优秀传统文化和民族精神教育的过程中也存在诸多问题。学生对优秀传统文化的需求与他们的实际文化素养之间还存在很大差距,优秀传统文化教育还有很大的发展空间。为此,需要从多方入手,采取有效措施,不断拓宽用优秀传统文化和民族精神教育学生的有效路径。

1. 增强学生优秀传统文化和民族精神教育的时代性

时代性是文化的重要特征,作为一个不断延续和发展的系统,任何民族的文化都是特定历史条件下的产物,不同的社会发展阶段必然有不同的时代文化。每一代人都生活在一个特定的历史文化环境中,他们很自然地从上一代那里承袭传统文化,并根据时代需要对其进行利用和改造,使之适应新时代的需要。文化的时代性特征,意味着每一个社会发展阶段的文化都有其特定的内容和特征,每一种文化的建构既不能脱离时代性的规定,也不能与世界文化的大时代相违背。从民族传统文化的延续和发展角度看,文化发展是一个动态的过程,一种文化能不能永葆独特魅力和先进性,关键在于其能否与时俱进地进行文化创新。人类社会的每一次转型,社会生产力的每一次进步,都伴随着相应的文化变革。任何文化都是在特定的时空条件下产生和发展的,"这就要求人们在学习、研究、应用传统文化时坚持古为今用、推陈出新,结合新的实践和时代要求进行正确取舍,不能一股脑儿都拿到今天来照套照用"。对文化来说,其生命在于不断地进步与创新,只有不断更新的文化才能源远流长。换言之,只有使文化继承和发展、传统和现代相结合,

文化才具有生命力,才会在传承中发展,在发展中创新,生生不息,兴旺发达。

传承传统文化是一个与时俱进的过程,优秀的传统文化和民族精神教育应与时代接轨。文化的延续和发展是一种与时俱进的创新,只有将传统文化与时代特征有机结合,才能使优秀传统文化和民族精神得以延续和发展。因此,在新的时代背景下对中小学生进行传统文化教育,就应该对传统文化的精华予以提炼,给传统注入新的活力,使之合乎时代精神。只有这样,才能吸引更多的学生主动亲近和感受优秀传统文化和民族精神。当前,学生成长面临多元的环境:学校的应试教育和家庭成才教育向他们灌输"理想世界";网络媒体诱导他们进入"虚拟世界";"现实世界"中的消极现象又使他们产生困惑疑虑。优秀传统文化和民族精神教育呈现前所未有的复杂性。因此,传承传统文化必须借鉴历史,立足现实,面向未来,在更高的起点上把传统文化与时代精神结合起来。

如今,很多文化思潮和现象都能在传统文化里找到渊源,而传统文化的精华又必然蕴含在现代文化之中。学校要以联系和发展的眼光进行"文化育人",将传统文化与时代精神的内在联系揭示出来,给学生完整、科学的文化情愫和文化理念。同时,在全球化的时代背景下,任何一个民族都不可能固守本土的传统文化,在外来文化面前,传统文化面临如何生存、发展和创新的问题。优秀传统文化和民族精神教育必须坚持民族性与世界性相统一的原则,既植根于浓厚的民族土壤,又置身于宏大的世界背景。教师要培养学生开放的世界眼光,使中国传统文化走向世界,也使世界文化走向中国,让学生最大限度地吸收外来文化的营养成分以滋补自身,即采外来文化之长,固民族文化之根,同时运用多种方式向学生宣传和弘扬优秀传统文化和民族精神。

2. 增强学生对优秀传统文化和民族精神的认同感

所谓认同感,是指在特定的社会群体内,群体成员对来自外界的重大事项和原则问题形成共同认识和评价。认同是文化的基本功能之一,对优秀传统文化和民族精神的认同不仅意味着对其特质和内容的接受和认同,而且会产生一种归属感。文化认同引导人们热爱和忠实民族文化,从而保存和发扬民族文化，并最终将其纳入个人的价值观这一深层心理结构之中。良好的认同感可以有效激发学生学习优秀传统文化和民族精神的积极性和主动性。当然，个体的文化认同不是纯粹的、单一的，由所处文化情境塑造的过程，而是不同文化交融碰撞的过程。随着全球化的日益深入，只有在多元文化的融合之中，人们才能不断加深对本民族文化的理解和认识。具体来说，增强学生优秀传统文化和民族精神的认同感需从以下四方面着手。

（1）增强学生对优秀传统文化和民族精神的自豪感

①教师要让学生对优秀传统文化和民族精神有全面的认识。学校通过编印合适的教材和编排合理的课程，向学生系统全面地介绍中国传统文化，让学生对优秀传统文化和民族精神有较为完整的认识。②教师要让学生理解优秀传统文化和民族精神的精华所在。例如："天下兴亡、匹夫有责"的爱国传统；"革故鼎新、因势而变"的创新精神；"富贵不淫、威武不屈"的高尚气节；"扶正扬善、恪守信义"的社会美德；"先天下之忧而忧，后天下之乐而乐"的忧国忧民思想；等等。这些都是实现中华民族伟大复兴的宝贵财富和不竭动力，也是学生应该传承的文化之"根"。③教师要让学生感受中华文化的灿烂辉煌。中华民族创造了璀璨的文明，形成了优良的文化传统，不仅成为凝聚民族的精神纽带，也对世界文明做出了重大贡献，是值得炎黄子孙骄傲和自豪的，学生要以自豪的态度善待优秀传统文化和民族精神。

（2）增强学生传承优秀传统文化和民族精神的责任感

①教师要向学生表明传承优秀传统文化和民族精神的重要意义。文化是民族存在和发展之根，没有优秀传统文化及民族精神的传承和发扬，就没有中华民族的伟大复兴。②教师要向学生表明传承优秀传统文化和民族精神的责任。要让学生理解，作为祖国的未来，他们肩上负有传承优秀传统文化和民族精神的重任。如果割断传统文化的血脉和根，学生就会迷失自我、丧失根本，更谈不上实现民族的复兴。③教师要向学生说明如何传承优秀传统文化和民族精神。学习传统文化不是复古守旧，而是为了在新的历史起点上创造出符合当代精神和时代潮流的新文化，要通过各种有效途径和手段使学生在学习、掌握传统文化的基础上真正内化优秀传统文化和民族精神。

（3）增强学生对优秀传统文化和民族精神的亲近感

①教育者须先受教育。教师要使学生亲近优秀传统文化和民族精神，首先须加强自身的优秀传统文化素养。②教师要在校园营造浓厚的传统文化教育氛围，让学生在沉浸其中的同时不断接受传统文化的感染和熏陶。在校园文化建设中，教师要注重把优秀传统文化和民族精神教育作为重要组成部分，开展形式多样、生动活泼的活动，让学生在娱乐中学习并接受优秀传统文化。③教师在教学的过程中要注意扬弃。要做到与时俱进，将传统与现代相结合，赋予传统文化强大的生命力；同时，注重把古代朴实的道理与现代的人和事相结合，便于学生理解。

（4）增强学生对优秀传统文化和民族精神的受益感

①教师要让学生在学习优秀传统文化和民族精神时获得美的享受，觉得这是一种不可多得的精神食粮和时尚消费。②教师要让学生在学习优秀传统文化和民族精神时培养优秀的品格，形成良好的生活习惯。开展优秀传统文化和民族精神教育活动，使学生在感受美文、品味经典的过程中达到文化熏陶、人格培养、提高道德素养的目的。③学习优秀传统文化和民族精神可以增加学生的知识财富。优秀的传统文化本身就包含了语言文化、历史哲学、德育艺术等知识，接受优秀传统文化和民族精神教育，会使学生的知识结构更为全面和合理，使优秀传统文化和民族精神成为其立身做人用之不竭的宝贵财富。

3.注重学生优秀传统文化和民族精神教育的层次性

学生认知程度的差异性是客观存在的，如果在教育过程中不进行分层教学，套用同一方法、尺度和模式去规范学生，显然违背了因材施教的原则。客观来看，不同年龄阶段的个体有着不同的心理特点：小学生刚脱离父母，上学是其人生中遇到的第一件令人神往、值得骄傲的大事，对于所看到的一切都感到陌生而新奇。这时的他们只有在教师的指导下进行有目的、有组织、系统的学习，才能获得知识。小学阶段的学习主要是模仿。到了中学阶段，学生已经掌握了一定的知识技能和道德行为规范，思维能力显著增强。因此，中学生的学习过程不仅仅是模仿，他们渴望独立、自主、创造。

显然，在中小学生心理和年龄发展的不同阶段中，优秀传统文化和民族精神教育的教学目的和教学任务都是有差异的，教学过程和教学形式也应该呈现不同的层次。

教师要根据不同年龄阶段学生的特点，制定具有差异性的优秀传统文化和民族精神教育内容及教育模式。以传统文化经典诵读活动为例，对小学低年级学生，老师可以通过朗读有关的阅读材料或组织观看有关的音像材料进行读经教育，先入为主地将良好的人格特质观念印入其脑海；对小学高年级学生则可以选择四书五经等经典为主要教材，并以历代公认的优美古文诗词为辅佐材料，让学生反复诵读以陶冶其心灵；到了中学阶段，尤其是高中阶段，学生的理解力显著提升，应该阅读古今中外各类伟人的传记、历代忠孝节义及深明因果事理的典范故事，以及关于坚持理想、努力耕耘、不断奋斗的榜样等方面的书籍。此外，优秀传统文化和民族精神教育的深度也应随着年龄的提高而有所加强。小学、初中阶段可以选择《三字经》《弟子规》等传统蒙学教材，对学生进行礼仪教育、诚信教育、感恩教育、生命教育等。高中阶段则应侧重于"君子人格"的养成教育，以及民族自豪感的提升、民族自信心的激发、爱国精神的培养等。

即使是同一年龄阶段的学生，具体到每个学生，其心理特点也是有差异的。世界上没有两个完全相同的学生，也不应该有两个一模一样的教育过程。教师要针对每个学生的不同特点因材施教，让每个学生得到适合他们自身的教育，使其潜力得到充分的挖掘和发挥，这才是素质教育的目的。因此，在中小学优秀传统文化和民族精神教育的过程中，教师不仅要依据学生心理发展的一般年龄特征进行教育，而且要照顾到每个学生在心理上的个别差异，遵循学生认知的客观规律。教师要在教学目标的设定、教学内容的安排、知识传授与能力培养等诸多环节中，由感性到理性，循序渐进地提升学生内化优秀传统文化和民族精神的能力和水平。总之，只有注重优秀传统文化和民族精神教育内容和过程的层次性，才能切实提高教育的实效性。

4.学生优秀传统文化和民族精神教育要注重各方的协同

学校是教育教学的组织者，但教育教学的成功离不开家庭与社会的配合。

优秀传统文化和民族精神教育是一项宏大的系统工程,"关心和保护中小学生健康成长,不仅是教育部门和学校的职责,还是全社会的责任和义务"。

学校是学生接受优秀传统文化和民族精神教育的主渠道。学校在学生优秀传统文化和民族精神教育中发挥着主导作用,但在应试教育向素质教育"转轨"的过程中,重知识轻品德、重成绩轻能力、重书本轻实践、重升学轻就业的问题依然存在,很多学生习惯于以自我为中心,吃苦耐劳精神差,缺乏团结协作精神,这些无疑都与优秀传统文化教育缺失有很大关系。为此,学校首先要抛弃功利主义和实用主义的教育观,通过开设相关课程,把优秀传统文化和民族精神的精髓传授给学生,使他们丰富知识,开阔视野,陶冶情操;其次要把优秀传统文化和民族精神中与时代相适应的道德理念、美学原则、价值追求等融入校园文化建设,通过潜移默化的浸润和熏染,增加青少年文化血液中的优秀传统文化因子;最后要充分发挥学生社团的优势,大力开展如京剧进校园、经典诵读、历史名人足迹寻访等活动,这既可以丰富学生的课余文化生活,又能增强学生对优秀传统文化和民族精神的感性认识。

发挥家庭在优秀传统文化和民族精神教育中的辅助功能。发挥家庭的基础性作用,将优秀传统文化和民族精神的传承融入日常生活。事实上,中国向来有重视家庭教育的传统,并积累了丰富的经验。在家庭教育方面,前人留下了无数家书、家训,形成了比较系统的家庭教育思想与理念。比如:注重对子女进行早期的家庭教育;突出"做人"的教育目标;以儒家精神教育引导子女的思想与行为,将儒家的人生哲理与价值体系植根于孩子的心灵;通过祭祀祖先、诵读家规等突出"礼仪"。这些做法对于今天的优秀传统文化和民族精神教育具有重要的借鉴意义。家长的言传身教可以引导学生热爱传统文化,丰富历史知识,拓展人文思想,培育其良好的品德修养,塑造其优秀的行为品格,从而不断增强和提升家庭对学生优秀传统文化及民族精神教育的效果。

社会要发挥联络协调的作用,共同营造崇尚优秀传统文化和民族精神的良好环境。教育行政部门要对学校、家庭、社区的优秀传统文化和民族精神教育进行宏观指导、组织与管理。文化宣传部门要认真实施民族民间文化保护工程。规划建设部门要注重对重要文物设施复建规划的修编与建设，保护古老遗迹，赋予历史新生。新闻媒体把弘扬优秀传统文化宣传作为重要任务，开设各类专题和专栏，多层面、多角度地宣传优秀传统文化和民族精神；建设集思想性、时代性、知识性、艺术性于一体的优秀传统文化网站，形成网上网下弘扬优秀传统文化和民族精神的合力，实现优秀传统文化和民族精神感性认识与理性认识的交融；把优秀传统文化开发、创作、编辑、出版成青少年喜爱的读物和视听产品，激发青少年对优秀传统文化和民族精神的兴趣。社区和村镇在传统节日期间传播中华民族优秀传统文化；利用文化资源开辟各类德育教育基地，结合各地实际充实传统文化的内容，有组织、有计划、有内容地开展优秀传统文化和民族精神教育。

5. 以社会实践活动为着力点，用优秀传统文化和民族精神提升学生素质

"实践性也是教育理论的属性之一。这是因为教育理论是以对教育活动的规律的研究为旨趣，它与其他的人类活动一样，同属人类活动的范畴，它自然也符合实践的规约，也具有实践性。"任何理论都源于社会实践，任何理论成果也只有应用到社会实践中才能得到检验并发挥其功用。优秀传统文化和民族精神教育必须坚持知与行相统一的原则，既要重视课堂教育，又要注重实践教育、体验教育、养成教育，注重自觉实践、自主参与，引导未成年人在学习道德知识的同时，自觉遵循道德规范。优秀传统文化和民族精神教育的成效需要在社会实践中去体验、感悟和升华，只有通过实践因素培育和养成中小学生的人文精神，才能实现其素质的全面提升。因此，教师要注重将优秀传统文化和民族精神教育同社会现实相结合，有效利用社会资源对中小学生进行优秀传统文化和民族精神教育，以进一步拓宽教育渠道，提高中小学生的人文素养和民族优良特质。

国外相关教育经验表明，社会实践活动在培育学生文化传承方面发挥着重要的作用。以日本为例，日本文部科学省在关于中小学课堂的指导方向中强调要重视实践教学，希望学生通过实践体验活动，体会劳动的价值和传统文化的魅力，形成正确的人生观和价值观。筑波大学附属驹场中学将学生体验水稻耕种活动的目标分为三点：①学生通过水稻耕种活动，了解日本传统

的饮食文化；②学生通过耕种水稻，认识集体协作的重要性；③学生将水稻耕种的体验与教科书的内容紧密联系。学生在实践活动后提交的报告涉及文化、历史、科技及社会问题等诸多方面。学生通过社会实践活动得到的深刻体会是课堂教学达不到的，传统文化教育的成效在潜移默化中得以提升，为优秀传统文化和民族精神的发展及继承打下了良好的基础。

学生优秀传统文化和民族精神教育应注重实践教学。中小学要根据学生的身心特点和发展需求，深入发掘区域文化资源优势，组织开展丰富多彩的实践教育活动，通过探究文化发源地、考察文化遗址、走访博物馆和历史古迹等活动，使学生在切身融入中端正对优秀传统文化和民族精神的态度，在实践中挖掘优秀传统文化和民族精神的内涵，了解中华民族的悠久历史和灿烂文化，增强民族自信心和自豪感。通过实践教学，学生能直接感受优秀传统文化的无穷魅力，进一步增强对优秀传统文化和民族精神的感性认识和认同感，同时也有助于从优秀传统文化和民族精神的内涵中提炼鲜活的时代特征，并与自己的日常学习、生活和行为规范联系起来，在潜移默化中达到自我教育的目的。

第三章　中小学生创新精神与实践能力的培养

第一节　中小学生创新精神与实践能力培养的意义

一、创新精神与实践能力的内涵

1. 创新精神的内涵

创新精神和实践能力是指人们在学习、生活和工作中表现出来的独到见解、独特方法等素养，以及运用所学知识和技能参与社会实践活动、解决相关实际问题的能力。培养学生的创新精神和实践能力，提升学生的综合素质，对培养符合时代需要的合格人才，进而推进中国特色社会主义建设事业稳定而快速的发展具有重要的积极意义。

1912年，奥地利经济学家约瑟夫·熊彼特（以下简称"熊彼特"）将"创新"一说引入经济学，最早提出了"创新"的概念。他认为，所谓创新，就是建立一种新的生产函数，也就是说，把一种从来没有过的关于生产要素和生产条件的"新组合"引入生产体系。这种新组合包括以下内容：引入新产品；引进新技术；开辟新市场；开拓并利用原材料新的供应来源；实现工业的新组织。显然，熊彼特提及的创新概念的范围较为广泛，归纳起来，涉及两大方面，即技术性变化创新和非技术性变化创新。

继熊彼特之后，诸多学者在不同领域，以不同视角对"创新"这一概念进行了研究，虽然说法不一，但有一点是共同的，即创新是人类在认识世界、改造世界的过程中表现出来的一种变革性的特殊活动。其特殊性表现为：人们在认识世界和改造世界的过程中，以知识为基础，凭借个人品质和能力，通过一定的思维和实践活动发现问题、认识问题和解决问题，并生产生有价值的新思想、新方法和新成果。

与"创新"具有较高关联度的一个概念是"创新精神"。创新精神是指人类在面对客观世界中具体的事与物时，能够综合运用已有的知识、信息、方法和技能，提出新思路、新观点和新方法的思维能力，以及进行创造、革新的意志、信心、勇气和智慧。创新精神属于科学精神和科学思想范畴，是进行创新活动必须具备的一种心理特征。

创新精神包括创新意识、创新兴趣、创新胆量、创新决心及相关的思维活动。创新精神是一种勇于抛弃旧思想旧事物、创立新思想新事物的精神，它包括不满足已经掌握的事实、已经建立的理论、已经总结的方法等已有的认识，敢于不断追求新知；不满足现有的生活生产方式、方法、工具、材料和物品，敢于根据实际需要或新的情况不断进行改革和革新；不墨守成规，不受已有的方法、理论、说法和习惯的限制，敢于打破原有框架，探索新的规律和新的方法；不迷信书本和权威，敢于根据事实和自己的思考，向书本和权威提出质疑；不盲目效仿别人的想法、说法和做法；不人云亦云，能够坚持独立思考，说自己的话，走自己的路；不局限于共性，能够在尊重共性的基础上追求与众不同和新颖独特的个性；不僵化、呆板地处理所遇到的各种事务，能够灵活地应用已有知识和能力解决问题。

创新精神是科学精神的一个方面，与其他方面的科学精神具有统一性。创新精神以敢于摒弃旧事物旧思想、创立新事物新思想为特征，同时又以遵循客观规律为前提，只有当创新精神符合客观需要和客观规律时，才能顺利地转化为创新成果，成为促进自然和社会发展的动力。创新精神提倡新颖性和独特性，同时又必须受一定的道德观、价值观和审美观的制约；创新精神提倡独立思考，不孤芳自赏、固执己见、狂妄自大或者人云亦云，而是善于倾听他人意见，讲究团结合作和相互交流；创新精神提倡大胆开拓，不要被担心犯错误的情绪所困扰，这并不是鼓励犯错误，而是要求科学地认识到出现错误认知有时是科学探究过程中不可避免的环节，尽量少犯错误；创新精神提倡不迷信书本和权威，但并不是反对学习和借鉴前人的知识和经验，而是强调前人已经取得的成就是创新的前提基础；创新精神提倡大胆质疑，但质疑要有事实和思考作为依据，并不是虚无主义地怀疑一切。总之，要用全面、辩证的观点看待创新精神。

2. 实践能力的内涵

实践有着诸多含义,概括起来有两类。①实行、履行。《宋史·理宗纪》:"至我朝周敦颐、张载、程颢、程颐,真见实践,深探圣域,千载绝学,始有指归。"明朝徐渭《季先生祠堂碑》:"(先生)著书数百万言,大都精考索,务实践。"清朝陈康祺《郎潜纪闻·卷八》:"吾恨不从牧令出身,事事由实践。"毛泽东《纪念白求恩》:"白求恩同志是实践了这一条列宁主义路线的。"在这些著作中,实践是实行、履行之意。②人们改造自然和改造社会的有意识的活动。毛泽东《实践论》:"马克思主义者认为人类的生产活动是最基本的实践活动,是决定其他一切活动的东西。"艾青《光的赞歌》一诗:"实践是认识的阶梯,科学沿着实践前进。"魏巍《东方》第五部第三章:"实践出经验,斗争出智慧。"这些著作中的实践是指人们改造自然和改造社会的有意识的活动。

实践能力是人才培养过程中经常被提及但又很少被研究的一个内容。从学术界的研究状况来看,学者对认知能力的研究较多,而对实践能力的研究相对偏少。在国外,美国哈佛大学教育研究院的心理发展学家霍华德·加德纳提出的智力概念与实践能力相近,他指出:"智力是指在某种社会和文化环境的价值标准下,个体用以解决自己遇到的真正难题或产生及创造出某种产品所需要的能力。"在国内,傅维利、刘磊、吴志华等学者对实践能力进行了研究。吴志华、傅维利认为:"实践能力是个体在生活和工作中解决实际问题所显现的综合性能力,是个体生活、工作所必不可少的能力;它不是由书本传授得到的,而是由生活经验和实践活动磨炼习得的。"刘磊等人认为:"实践能力就是对个体解决问题的进程及方式直接起稳定的调节控制作用的个体生理和心理特征的总和。"

观览国内外学者的研究成果,实践能力向我们展示的是相对于认知能力而言的一种运用知识、技能解决实际问题的能力,其含义要高于"动手能力"。"动手能力"构成了实践能力的主体,但不是全部。所以,实践能力是人们在生活、工作、学习和社会活动中敢于接触实际,运用已掌握的知识和技能,对身边出现的事物进行敏锐观察、系统分析,并提出问题、协调资源、解决问题的综合应用能力。

实践能力应该包含四层内涵:①相对于认知能力而言,实践能力是认知能力的重要组成部分;②实践能力活动的对象包括生活、工作、学习和社会活动等各个领域;③实践能力是个体通过学习获得的能力;④运用知识、技能解决实际问题的主体所进行的参与式实践活动是实践能力形成的本源,策略性知识的创造性运用对形成和提高创新能力至关重要。

二、培养学生创新精神与实践能力的意义

1. 培养学生创新精神的意义

(1)培养学生的创新精神是建设中国特色社会主义和谐社会的时代需要

建设中国特色社会主义和谐社会是史无前例的伟大事业,古今中外没有任何现成的模式和成功的经验可供直接借鉴,需要从现实的需要出发,主动、积极、创造性地贯彻党和国家的方针政策。我国现代化建设和中华民族伟大复兴的步伐是在人口多、底子薄、生产力不发达的基础上迈进的。在这种情况下,如何摆脱传统思想观念的束缚,因地制宜地建立既符合当今国情,又能够促进经济、政治、社会、文化和生态五位一体综合发展的体制,这本身就是一种开创性的工作。

经过四十多年的改革与建设,我国的社会生产力水平持续提高,综合国力日益增强,人民的生活有了极大改善,社会安定团结,为全面建成小康社会这一阶段性战略目标奠定了坚实的基础。但我们也必须清醒地看到,实现这一目标还存在诸多困难和挑战。中国特色社会主义市场经济体制应怎样完善,高度的民主政治和精神文明水平应怎样去提升,社会和生态建设应如何推进,在新形势下党的建设应如何开展,党内腐败现象应如何根除,这些复杂的社会现实问题都需要我们去积极面对和勇敢解决。只有勤于探索、大胆创新,才能将这些难题不断化解,才能顺利完成建设中国特色社会主义和谐社会这一伟大事业。

当代中小学生是未来建设中国特色社会主义和谐社会这一实践活动的生力军,为使中国特色社会主义和谐社会建设事业能够顺利完成,需要他们在未来的社会历程中进行创造性的工作。因此,培养中小学生的创新精神,是全国各族人民建设中国特色社会主义和谐社会的迫切需要。

(2)培养学生创新精神是应对新科技革命的根本对策

当今世界,科学技术迅猛发展,使我们处于一个激变的时代。从科技革命的角度来看,这个时代有三大显著特点。

①知识激增。据联合国教科文组织世界科学技术情报系统的统计,20世纪60年代以来,科学知识的年增长率由9.5%上升到10.6%,20世纪80年代的增长率达12.5%,而20世纪90年代全世界发表的科学论文约为每年500万篇,平均每天发表包含新知识的论文13000篇至14000篇,正式登记的创造发明专利每年超过30万件。进入21世纪后,这些数字还在不断增加。知识激增的客观事实要求人们必须具有主动掌握知识和不断探索新知识的能力。

②知识更新的周期缩短。据有关资料统计,知识更新的周期如下:18世纪为80年至90年;19世纪到20世纪初为60年;20世纪50年代为15年;20世纪70年代为8年至9年;20世纪80年代为3年至5年;20世纪90年代为1年至2年;21世纪初到现在为3个月至6个月。知识更新周期的缩短,加快了新技术、新产品的更新换代。以电子产品为例,短短30年就经历了电子管、晶体管、集成电路、大规模集成电路四代更新,技术上几乎每隔一两年就有重大突破。知识更新的加速,要求人们应具有自我更新知识的能力。

③高度信息化。目前,信息技术和信息产业在经济、政治、社会、文化和生态发展中发挥着主导作用。信息产业在国民经济中的比重不断加大,信息技术在传统产业中的应用程度不断增强,信息基础设施建设水平代表着一个国家的基础建设水平。可以说,我们已经进入一个高度信息化的社会。在这个社会里,信息知识成为重要的生产力要素,与物质、能量一起构成社会赖以生存的三大资源。信息经济、知识经济是整个社会的主导经济。科技与人文在信息知识的作用下结合得更加紧密。在高度信息化的时代,信息与信

息知识日新月异，更新速度风驰电掣。在这样的社会背景下，社会对劳动者的基本要求就是必须拥有创新精神。

面对迅猛发展的新科技革命，为了能够在激烈的国际竞争中占据优势地位，世界各国都在寻求对策，制定自己的发展战略。在这一过程中，许多国家都提出了"科技立国"的发展思路。这场新科技革命对中国来说既是机遇又是挑战，它为我们学习和运用新技术提供了难得的机遇，同时也对人的素质提出了新的、更高的要求。如果没有创新精神，墨守成规，故步自封，或跟在别人后面亦步亦趋，在新科技革命中就没有立足之地。中小学生是未来高科技的掌握者和开拓者，只有加强其创新精神的培养，培养一流的科技队伍和大批高素质的创造性人才，才能抓住机遇，迎接挑战，在新科技革命和国际竞争中占据有利地位。

（3）培养学生创新精神是实现其自身价值的客观要求

马克思主义价值观告诉我们，人的价值不在于索取，而在于奉献，一个人对社会的贡献越大，其人生价值就越大。目前，我国仍处于社会主义初级阶段，社会分工依然存在，每个劳动者都在各自的工作岗位上从事着某项具体的工作。由于每个人的本职工作都是整个社会工作的组成部分，因此做好本职工作就是对社会的一种特殊贡献。虽然在特定的条件下，人的价值也可以在本职工作之外的其他领域得以体现和实现，但对大多数人而言，其人生价值主要体现在本职工作中，因此做好本职工作是人们实现自身价值的主要渠道。在现实生活中，人们从事本职工作的情况大致可分为两种：①重复性工作，即在完成本职工作时"复制"他人使用过的技术和办法，重复他人完成此项工作的相同程序。②创造性工作，即在完成本职工作的过程中创造性地使用他人没有使用过的新技术和新方法，打破旧有的常规程序。重复性工作的工作效率与原来相同，完成工作任务的质量没有提高，且无法解决工作中遇到的新问题，因此对社会的贡献的增幅不大。而创造性工作不仅能提高工作任务的完成质量，而且能使工作效率成倍地提高，大大缩短人们完成工作的时间，使人们在相同的时间内完成更多的工作，同时更为重要的是它能够解决工作中遇到的新问题。

由此可见，只有创造性工作才能把本职工作做好，为社会多做贡献，使自身价值得到充分的实现。长期以来，由于我们对学生的创新教育重视不够，使得许多人走上工作岗位后都安于做重复性工作，不能主动自觉地创新，工作效率得不到提升，这种状况严重制约了社会主义现代化建设的进程，也影响了人们自身价值的充分实现。中小学生是未来社会主义现代化建设的中坚力量，他们将面临技术难度、复杂程度更高的工作，如果其缺乏创新精神，就很难立足于未来社会，实现自身价值。

（4）培养学生创新精神是实现"中国梦"的必由之路

中华民族以勤劳勇敢、聪明智慧闻名于世。四大发明和地动仪等重大发明创造，向世界表明中华民族是富有创新精神的伟大民族。正是这种高度的创新精神，使中国成为世界文明古国，也使得中华民族能够长期雄踞世界民族之林。

中国共产党把马克思主义与中国革命具体实践相结合，形成了毛泽东思想这一科学理论，团结和领导各族人民推翻了反动统治，建立了社会主义制度，使人们的积极性和创造性得到了极大调动，取得了恢复国民经济和社会主义改造的巨大胜利，使旧中国的贫穷落后面貌得到了根本改变。1978年12月，党的十一届三中全会确立了实践标准和实事求是的思想路线，号召人们解放思想，大胆探索，勇于创新，从而使我国进入了改革开放和社会主义现代化建设的新时期。1992年邓小平南方谈话，深刻地回答了许多重大认识问题，使人们的思想再次得到解放，掀起了改革开放和社会主义现代化建设的新高潮。党的十五大把邓小平理论确立为党的指导思想，形成了当时的基本纲领，明确了阶段性的基本经济制度，提出了政治、经济、文化等各个领域深化改革的新思路，为把中国特色社会主义建设这一伟大事业全面推向21世纪提供了科学理论指导。随着改革开放事业的深入，中共共产党又创造性地提出了"三个代表"重要思想、科学发展观、习近平新时代中国特色社会主义思想等理论，为实现中华民族伟大复兴不断添砖加瓦。我国近代以来的史实表明，创新才能图存，创新才能富强。改革开放使我们的社会有了长足的进步，但与发达国家相比仍存在较大差距，"中国梦"的实现还将面临诸多困难与挑战。肩负实现中华民族伟大复兴这一历史使命的中小学生代表着中国的未来,他们踏入社会后只有不断创新,才能离"中国梦"更近,因此培养他们的创新精神是实现"中国梦"的必由之路。

2. 培养学生实践能力的意义

(1) 培养学生实践能力是完善学生健康人格的需要

人的思想品德的形成、行为习惯的养成,都依赖于实践,实践出真知。对于中小学生来说,仅靠讲述、灌输并不能使他们形成道德观念,只有在实践活动中体验和强化,才能帮助他们形成道德观念和道德意志。人的思想品德是知、情、意、行综合的结果,一般来说是以知开始,以行告终。在这一过程中,实践是人的思想品德最终形成和巩固的关键环节。课堂教育可以使中小学生形成一定的政治、思想、道德认识,但只有通过实践锻炼才能使他们真正认识并形成牢固的观念。

我国古代学者就对实践的作用给予充分的重视,主张凡事要躬行。荀子说:"学至于行之而止矣。"墨子说:"士虽有学,而行为本焉。"朱熹更强调"洒扫应对进退之节,爱亲敬长隆师亲友之道",是"修身、齐天下之本"。古代人对道德教育也非常重视,荀子说:"君子之学也,入乎耳,著乎心,布乎四体,形乎动静。"孟子有段名言:"天将降大任于是人也,必先苦其心志,劳其筋骨,饿其体肤,空乏其身,行拂乱其所为,所以动心忍性,曾益其所不能。"这些表述向我们展示,要注重从小培养孩子的实践能力,让他们在实践中养成艰苦奋斗、自强不息的精神和可担当重任的本领。

我国现代教育家也很重视实践能力的培养,现代学者、著名文人朱自清先生说:"要让孩子在正路上闯,不能老让他们像小鸡似的在老母鸡的翅膀底下,那是一辈子没出息的。"陶行知先生在《手脑相长歌》中生动地写道:"人生两个宝,双手和大脑。用脑不用手,快要被打倒!用手不用脑,饭也吃不饱。手脑都会用,才算是开天辟地的大好佬。"他还这样要求孩子:"小事自己干,零用自己赚,全部衣食住,不靠别人助。"陶先生还提倡对儿童实行"六大解放",即解放孩子的头脑、嘴巴、眼睛、双手,以及解放孩子的时间和空间,让孩子充分发挥主观能动性。陈鹤琴先生在《家庭教育:怎样做好父母》等书中强调，凡是小孩子自己能做的事情都让他们自己做，自己能想的事情都让他们自己想；如果不让小孩子使用自己的手和脑，不让他们自己想、自己做，就等于不让儿童的身心得到发展。老一辈革命家更重视这方面的教育，如邹韬奋强调，凡是儿童自己能干的，要让儿童自己干，大人至多在一旁指导，绝不要越俎代庖。朱德同志也明确要求，每个人都要学习生活的基本技能，不能把孩子养成衣来伸手、饭来张口的"小少爷"。这一切都说明，培养学生的实践能力对学生养成良好个性、完善健康人格具有积极意义。

（2）培养学生实践能力是使学生能够立身社会的需要

学生总是在一定时间的学习后，以某个职业为归宿。因此，从某种意义上讲，学校教育是为学生将来的就业做准备的。当一个人参加工作之后，在学校里习得的知识、技能或是道德就变成了一种综合的社会实践能力。显然，培养学生的实践能力是学生长远发展的需要。

众所周知，当代社会充满了竞争，适者生存，优胜劣汰。在这个充满竞争的社会里，需要每一位成员都具备一定的生存能力、竞争能力、科研能力、创业能力、适应社会环境的能力、协调人际关系的能力。没有这些能力，就很难适应现今社会发展的需要，很容易在激烈的竞争中被淘汰。对现今社会来说，一个合格的人才应该是拥有这些能力的人才。而这些能力不是与生俱来的，也不是单纯从书本中就能学到的，它必须在实践中训练和形成。因此，我们必须加强中小学生实践能力的培养，放手让他们参加各种实践活动，进行多方面的磨炼，在实践中摸爬滚打、长见识、学本领、增才干，提升他们的综合竞争能力，使他们成为符合社会需求的合格人才，在未来跨出校门时能够很好地立身于社会。

（3）培养学生实践能力是强化学生自理能力的需要

由于独生子女的特殊性、升学压力的增大、父母的厚望等因素，现今社会的许多青少年在生活和学习方面的自理能力不强。北京教育科学研究院曾经对某普通小学一年级某班进行过这样的调查：全班有学生44人，其中，每天由家长整理书包的有17人，占39％；每天由家长洗手绢的有29人，占66％；每天由家长洗脚的有23人，占52.3％；每天由家长穿衣服的有26人，占59%；家长不陪读就不做作业的有21人，占47.7%；不会做的作业由家长代替做的有17人，占38.6%；家长启发才会做作业的有5人，占11%。对于小学一年级的学生来说，这些本应是他们能够独立完成的事情，但从调查结果来看，大多数孩子的事情由父母和其他长辈部分代劳或全部代劳，"自理率"较低，暴露了现在中小学生自理能力较弱的现状。一些家长对孩子包办过多，保护过度，照顾过分，陷入溺爱的误区，严重阻碍了孩子的健康成长。苏联教育家马卡连柯曾这样说过："溺爱虽然是一种伟大的情感，却会使子女遭到毁灭。"歌德也曾经说过："谁不能支配自己，谁将是自己的奴隶。"因此，必须解放孩子，培养孩子的实践能力，让他们在具体的实践活动中不断得到磨炼。

随着科技的进步、社会的发展，未来社会需要的是开拓创新型人才，而一个真正意义上的开拓创新者，既要有极强的动脑能力，又要有极强的实践能力。试想，如果连自己的生活、学习都不能自理，只会在父母或老师的提示下死读书本，这样的孩子即使能够在考试中获得高分，未来也很难在竞争激烈的社会中立足与发展。据了解，现在许多高中生到了大学就感到手忙脚乱，既不会安排生活，也不会安排学习；有些学生到了国外，最大的弱点也是生活能力和独立决策能力差。这些问题暴露出学校教育和家庭教育的薄弱环节，即没有注意对中小学生进行实践能力的培养，没有提升他们在生活学习方面的自理能力。因此，要想改变这种堪忧的现状，必须强化对中小学生实践能力的培养，提升他们的生活、学习自理能力，使他们未来能更好地立足于社会，走好人生每一步。

（4）培养学生实践能力是优化学校传统教育的需要

实践是认识的源泉，又对认识的发展具有促进和推动作用。然而长期以来，我们的学校教育主要是通过课堂教学这一途径来进行的，学生所面对的是教师和既定的教材，活动的范围是教室，课堂实践环节较少，长期缺乏课外丰富多彩的社会实践活动。这种教学的结果不仅违背了认知规律，割裂了知识与生活的内在联系，而且容易使学生滋长厌学心理，产生"学习无用"的思想倾向。教育家陶行知先生曾经说过："行，是一切知识之来源。"可见实践的重要性。同样，学生只有在实践中才能解放思想，才能有所领悟、开拓创新。所以，学校教育必须强化对学生实践能力的培养。

学校教育培养学生的实践能力，也可以理解为让学生在学习的过程中有尽可能多的经历、尽可能多的体验、尽可能多的"会做"。在传统的教学体制下，学生一走进课堂就进入了一个早已预设好的"书本世界"。当这个"书本世界"同他过去的"经验世界"没有很好地联系和沟通时，他就无法理解这个"书本世界"里最精要的东西——关于客观世界本质的、规律的知识，以及典型的、最富有魅力的表现形式。这就好像截断了学生拓展精神生活所必需的"源头活水"。当我们忽视架设"书本世界"通往现实世界的桥梁时，受困于书本的学生也就很难听到现实世界对他的召唤，难以领略现实世界为书本知识的运用提供的诱人境界和无限风光。这样，"书本世界"就变成了"一潭死水"，其实际意义也变得极其有限。

2001年教育部发布的《基础教育课程改革纲要（试行）》明确指出，"新课程的培养目标"就是使学生"具有初步的创新精神、实践能力、科学和人文素养以及环境意识"。新课程之所以积极倡导自主、合作、探究的学习方式，就是为了使学生通过更好的实践性学习获得实践能力。作为中小学教师，选择运用教法、设计使用学法的宗旨也应该是提高学生的实践能力。

第二节 中小学生创新精神与实践能力培养的影响因素

一、影响学生创新精神培养的因素

创新精神和实践能力不仅是科技进步的推手，也是现代社会每一位成员必须拥有的理念和技能。从多位学者调研的情况来看，我国目前中小学教育在创新精神和实践能力培养方面的力度和效果依然不容乐观，这一过程受到多种要素的影响。

在培养学生创新精神的过程中，有多种因素影响学生创新精神的培养，概括起来主要有以下四个方面。

1. 传统教育的历史局限对学生创新精神培养的影响

教育是一种传承，是把历史和他人的知识传授给教育对象的行为。在传统教育模式下，相对固定的传统知识体系一直是学生学习的对象，它们不断被复制，代代相传，亘古不变，学而不用和用而不学的不良现象在很长时间内大范围存在着。

从历史条件和综合实力来看，目前我国整体还处在从农业社会向工业社会过渡的阶段，而西方发达国家正处于从工业社会向后工业社会发展的阶段。不同的社会发展状态有着相应的特点和现象，在以互联网为主的信息极速传播的时代，各种媒体向学生提供了多维的选择空间，使得学生在面对一系列社会特点和现象时必须做出自己的判断。如果教师不能正确分析这一系列社会特点和现象，就不能给予学生正确的引导，甚至会产生误导，容易使学生对诸多现实问题产生曲解。在这一社会环境下，学校教育既要对传统文化进行分析和取舍，继承传统文化的积极因素，淘汰其不足，又要对西方文化进行分析和取舍，吸收其积极的成分，为我所用。假如学校教育不能很好地完成这一使命，仅机械地"克隆"前人的思想和知识，就很可能使得教育出现"两层皮"现象，进而导致学校教育既不能承担提升学生文化素质的重任，也不能在现代社会背景下培养学生的创新思维。

更为重要的是，教育不仅是理论问题，也是实践问题，学习的目的是应用。创新精神积淀于创新行为与活动的精神层面，它不仅体现在人们的认识与思维活动中，更体现在人们改造世界的实践过程中。在当今社会，创新精神还是一种最重要的时代精神，是先进文化不可或缺的组成部分。在我国传统教育中，重理论、轻实践的现象依然存在，因而创新显得不足。而许多西方发达国家特别重视理论与实践的结合，注重在实践中对理论进行创新，他们的学校教育往往与企业紧密相连，注重应用，发挥实效，有时甚至根据企业对人才的需求直接调整教育方针和政策。在今天，中国特色社会主义市场经济的发展进程不断加快，对传统教育的内容、手段和方法等提出了新的要求，需要施教者不断寻求突破，不断进行创新。而创新的坚实根基是实践，学校教育只有以实践为支点培养学生的创新精神，才能使学生真正成为认识社会、改造社会的中坚力量，才能使他们在充满竞争的市场经济中立于不败之地。

2. 教育理念对学生创新精神培养的影响

从全球范围来看，一种全新的知识经济正在取代传统的农业经济和工业经济成为世界经济发展的重要力量。托夫勒引用赫伯特·格乔伊的话说："明日的文盲不是不能阅读的人，而是没有学会怎样学习的人。"由于掌握新知识和生活知识的需要，学习已不是简单的、一劳永逸的行为，而是贯穿学习者整个人生的持续性行为；学习的场所也不限于传统的学校，而是渗透在家庭、社区、工作单位和各个社会角落。在以互联网为主要支撑的信息社会背景下，各种不确定的信息或知识随时都会传递给学生，学生需要不断地分辨和应对，这就意味着学校教育必须培养学生的创新精神，使学生能够积极面对新现象、新问题，创造性地学习新知识、新技能。

要培养学生的创造精神，学校教育的理念必须创新，即学校教育本身必须具有创造性。学校教育的创造性理念要求学校教育必须具有自我革新的内在活力，这就要求学校教育必须围绕四大支柱来重新设计、组织教育形式。这四大支柱又称为四种基本学习能力：①学会生存，学会做人的能力；②学会做事，学会在一定环境中工作的能力；③学会学习的能力；④学会与他人共处，参与各类活动的能力。

3. 科学的异化对学生创新精神培养的影响

从理论层面看，科学知识是对事物本质和规律的一种揭示，是一种相对真理，具有客观性，在一般状态下相对稳定，不宜随便改变。但是，知识的应用具有主观性，在不同人身上，由于知识水平、认知能力、思想意识等要素的影响，会产生不同的选择结果。也就是说，科学知识一旦应用恰当，就能发挥正能量；一旦应用不当，就会发挥负能量。这就意味着有时主客观之间难免形成冲突和矛盾。换言之，科学知识的客观性容易被人的主观性异化。正如居里夫人所说：科学本身无罪，而滥用科学则有罪。滥用科学知识是一种科学的异化现象，学校教育必须认识到这一消极影响，在培养学生创新精神的过程中努力加以关注和克服。

当前，科技革命所引发的工业革命已将培根关于运用知识统治自然的主张和笛卡尔关于人是"自然的主人和所有者"的观念付诸实现，自然界已从人类赖以生存的基础转变为被征服、被控制的外在实体。但是，科学技术也有它消极的一面。比如，克隆是一门新技术，如果运用不当，将在伦理道德、社会文化、家庭关系等方面产生负面影响。因此，自然科学技术不是万能的，需要社会科学来指引方向，弥补其缺失。在科学技术应用方面，人们既可以利用科学技术推动社会发展，也可以利用它危害社会，这种危害性就是科学技术的负面效应，属于科学的异化现象。当今社会，现代科学技术的迅速发展已经对人类的物质文明和精神文明产生了越来越多的负面作用，如环境污染、能源危机、人口膨胀、人际关系的疏远和伦理道德的畸变、人文精神的缺失等。更为可悲的是，技术不仅没有给人类带来自由和解放，反而变成一种异己的力量束缚和主宰着人类，使人类处于异化之中。在这种打击之下，人们对科学技术合理性的信任开始发生动摇。因此，重新审视科学技术对人类的意义问题及人与自然的关系问题显得极为必要。这就需要学校教育在培养学生创新精神的过程中进行更多的人文引导，使学生能够意识到创新活动在社会、经济和生态等领域总会出现正反两个方面的影响，从而对自己的创新活动进行自觉的监督和控制，以期发挥其正能量。

4. 文化模式对学生创新精神培养的影响

无论是技术创新还是管理创新，或是组织创新，它们都是思维创造活动的结果。其中，思维方式对创新过程和结果的影响更大。有学者曾对在"农业时代"领先世界的亚洲痛失历史良机导致落后于西方发展的现象进行过探讨，认为主要原因在于思维方式的不同，突出表现为东西方哲学思想的差异。东方哲学的终极理想是"和谐"，追求"天人合一"，其内涵是求"静"，因而形成了"重维持、恐创新"的传统思维；而西方哲学的终极理想是最大限度地接近"上帝"和"天国"，其内涵是求"动"，重"开拓"，通过对不完美世界的不断认知和超越，去发现通往"天堂"的光明之路。于是，解放自己、优化自己、认识自然、超越自然就成为西方文化的共识。

正是这种观念的影响，使得西方社会更具创新精神，西方的科学技术也得到了迅猛发展。

二、影响学生实践能力培养的因素

1. 学生主体因素对学生实践能力的影响

动机、态度、知识、技能和经验等主体因素对学生行为活动有着重要的影响，对学生实践能力的形成和提升起着核心作用，这种作用主要表现在以下三个方面。

（1）动机与态度对学生实践能力培养的影响

实践动机是由实践目标或实践对象引发的实践活动的内在动力。良好的实践动机会使学生在某种精神力量的支配下参加实践活动，迸发出积极性和坚强意志，克服困难，冲破实践过程中的各种阻力，达到既定的目标。积极、主动的实践态度，使人产生较强的实践能动性，对实践过程中出现的问题能自觉面对并积极解决。

（2）知识与技能对学生实践能力培养的影响

知识与技能是构成学生实践能力的条件，既包括实践活动中需要的专业理论知识，也包括按照一定程序或步骤行事的技能，还包括在与人交往的过程中表现出来的沟通技巧、合作技能等社会知识与技能。知识与技能越多，对实践问题的理解就越深刻，完成实践活动的效率就越高，效果也越好。

（3）历史经验对学生实践能力培养的影响

历史经验来自自己过去亲身实践的经历和体验，是学生对自身过去实践活动总结的结果。一般而言，问题解决者的经验，特别是与要解决的问题相关的经验和解决同类问题的成功经验等，直接影响着当事人对问题情景中信息的选择和对觉察到的信息的解释。历史经验越丰富，与新的实践活动关联度就越大，对新的实践活动产生的影响也就越大。旧有的实践给学生带来的体验越大，在脑海里留下的"痕迹"就越深，对新的实践活动产生的影响也就越深。

2.学校组织因素对学生实践能力培养的影响

"教育的核心问题就是教会学习者思考,学会运用理性的力量,成为更好的问题解决者。"学校对学生实践能力培养的态度和对学生实践的定位直接影响着学生的实践能力。学生实践能力的提升与发展体现在学生不断参与各种有效的实践活动上。学生的实践活动与实践能力发展的关系遵循实践能力发展的机理。"当学生的实践活动与学生主体水平形成疆界,并且这个疆界恰好在学生的最近发展区内,学生的实践能力将获得有效提升。"这些有效实践活动的设置,依赖于专业人才培养方案制定者的认知水平。因此,实践活动的实施取决于学校的组织管理和教师的责任心。学校管理层只有从战略高度认识到实践能力培养的重要性,才会整合资源,加大投入,加强校内外实践基地建设、师资队伍建设,才会建立健全各种制度,调动学校各方面的积极性,形成最大合力,提高实践能力培养的效果。

3.社会环境因素对学生实践能力培养的影响

学生是生活在一定社会现实环境中的人。如果学校环境是影响学生实践能力培养的小环境,那么社会环境就是影响学生实践能力培养的大环境。一方面,小环境受大环境的影响;另一方面,学生也直接受大环境的影响。学生实践能力的发展是一个潜在的过程,在此过程中,现实社会环境对学生实践能力的培养起着制约或促进作用。社会的经济环境表现为影响学生实践能力形成与提升的物质环境,而社会的政治环境、文化环境往往通过师生的外在感受影响学生实践能力形成与提升的心理环境。可见,心理环境不是孤立存在的个体小环境,它的变化由社会环境的变化而引发,而学生个体的心理环境又是学生主体内部动机变化的源泉。显而易见,现实社会环境直接或间接地影响着学生实践能力的培养。

第三节　中小学生创新精神与实践能力培养的路径

创新精神和实践能力是一个国家和民族发展的不竭动力,也是一个现代人应该具备的素质。当今社会的中小学生只有具备创新精神和实践能力,才能适应不断变化的未来社会,并在未来的社会发展中不断开辟新的天地。要想构建科学的创新精神和实践能力培养机制,可以从培养思路和实现途径两个方面入手。

一、学生创新精神与实践能力培养的思路

1.学生创新精神培养的思路

(1)加强对学生创新精神的理论研究

目前,我国中小学对学生创新精神的培养还没有统一的要求,这就造成了不同学校对创新精神内涵的理解在侧重点上有较大差异,从而影响了学生创新精神培养的质量。为了扭转这种局面,必须加强中小学生创新精神的理论研究,探索中小学生创新精神的内涵及培养途径,弄清中小学生创新精神与大学生创新创业之间的联系和区别,为中小学生创新精神的培养提供理论依据。

(2)强化学科教学对学生创新精神的培育

教师在学科教学中除了注重对学生进行知识和技能的传授,更要加强对学生创新精神的培养,以提高学生的综合素质。在日常学科教学中,教师要采用多元化教学方法,多管齐下,增强学生的创新意识和创新勇气,同时还要向学生多提问题,并让学生多动手练习,培养学生的创新能力。只有这样,教师才能调动学生的积极性,有针对性地对学生实施创新教育,使教育行为符合学生的实际情况,以便真正有效地培育学生的创新精神。

(3)拓展培养学生创新精神的途径

就目前中小学生创新精神培养的状况来看,学校是重要的实施主体,但仅靠学校本身还不能完全承担培养中小学生创新精神的职责,也就是说,仅仅依靠学校一方的力量,还远远不能满足中小学生创新精神培养的需求。学校是培养人才的中坚阵地,所以学校应主动加强与社会、家庭的联系,建立"学校—社会—家庭"三维网络体系,使三方之间形成经常性的联系和沟通机制,从而拓展学生校外创新精神培养的实践点,扩大学生创新精神培养的活动空间,使校内外形成合力,大大提高中小学生创新精神培养的效率和质量。

（4）建立科学的学生创新精神评价标准

创新精神的评价标准是培养学生创新精神的方向标，对学生创新精神培养的实施行为起着导向作用。目前，中小学生创新精神培养的效果并不理想，其原因之一就是缺乏科学且操作性强的评价标准。因此，只有建立科学且操作性强的中小学生创新精神的评价标准，才能使教师有的放矢地进行教学，同时有效地引导学生的学习行为，使学生在日常的学习中自觉地进行创新实践，从而提高中小学生的综合素质。

2. 学生实践能力培养的思路

（1）调整教学目标，凸显知识运用过程中的实践能力培养

目标具有重要的导向功能。实现课堂教学的实践能力培养功能，意味着课堂教学首先在目标定位上要做出相应的调整和变革，即改变传统教学目标定位的知识取向和认知取向，转而以知识的实际运用和学生实践能力的发展为重要目标。具体要求是：①教学目标要突破仅仅使学生掌握系统的学科知识或培养学生学科思维能力等的局限，转而以实际生活和现代社会的需要为出发点和立足点，以开发学科知识的实践能力培养价值为切入点，培养学生主动运用知识解决相关实际问题的"学科实践能力"。同时，还应突出培养学生对各门学科知识综合运用的能力。②教学目标中除了关注培养学生的应用意识，还应进一步强调培养学生运用知识解决实际问题的能力。针对以往的教学目标过分强调知识和认知目标，忽视知识的实际运用的弊端，新课程标准明确提出培养学生的"运用意识"，即主动运用相关学科知识的观念或意识，但要实现知识教学的实践能力培养功能或目标，仅仅培养学生的知识运用意识显然还不够。毕竟应用知识的观念和意识都只是停留于"想"的层面，离"做"（具体的实践和行动）还有一定差距。因此，教学目标除了强调培养学生的知识运用意识，还应强调培养学生的知识运用能力，即帮助学生将运用知识的意识进一步转化为运用知识的行动。

（2）转换教学内容的呈现方式，在知识运用情境中提高实践能力

为促进学生实践能力的发展，知识应不再如传统的教学那样直接呈现给学生，而应与其运用的相关条件一起"镶嵌"在各种包含实际问题的情境中，

有待学生在自我与情境的交互中去感知、觉察、识别、探求、发现、提炼和概括。因此，提供或创设相关知识运用的实际问题情境和复合问题情境，为学生个体知识与实践能力的生成提供问题情境支撑，构成了教学内容的核心。当然，问题必须是实际的，这主要是为了克服传统课堂中问题的去情境化或与社会生活脱节的虚拟情境化的弊端。但这并不意味着完全摒弃课堂或把教学直接"搬"到课外的社会生活场景中去进行，而是强调知识与其运用情境的依存关系，即"问题"必须包含实际生活问题所具有的一些显著特征，如真实性（来源于日常生活且与生活息息相关）、复杂性（相关或不相关因素交织其中）、具体性（包含知识运用的实际条件或限定因素）、社会性（问题的解决有时需要借助个体与其他个体或群体的交往与互动）、不确定性（解决方案可能有多种，需要学生对之做出解释、辩护或进一步验证）等。创设知识运用的实际情境，更容易提升学生的实践能力。

（3）变革教学过程与方法，实现个体知识与实践能力的双重建构

同样的知识，学与教的方法和过程不同，产生的结果也会迥异。传统的教学在呈现知识后一般采用的是"讲解知识—分析重难点—练习强化"的路径。与传统模式不同，由于知识是"嵌套"或"隐含"在真实的问题情境中的，因此学生不仅要运用已有的知识去发现和确定问题，制定问题的解决方案，同时还需要通过具体的行动去实施方案。如通过查找资料、与同伴交流和合作等方式从情境中主动寻求知识和资源，对收集到的资源予以协调和整合，结合活动目的和自身已有的知识经验等作用于问题情境。教学的主要任务就在于促进这一学习过程的有效展开。这实际对整个教学过程提出了全新的要求，需要教师做出一系列转变：①教学理念的转变，即从传递知识转向帮助学生主动获取能够用于解决实际问题的知识；②教学思路的转变，即从只考虑知识结构的系统与连贯、知识重难点的分析与把握等，转向寻求知识与学生生活的关联、知识实际运用的条件，以及采取什么方法帮助学生顺利实现知识的实际运用等；③教师角色的转变，即由单纯的知识讲授者、传递者、灌输者转向学生知识学习的组织者、引导者、促进者和帮助者等角色；④教学方法的转变，即教师从传统的"一讲到底"转向采用灵活多样的教学方法，

需要注意的是，教学方法的多样化并非指花样越多越好，而是指教师要根据目的、内容、不同学生学习与运用知识的过程等实际情境的需要，灵活且有针对性地选择适宜的方法（如示范、提问、反馈强化等）。

二、学生创新精神和实践能力培养的途径

1.学生创新精神培养的途径

（1）适时更新教学内容

社会发展日新月异，新知识不断出现，时代的发展需要学校及时更新教学内容。学校能够适时更新教学内容是培养学生创新精神的基础。众所周知，知识是创新的源泉，创新使知识生生不息。要培养具有创新精神的人才，必须打好学生的知识基础。在学校教育活动中，学生的知识很大一部分来自教学内容的优化和更新。因此，在进行学校创新教育的整体设计时，教学内容要符合不断创新的要求。首先，在课程设置上，教学内容要有更多的前瞻性和主动设计的成分，要真正把学科前沿理论和综合化的知识提供给学生，形成有利于培养学生创新精神的知识体系。学科前沿知识是指那些在某一学科领域中推动高科技发展、引起革命的尖端科学，是在培养学生创新精神的进程中起关键作用的核心知识。其次，要注意学生的文化基础知识、学科基础理论知识和学科专业知识结构的合理配置，如果这三个层次在结构上失衡，就会导致创造潜力受阻。

（2）开展创新思维训练

具有创新精神的人，主要体现在擅长形象思维和非严谨的、非条理的、发散性的思考，善于在实践中独辟蹊径，突破常规。因此，老师要注重在教学过程中开展创新思维训练，这是培养创新精神的前提。美国的学校在教学过程中特别注重使用多种方法培养学生的求异思维和标新立异的能力，这使得今天的美国学校不仅是人才的培养库、文化的传播地，更是知识的创造源、能力的增长源。这一点值得我国借鉴。在教学过程中，我们要彻底改变过去"满堂灌"的方法，真正实行启发式、研讨式、专题研究式的教学，同时教师要投入更多的精力组织好各种类型的研讨和实验活动，充分调动学生的自学热

情和独立思考的主动性，把学生真正当作教学过程的主体，使学生主动参与教学过程，充分激发和调动学生的思维积极性，在教学活动中锻炼和培养他们通过逆向思维、求异思维、发散思维及直觉思维去认识和分析问题的能力，以帮助学生形成创新思维。

（3）营造自由民主氛围

自由、民主、平等、公正是人类社会的永恒追求。德国教授戈特费里德·海纳特提出："教师凡欲促进他的学生的创新力，就必须在他的班上倡导一种合作、社会一体的作风，这也有利于集体创新力的发挥。"良好的教育必须建立一种相互理解、相互尊重、相互信任、平等民主的新型师生关系，既能够尊重与众不同的疑问、观念，又能够给学生学习的机会。这就要求教师对学生少一些严厉、多一些微笑，少一些指责、多一些宽容，少一些约束、多一些尊重，真诚地融入学生，了解他们，欣赏他们，鼓励他们。这样的氛围不仅有利于实施因材施教，也有利于尊重和爱护学生想象力和创新能力，这种自由民主的创新教育氛围是培养学生创新精神的保证，它消除了"一言堂""满堂灌"的弊病，更容易激发学生的创新激情，有利于形成以学生为中心的生动活泼的学习局面，让学生在无拘无束的气氛中进行创新。

只有让每个人都能"自由地呼吸"，在自由、民主的环境里感觉到爱和尊重，从"客体"变为"主体"，才能使他们乐观而自信，不唯书，不唯上，敢于发表自己的见解，勇于提出自己的质疑，表现出强烈的求知欲和蓬勃的创造力。

（4）鼓励学生大胆质疑

"杰拉德·卡斯帕尔教授，你错了！"美国斯坦福大学荣誉校长杰拉德·卡斯帕尔在给本科一年级学生上课时，经常被学生这样提醒，但这正是他最高兴的时候。他说："学生的天真让我意识到我的理解并不全面，我会再把讲义重写一遍。创新就要靠这种质疑的勇气。"在当今的信息社会，知识更新的速度大大加快，要使学生在海量的信息中获取有用的知识，教师必须培养其良好的判断能力和批判精神。教师应鼓励学生在学习和继承人类已经创造出来的优秀文明成果的基础上，勇于突破陈规，勇于质疑现有的知识，挑战旧的学术体系，在发现和创新知识方面敢于独辟蹊径。要打破"听话的孩子就是好孩子"的观念，倡导勤思善问的良好学风。教师绝不能扼杀学生勇于质疑的优秀品质，要保持一颗平常心对待学生的质疑，不要怕被学生问倒。著名特级教师宁鸿彬老师对学生提出"三个欢迎"和"三个允许"的开放政策：欢迎质疑、争辩和发表意见，允许出错、改正和保留意见。这些民主的教学理念为学生创新精神的培养创造了积极的条件。

2. 学生实践能力培养的途径

（1）立足教材，开发实践渠道，引导学生参与实践活动

荷兰数学教育家弗赖登塔尔曾经说过："学习数学的唯一方法是进行再创造，就是让学生把将要学习的东西创造出来；教师的任务是引导和帮助学生进行这种创造，而不是把现成的知识灌输给学生。"这一种理论虽然是针对数学教育而言的，但同样也适用于其他学科。课堂上老师应该为学生学习知识提供充足的探索时间和空间，引导学生参与实践活动，让学生在实践中动脑、动手、动口，感知新知，提出问题，获取新知。教师切不可为了省事或过分注重课堂教学的严谨性，在课堂教学中越俎代庖、一人包办，忽视或者减少课堂实践这一环节。实现课堂实践可以从以下三个方面入手。

其一，以实践活动感知新知。中小学生的思维方式以形象思维为主，其抽象思维需要具体事物做支撑，只有当他们对具体事物或材料的感知达到一定数量、一定程度时，才开始由形象思维上升到抽象思维这一层面。因此，教师在向学生教授比较抽象的知识时，要遵循中小学生的思维特点，多联系生活实际，为学生提供实践环境，引导学生在实践活动中通过对具体事物进行有形操作形成表象，并逐步建立起抽象的概念。

其二，以实践活动提出问题。著名物理学家李政道曾经说过："学生最重要的是要学会提出问题，否则将来就做不了第一流的工作。"在学习过程中对具体事物的疑问，是学生在探求新知过程中积极思考的思维结晶，是新、旧知识矛盾冲突的具体体现。教师在教学中应善于根据学生好奇心强的心理

特点，引导学生在探索知识的实践过程中积极发现问题，提出有价值的问题，培养学生质疑问难、多思善想的好习惯。

其三，以实践活动获得知识结论。苏联著名教育实践家和教育理论家苏霍姆林斯基认为："人的心灵深处，总有一种把自己当作发现者、研究者的固有需要，这种需要在小学生精神世界中尤为重要。"这表明，培养学生的自主探究意识，引导他们积极地参与知识形成的实践过程，比单纯片面的讲授、直接告诉学生结论更有实际意义。这就要求教师在教学过程中多利用学生好奇心强的天性，让他们在看、摸、猜等具体体验中感知事物，在此基础上引导他们去想、说，如果需要，还可以设计一定的情境组织学生进行表演。经历这样的课堂，相信学生一定会对所学知识兴趣盎然，不但知其然，而且能知其所以然，并且印象深刻，记忆久远。

（2）跳出教材，拓宽实践渠道，放手让学生参与实践活动

学生的实践能力不是在课堂的"言说"中形成的，而是在充分的"践行"中形成的。教室是学生实践的重要场所，但教师还应树立大课堂理念，构建一个开放的学习世界，打通课堂学习与社会生活联系的通道，将课内与课外、校内与校外、教材与社会充分结合起来，让学生走出教材，走出课堂，在社会实践中获取知识，形成能力。叶圣陶曾说："教任何功课都是为了不需要教，即孩子自己会学，学了会用，会解决实际问题，光纸上谈兵是没有用的。"教师应该立足于学科教育和学生的长远发展，使学生体会到知识与人类生活的密切联系，让他们用所学的知识、思维方式思考和解决日常生活中的问题，并且把在实践过程中发现的问题带到课堂中加以研究。教师要注意沟通课堂内外，充分利用学校、家庭、社区等教育资源，开展综合性的学习活动，拓宽学生的学习空间，增加学生实践的机会。从获取知识的角度看，既可以引导学生围绕新学的知识内容去广泛收集信息，通过图书馆、阅览室、互联网查阅资料，还可以引导学生通过观察、调查等手段收集与所学知识内容有关的材料。这样做不仅可以通过收集来的资料帮助学生了解所学知识内容，还可以扩大学生的知识面。同时，收集资料的过程也是学生运用已有知识、能力和学习方法的过程，是一个实践提高的过程。

除此之外，教师要引导学生善于从自己周围的各种渠道获取知识，如课外阅读、看电视、听广播、参加社会活动、旅游等，还可以从家庭、邻居、公共场所等获取知识。当然，应提示学生善于倾听、观察、动脑筋，善于把自己认为好的内容、有用的内容及时记录留存下来。这个过程是吸收知识的过程，在这个过程中，学生会运用已有的知识、能力和方法对新知识进行分析、理解和归纳，会把新知识与已有知识相结合。因此，从能力形成的角度来看，这个过程与实践也紧密相关，可以说这个过程也是一种实践的过程。

另外，教师还要引导学生将所学知识和实际结合起来，在课堂上运用，在学习其他学科时运用，在社会生活中运用，在一切有条件的地方运用。对所学知识加以力所能及的运用，有助于学生将所学的知识转化为一定的实践能力。

第四章　中小学德育课程建设

第一节　中小学德育课程建设现状分析

一、多方面重视德育课程的格局基本形成

随着现代科技的进步，社会发展日新月异，以知识为载体的"知识经济"风靡全球，社会对人才的要求越来越高，不仅有需要相应的科学文化知识，更需要有相应的思想道德素质。这给教育带来了更大的挑战，提出了更新更高的要求，德育在现代学校活动中也就显得举足轻重。中小学德育课程作为德育的重要组成部分，对广大中小学生的健康成长起着导向、动力和保证作用，而其中各个阶段的思想品德、思想政治课程的教学无疑在其中担任了最重要的任务。目前，我国中小学德育课程的总体情况较好，但也不乏令人担忧的表现。

近年来，党中央高度重视基础教育的发展，大力推进科教兴国战略，提出了素质教育的理念和要求。特别是自1995年以来，国家先后颁布和出台了一系列加强和改进中小学思想品德、思想政治课程教学与建设的法规和文件，主要有《中学德育大纲》《中共中央关于进一步加强和改进学校德育工作的若干意见》《中共中央国务院关于深化教育改革全面推进素质教育的决定》《中共中央办公厅　国务院办公厅关于适应新形势进一步加强和改进中小学德育工作的意见》《公民道德建设纲要》等。这些文件无一例外地强调了德育在推进素质教育过程中的意义和作用，表明了中央加强德育建设的决心。广大中小学也特别强调了中小学思想品德、思想政治课程教学在学校德育课程中的主导地位，并不断采取措施，加强对中小学思想品德、思想政治课程教学的管理，提高相关课程教师的地位。这股重视德育课程的力量越来越强，重视德育课程的格局基本形成。

二、师资配置情况

在课程的实施中，对课程内容的理解和处理、对教学方法的选择与运用、对教学过程的把握和管理等都有赖于教师自身的素质，如知识、技能、品德等。没有教师自身的形象、品位、素质的综合提高，就没有成功的德育课程。因此，师资队伍的配置至关重要。从调研结果来看，城市和农村学校、公办和私立学校师资配备差异较大，年级越低，师资配置情况越不容乐观。小学教授思想品德的教师大多数是兼职的，主要由班主任或其他学科（艺术类）教师教授，甚至有的学校中层以上的领导为完成教学任务和课时也会兼职代课。初中教授思想品德的教师多数是专业教师，但在部分私立学校，由其他学科教师兼任的现象依然存在。高中思想政治课教师基本都是专任教师，且学历都在本科或以上。

三、教材选用情况

教材是根据课程标准编选的，供教学用和要求学生掌握的基本材料。有文字材料，如教科书、讲义、讲授提纲、教师用书、学生辅助读物等；还有视听教材，如挂图、投影幻灯片、录音、录像、多媒体软件等多种形式。教科书是教材的形式之一，是指按课程标准编制的教师教学和学生用书。1999年，我国启动第八次课程改革，教材逐步打破了以往由人民教育出版社一家垄断的"一纲一本"模式，改为"一标多本"，即在统一教育大纲、统一课程标准的情况下，由多家出版机构参与教材编写和出版发行。该模式被认为是教材市场化改革的重要一步。目前，小学"思想品德"和初中"思想品德"教材采用的都是"一标多本"，各省、直辖市、自治区基本都组织了教材的编写，并在辖区内推广使用；高中思想政治教材采用的则是"一纲一本"，即统一采用由人民教育出版社出版的教材。当然，由于各地区进行新课程改革的启动时间不一，教材的推进时间也有一定的差异。

虽然小学思想品德和初中思想品德的教材有差异，但都必须根据教育部最新颁布的课程标准进行编写。从课程标准规定的课程体系来看，小学一、二年级开设"品德与生活",该课程将思想品德、生活、劳动、自然等多门学科加以整合,以儿童的生活为基础,以培养品德良好、乐于探究、热爱生活的儿童为目标,是一门活动型的综合课程;小学三年级至六年级开设"品德与社会",该课程对思想品德、地理、历史等学科进行了整合,是一门以儿童社会生活为基础,促进学生良好品德形成和社会性发展的综合课程;初中七年级至九年级开设"思想品德",将心理健康、道德、法律、国情等四个方面的学习内容进行有机整合,是为初中学生思想品德健康发展奠定基础的一门综合性必修课程,具有思想性、人文性、实践性和综合性的特点;高中开设"思想政治",该课程设置了以生活为基础、以学科知识为支撑的四个必修模块和六个选修专题。

在教材的评价方面,大多数学生很喜欢新编的小学思想品德教材,大多数教师认为小学思想品德教材根据时间和儿童成长的基本线索设置主题,从学生的生活逻辑出发,选择与学生生活关系密切、切实需要的内容,按照一定的时空顺序进行整合,凸显了养成教育的逻辑和地位;教材通过创设情境,编写典型范例,设计思考问题,突出了活动性和让学生在做中学的特点;教材的表现形式也是图文并茂并以图为主,采用儿童化语言和学生喜闻乐见的形式,增加了教科书的趣味性、可读性、启发性和指导性。

初中思想品德教材在遵循课程基本理念和课程标准基本框架的同时也各有特色,如人教版初中教材《思想品德》最显著的特色就是在核心价值目标的引领下,每个年级都有明确的教育主题和能力培养的重点。苏人版初中教材《思想品德》以初中学生逐步拓展的公共生活为基点,扫描课程标准的目标要素,生成主题,创造性地实现了课程标准所规定的课程任务。粤教版教材《思想品德》强调学生的主体地位,在编写过程中以学生为中心,符合学生的生理、心理特点,能满足学生的情感需要,侧重让学生通过活动来完成目标。

高中思想政治教材总体较好。该教材体现了以下特点:①以中国特色社会主义理论体系为指导,鲜明地体现了思想政治教育的目标要求;②体现了新课改的理念,注重过程性,突出生成性;③贴近实际,贴近学生,贴近生活,构建了以生活为基础、以学科知识为支撑的知识体系，基本符合高中生思想政治素质的形成规律。

四、课程实施状况

关于课程实施的含义一直没有统一标准，但概括起来，目前主要有两种影响较大的观点。一种观点认为，课程实施就是研究一个课程方案的执行情况。其重点是课程方案所设计的内容是否得到很好的落实，而这又取决于作为课程执行者的学校和教师是否能够很好地理解和运用课程，忠实地执行课程方案中规定的项目。这种观点将课程方案看作是固定的、不可变更的，实施就是对预设内容的一个展开过程。另一种观点则认为，课程实施应该是一个动态的过程，其焦点是在实践中发生改革的程度和影响改革程度的那些因素。因此，课程实施不仅要研究课程方案的落实程度，还要研究学校和教师在这个具体的执行过程中是否按照实际情况对课程进行了调适。这两种比较典型的对课程实施的认识，尽管观点不同，但有一点是肯定的，那就是课程实施是一个过程，无论这个过程是忠实的执行还是丰富的生成，都会受到执行者尤其是学校和一线教师的影响。目前，在这些因素的影响下，中小学德育课程处于以下状况。

1. 课程开设

在小学思想品德课开设现状方面，大多数教师认为有必要开设本门课程，该课程在培养学生的道德认识、道德情感、道德意志和道德行为等方面具有很重要的意义。大部分教师与学生认为学校对思想品德课比较重视，但也经常发生该课被其他课占用的情况，尤其在高年级，这种情况更加严重；而与思想品德课教学相关的活动，大部分学校只是偶尔组织。在初中，虽然现在大多数地区的中考采用开卷的方式考查思想品德，但毕竟要考试，课程的开设状况较小学要好。同时，课时被挪用的现象也或多或少地存在，课外活动几乎不开设。高中思想政治课的开设总体状况比较好，虽然许多地区采用了不同的高考试卷，但鉴于高中思想政治课程对于学生的重要意义和相关规定，学校都开设了这门课程，课时相对充足。

2. 课程目标的设定

狭义的课程目标主要是指教育目标，它是对学习者学习后应该表现出来的行为的具体明确表述。教育目标是课堂教学的出发点和归宿，是教师分析教材和设计教学活动的依据。

从宏观上来看，各级学校的德育课程工作都能以党的最新会议精神为指导，坚持用科学发展观统揽全局，全面贯彻党的教育方针，坚持育人为本、德育为先，遵循中小学生思想观念、政治意识、道德观念及法治意识的形成规律和他们成长成才的规律，把社会主义核心价值体系融入中小学教育的全过程，培养全面发展的社会主义建设者和接班人，推进素质教育的实施。

从中观上来看，各级学校都坚持了三维目标。国家教育部颁布的课程标准明确指出"情感态度是影响学生学习和发展的重要因素"，即基础教育阶段的中小学课程不仅要发展学生的知识、技能，同时还要培养学生积极向上的情感态度。作为学科课程目标之一，情感教育与知识学习、能力培养共同构成中小学教育教学的三维目标体系，着眼于学生的全面发展和终身发展，真正体现了素质教育的新理念。它不仅是教育的目标之一，而且是教育的起点和终点。

从微观上来看，现行的德育课程教材主要以主题单元的方式呈现，因此教学目标的制定具有独特性，要求教师能够结合课标要求和课程特点，对教学目标进行层级分解；在教学目标层级分解的过程中，促使教师整体把握教学目标，使每节课的教学目标更清晰，突出每一节课的重点和难点，使每节课的教学目标简洁、清晰、具体，针对性和可操作性强，便于教师解决问题。调查结果显示：大多数小学思想品德课教师没有细化教学目标，还是简单地套用主题教学总目标作为每节课的教学目标。有的教师甚至没有明确的课时教学目标，或者目标过大或过小，准确性不足。这种情况在初中思想品德和高中思想政治课程相对较少。

3. 课程教学内容的设计

教学内容一般是指在教学过程中教师给学生传授的知识和技能、灌输的思想和观点、培养的习惯和行为等的总和，是教师根据课程标准、教材和学生的情况选择的，能够促使师生发生交互，服务教学目的的素材及信息。它不仅包括教材内容、方法指导、价值判断、实践探索等，还包括师生在教学过程中的全部活动。合理选择和组织教学内容及合理安排教学内容的表达或呈现，是影响教学效果的关键性因素之一。

调查表明，部分小学教师认为现行小学思想品德课的内容在取向上偏重于国家和社会，没有充分考虑学生的地区差异，思想品德课的内容还具有一定的保守性。目前，我国的德育教育无论哪一个层次都跟特定的政治、经济状况有关，而教育作为社会道德传递的工具和维护现有社会秩序的手段，其主要职能目前仅限于把社会和国家认可的道德信仰及政治理想等体系传授给学生，使之系统地社会化。在这种观念指导下的思想品德课只是简单地肯定一些社会道德和政治理想，忽视了学生的个人品德如责任感、同情心等内容，具有明显的保守性、封闭性和单一性，它禁锢了学生的头脑，使其无法发挥主体意志和创造精神。

部分教师反映，小学思想品德教材内容的真实性不够、可信度不高，大部分内容脱离小学生的实际生活状况和社会现状，语言生硬，编造的痕迹过重，不能启发学生思考，不易激发学生的情感，更不利于培养学生的道德品质。现行思想品德课的内容试图将一套道德上的事实与真理告诉学生，然后运用学生喜爱的手法让学生相信并践行它，但其内容脱离了学生的生活实际和社会现状，其真实性和可信度让人怀疑，且文字表达呆板生硬，多以居高临下的训诫形式出现，"个人服从集体""父母恩情深似海"等标语式的标题比比皆是，使教材内容对学生没有吸引力，更不用说激发学生的道德情感，培养学生的道德行为了。

在中学思想品德课和高中思想政治课的调查中，多数学生表示，虽然当前的素质教育搞得轰轰烈烈，但应试教育思想根深蒂固，大部分教师仍然把德育课程作为考试的工具，并不断强化其价值。尤其在课程教学中，教师备课的内容重点仍然是梳理知识点，研究标准答案，向考纲看齐；死抠教材，条分缕析，肢解教学内容；教材内容向教学内容的转换不足，罗列教材内容的现象严重；过度关注预设，而忽视教学活动中的师生互动和生生互动。

4. 课程教学方法的选择

教学方法是教师和学生为了实现共同的教学目标，完成共同的教学任务，在教学过程中运用的方式与手段的总称。它包括教师的教法、学生的学法，是教授方法与学习方法的统一。德育课程要解决的矛盾不仅有知与不知、懂与不懂的矛盾，还有信与不信、行与不行的矛盾。因此，方法选择是否恰当，直接影响德育课程的效果。

总体来说，现行德育课程教学方法在新形势下已经发生了重大改变，越来越多的教师能够从学生的实际出发，遵循教育改革突出学生主体性的要求，采用多种教学方法，课堂教学得到了较好的改善。但也有研究表明，目前还存在着过分强调思想的改造，片面强调"晓之以理"的灌输，忽视循循善诱地激发学生在道德上自我完善的内在需要和机制的状况，大多数校长和教师仍然长于"管"和"灌"，短于"放"和"导"，形式主义十分严重。其表现主要有：①制订德育课程计划不从本校、本班实际出发，不考虑实现的可能性。内容基本上按照教师教学用书和课程标准的要求进行表述，制定任务也是备课组长一人承担，很难做到因材施教。②脱离教育对象的实际，空洞说教，不具体分析教育对象的思想矛盾，不思考问题的实质，只凭良好的主观愿望强加于人。③教学只是按照预设的内容和步骤前进，一些看似新鲜的教学方法也只是表演的道具、走过场，或者在公开课上才用。

5. 课程教学手段的采取

教学手段是师生教学相互传递信息的工具、媒体或设备。传统教学手段主要指一本教科书、一支粉笔、一块黑板、几幅挂图等。现代化教学手段是指各种电化教育器材和教材，即把幻灯机、投影仪、录音机、录像机、电视机、电影机、DVD、计算机等搬入课堂，作为直观教具应用于各学科的教学，也就是多媒体教学。

调查表明，大多数学校都已经配备了多媒体教学系统，部分学校还配备了白板。这些手段使德育教师在传授思想、政治、道德知识的时候，从单纯利用语言、板书转向利用集形、声、光、色、图、动画于一体的教学设备，创建丰富多彩的情景和意境，激发学生情感，诱发他们的好奇心，提高他们学习德育课程的热情。在多媒体使用的理念方面，大多数教师能够认识到其只是一种服务教学的手段，与传统手段相比既有优势，也有不足。比如，现代化教学手段多长于情境的再现，能够诱使学生多感官同时参与，从而得到品德、情感和审美等方面的教育。但是，师生之间缺乏直接的人际交流和情感沟通，学生很少能得到教师个人思想、情感、人格、审美方面的熏陶和感染。现代化教学手段的使用还存在囿于具体的技能、技巧的培养，对眼、耳的过度刺激有害于学生感官的情况。在多媒体的使用技能方面，大多数教师已经具备自己驾驭多媒体的能力，资源收集能力和课件制作能力都有了很大的提升，能将自己先进的教学思想、教学经验和教学方法融入多媒体教学，从而极大地发挥先进教学手段的教学优势。

多媒体技术辅助教学对教师素质提出了越来越高的要求，怎样促进教师通过不断学习更熟练地掌握多媒体技术，并在研究教材、研究学生的基础上，设计、编写适合学科特点、符合学生需要的课件，还需要进一步探索。部分教师反映，目前一些学校加大了教学软件的购置以方便教学，但部分在商业利益驱使下开发的软件存在价高质劣的问题，甚至有许多软件开发商根本不懂教育，开发出来的软件或是违背认知规律和教学规律，或是变成教科书的电子版。虽然也有部分开发商开发的教学软件是非常优秀的，但因为教学对象不同、解读能力不同，也很难适用于所有的教学，尤其是德育课程，必须密切联系学生生活实际这个变化丰富且很快的主题，所以这些软件的时效性、实效性都大打折扣。因此，学校和教育主管部门对教师特别是青年教师，应加大课件开发和运用能力的培训和指导。

五、课程实效性评价

德育课程的实效性，实质上就是德育课程实施结果与预期德育目标的吻合度，或者说是德育课程预期目标达成的程度。德育课程的实效性评价包括两个主要指标，即个体效益和社会效益。

个体效益是指通过课程教学，学生能否主动将德育目标的要求转化为自己内在的道德需求，使其成为学生发自内心的追求，而不仅仅停留于试卷答案，或者依靠外在强制手段和奖惩措施的约束。这是评价德育课程实效性的重要指标。这个指标考量的不是学校或者课程组织了多少次相关活动，也不是简单地用学生做了多少好事来衡量，最根本的是考查学生在德育课程的影响下思想观念、政治意识、道德情操及法治意识是否觉醒和强化，是否能在这些思想、意识的支配下进行正确且相对稳定的价值选择。就调研的结果来看，大多数学校、教师和学生认为该课程在这些方面取得了很多的成就，尤其是通过小学思想品德的教学，大多数学生都能按照课程阐述的道德要求去处理生活中的相关事宜。调查显示，当今的中小学生具有较强的自我意识，他们更务实、更现代、更人性，也更重视个人的发展，这是社会的人本化和价值观多元化的具体体现。毋庸置疑，广大中小学生是优秀的，他们思想积极，具有独立性，对于"孝亲""尊师""助人""合作"等理念的认识也很到位。当然，这种认知大多是淳朴的表现，他们也许不具备老师强调的崇高理想，却有更务实的追求。通过调研还发现，随着年级的上升，学生对德育课程内容的信任程度也在降低，这和当下的社会风气及学生对课程价值的认知有很大的关系。不过，越是高年级的学生，对已经内化的课程知识越是信任，作用也就越是持久。

社会效益是指学生思想观念、政治意识、道德情操及法治意识水准的提高是否促进了整个社会文明水平的提高。学生的活动主要在学校进行，但他们也是社会上的人，在参与社会活动的过程中，他们需要进行价值判断和价值选择。作为学校的德育课程教学，不能简单地考量学生在试卷上的成绩和在学校的表现，更要看德育课程的后续教育效果，看学生能否将在课程内接收的思想观念、政治意识、道德情操及法治意识反映到社会生活中去，并以此来促进社会文明程度的提高。就社会走访的结果来看，大多数社会人士对中小学生的思想观念、政治意识、道德情操及法治意识水准的评价是比较高的，认为中小学生是保证社会良性道德运行的主力军。

第二节　中小学德育课程建设中存在的问题

一、课程地位弱化

对课程地位的认知来源于对课程意义和价值的认知。近年来，国际国内环境的变化，给中小学生思想道德建设带来一系列不容忽视的问题，中小学生思想道德建设既面临着新的机遇，也面临着严峻的挑战。我国对外开放的进一步扩大，为广大中小学生了解世界、增长知识、开阔视野提供了更加有利的条件。与此同时，一些领域道德失范，诚信缺失，假冒伪劣、欺骗欺诈活动有所蔓延；一些地方封建迷信、邪教和黄赌毒等社会丑恶现象沉渣泛起，成为社会公害；一些成年人的价值观发生扭曲，拜金主义、享乐主义、极端个人主义滋长，以权谋私等消极腐败现象屡禁不止；等等。这些也给中小学生的成长带来不可忽视的负面影响。互联网等新兴媒体的快速发展，给中小学生的学习和娱乐开辟了新渠道。与此同时，腐败落后的文化和有害信息也通过网络传播，腐蚀着中小学生的心灵。在各种消极因素的影响下，一些中小学生精神空虚，行为失范，有的甚至走上违法犯罪的歧途。这些新情况、新问题的出现，使中小学生思想道德建设面临一系列新课题。今天，社会各方面非常关注中小学生的思想道德建设，人民群众对净化中小学生成长环境的呼声十分强烈，加强和改进中小学生思想道德建设已成为关系国家和民族命运的工程，是关系成千上万个家庭切身利益的最大的民心工程，是摆在我们面前的一项十分重要而紧迫的任务。

实践证明，中小学德育课程工作在帮助广大中小学生树立科学的世界观、人生观和价值观，提高他们的思想品德素质，培养他们的政治参与能力等方面发挥的作用是其他课程不可代替的。充分利用素质教育的主阵地——德育课程，对实施素质教育的主体——学生进行政治教育、思想教育、道德教育、法纪教育和心理品质教育，对促进学生全面发展起着决定性的主导作用。然而，德育课程的这种首要地位在实践中并没有得到很好的落实。少数学校的领导和德育课程教师在认识上存在误区，片面地将德育、体育、美育、劳动与教学、智育分割和对立起来，错误地认为学校工作应该以教学为中心，以质量为生命，一切安排都要为分数、升学让路；在这些课程的关系上过度强调智育，轻视德育，对德育课程的评价往往只停留在学生的考试成绩上；对教师的评价一味强调和注意其所教班级学生的学业成绩、考试分数和年级名次升降，对学生的评价也是以分为宝，至于学生在思想认识、道德意识、组织纪律、心理素质等方面的偏差，或视而不见，或一味迁就；即使认为德育课程对于学生的个性发展很重要，也很想尽力把这方面的工作做好，但在应试教育依然占据主导地位、素质教育大气候尚未形成的时期，也只能随大流，睁一只眼闭一只眼了。除学校以外，一些家长也同样忽视德育首要地位。很多家长非常重视对子女早期智力的开发，执着而盲目地追求孩子的早慧，却忽视了孩子早期行为习惯的养成和早期思想、感情及品德的培养，他们常挂在嘴边的一句话就是"只要你学习好就行"，这种思想也直接影响了学生在德育课程学习过程中精力的投入。不少教师反映，许多家长对德育课程布置的课后探究作业持反对态度，对德育课程价值的错误评判也直接影响了学生对课程内容的信任度。

二、课程目标错位

课程目标是课程教学的灵魂和方向，关系着我们用什么样的教学理念培养什么样的学生的问题。从课程标准的要求来看，德育课程的目标可以分为每门课程的总目标和情感态度、价值观、能力、知识等方面的分目标，并随学段不同而有区别，但目前无论是小学思想品德、初中思想品德还是高中的思想政治，都没有发挥出它们实施德育教育主渠道、主阵地的作用。造成这种现象的原因有很多，其关键因素就是德育目标的错位。

客观地说，当前我国的宏观德育目标是正确的，这主要体现在党和政府的各项有关德育课程的指导性文件和舆论导向等方面。但是，德育的具体目标存在错位问题。一种表现是重智育轻德育，厚此薄彼，本末倒置。学校忽视德育而过多地关注智育，把学习成绩作为判断一个学生好坏的唯一标准，甚至把思想政治仅作为应付考试、获取高分的一门课程。新课标要求改变忽视学生主体地位、禁锢学生思想的传统教学模式，增强学生对政治课的兴趣，使其在轻松愉快的教学氛围中掌握所学知识，但这事实上"换汤不换药"，学校重视的依然是学生的成绩，学生依然是学习的"奴隶"，而不是学习的主人。学生为了提高考试成绩只能死记硬背，教师也不能创设情境使学生在理解的基础上记忆。这样的学习当然不能使学生感到快乐，也不符合新课标的要求。

另一种表现是中小学德育课程目标成人化，不符合青少年的身心发展规律。德育课程目标必须恰当，要符合受教育者的年龄特征，遵循其身心发展规律，目标既不能过高也不能过低，应该是学生通过努力可以达到的。然而，在调查中有不少教师反映，中小学德育课程目标具有成人化倾向，违背了青少年的身心发展规律。比如，小学思想品德的目标有超越良好习惯、文明行为的养成的内容。小学生年龄小，理解能力、社会经验和接受能力都存在很多局限，目标过高的思想教育注定要流于形式，很难产生良好的实际效果，结果只会使他们在年龄很小的时候就对学校德育工作产生逆反心理，这将对今后的德育教育产生极其不利的影响。初中生的德育课程目标应该以社会主义核心价值体系为指导，促进初中生正确思想观念和良好道德品质的形成与发展，为使学生成为有理想、有道德、有文化、有纪律的合格公民奠定基础。但一些教师反映，现行教材依然存在目标定位太高及教材编写理论性太强等问题，教材的许多内容与高校思想政治理论课的内容大致相似，虽然总体篇幅减少，论证的史料也比高校教材少，但理论的基本框架没有变化，所涵盖的问题也没有减少。这种从表面看来比高校思想政治理论教材薄了许多的教科书，其实更加难懂，更加枯燥无味，更加难以使用。

三、课程主体性缺失

课程主体性的缺失是当前学校德育教学过程中的一个严重问题，它长期制约着德育课程的教学效果。课程主体性的缺失主要表现在以下两个方面。

一方面，传统德育课程抑制了学生的主体性，这主要通过德育课程的目标表现出来。一直以来，国家和社会都很重视教育。这种重视首先基于教育的工具价值，即可以通过道德教育解决一系列社会性问题，如政治稳定、经济发展等。这种社会本位的道德教育对学生的个性发展产生了制约。任何一个社会中教育知识的选择、分类、分配、传递与评价方式都反映了这个社会的权力分配与社会控制方式，这种控制忽视了学生的个体思想、道德发展规律。由此出发，德育课程往往以约束个人行为、维护社会秩序为目的，以能否接受并服从社会规范、准则、伦理作为评价学生的标准，"听话"成了好学生的重要标志；个人道德修养以"无我"为最高境界，道德评价以恪守本分为基本标准。学生在接受思想观念、政治意识、道德情操及法治意识规约时，体会不到这些规范的内涵和社会意义，难以将之建构到主体的经验结构中。当学生自己的价值观与这些规范相冲突时，就难以做出正确的自我选择，而当主体行为与规范相抵触时，就会受到耳提面命的训诫。这种教育不是从学生的内心世界出发的，从而使学生产生逆反心理和抵触情绪。

另一方面，德育课程的教学方式也阻碍了学生主体性的发挥。德育课程工作的对象是活生生的人，他们有着不同的成长环境、经历、性格特点及认知习惯等，这就形成了他们对事物不同的理解方式，也形成了不同的心理品质。新课程改革要求教师能够营造以人为本、自主发展的课堂教学方式，尊重学生的人格，实现课堂上的教学民主，给学生自由发展的空间，比如积极创设问题情境、鼓励学生大胆探索、充分发挥创造性思维能力等。实践证明，学生主动参与的课堂会变得生动活泼、富有活力。课堂应当是学生的课堂。因此，教师不但要具有人本理念，基于学生的生活经验，围绕学生的全面发展来设计课程，还要树立学生是课堂主人的教学观，鼓励学生在教学实施的过程中发挥主观能动性。然而，现实中的课堂教学依然存在忽视学生主体性的做法。比如：依然将教师看作课堂的主宰，学生只是知识的容器；教学过程中只关注考核目标的达成，不顾及学生思想观念、政治意识、道德情操及法治意识等方面的具体变化。

四、课程实践性不足

无论是对思想观念、政治意识、道德情操及法治意识的理解，还是形成对国家、对社会、对他人的责任感和义务感，或者培养主体意识，都离不开实践活动。德育课程应当以学生积极的生活体验为基础。生活是建构整个德育课程大厦的基石，学生的问题来自这里，学生的答案也要在这里运用。如果没有生活实践这个基础，德育课程目标的实现就没有了根基，最终就可能落空。

调研结果表明，重课堂理论教学、轻课外实践体验，重灌输填鸭、轻疏导交流，德育课程理论与学生生活脱节，没有形成课内所学与课外实践有机结合的教学新体系，是制约我国中小学德育课程实效性的重要因素。因此，中小学生思想观念、政治意识、道德情操及法治意识的教育应该是教育与实践相结合的过程，要按照实践育人的要求，以体验教育为基本途径，通过实践活动，培养学生良好的思想品德和思想政治素质。

但在调查中我们发现，现行德育课程的教师在教学中往往忽视社会实践活动，或者仅仅把实践当作课堂教学的延伸，认为可有可无；对让学生参加社会实践活动存在各种各样的畏难情绪，以各种借口作为推脱，如怕耽误教学时间、怕影响教学成绩、怕出安全事故、怕经费没有保障、怕领导不支持等。这实际上是不重视社会实践的具体体现。许多学校几乎没有德育实践课，教师也不布置实践课题。这种现象违背了教育教学规律，严重削弱了德育课程对学生进行思想品德教育的功能。此外，一部分管理者和教师仍没有认识到德育实践活动与传统课外活动的本质区别。正是基于认识的差别，导致相当多的德育实践活动既难以保证学生的全员参与，又形式化、游戏化。

五、德育课程资源开发利用不足

德育课程功能的发挥，离不开德育资源的开发利用。德育资源是一种特殊的教育资源，是指对培养人的思想观念、政治意识、道德情操及法治意识起作用的一切因素，也指构成德育活动和满足这一活动需要的一切因素。它包括人力资源、物力资源、财力资源、知识资源、经验资源、信息资源等诸多内容。相对于其他教育资源而言，德育课程资源具有更强的广泛性和普遍性，它为德育目标的实现提供了基础，是德育存在和发展的条件，也影响着德育的实效。德育资源开发即将潜在的德育资源变为现实德育资源的动态过程，德育资源利用是让现实形态的德育资源进入德育活动的过程，使德育资源发挥德育的功效。虽然新课程改革为中小学德育课程功能的发挥提供了许多思路和创造的空间，但实际的德育资源及其开发利用仍然不尽如人意，存在着很多问题。

第一，中小学课程教师德育资源意识不强。尽管德育资源开发利用越来越受到关注，专家学者、一线教师和德育工作者对德育资源问题有了一定的重视，且部分地区和学校的教师对德育资源开发利用有一定的意识，但总体来讲，学校仍然将教学质量和升学率（这里的"教学"是狭义的教学概念）作为第一要务，将追求高分数、高升学率作为第一目标，同时广大教师的德育资源开发利用意识也很薄弱。一方面，德育学科（如思想品德、品德与社会、思想政治等课程）教师大多注重抓纲务本，照搬教材，与新课程改革要求的注重课程资源的开发与利用相脱离；另一方面，其他学科教师对德育资源的挖掘与整合不够，学校的德育管理人员（如政教处、团委等部门）大多根据以往的经验开展主题活动，各自为政，促成了德育工作的行政化，而这本身是偏离德育本质的。对于经济不够发达的地区来说，德育资源意识就更为欠缺。总体来看，广大学校和教师德育资源开发利用的意识较为薄弱，教师作为德育资源开发利用的主体地位更没有得到明确体现。

第二，德育课程资源开发利用的系统性不强。德育资源是一种特殊的教育资源，是指对培养人的德行起作用的一切因素，也指构成德育活动和满足这一活动需要的一切因素。德育资源既包括物质资源，也包括精神资源；既包括条件性资源，也包括素材性资源。因此，德育资源应是一个资源系统，而不是专指哪一类资源。概括地讲，我们可以将德育资源系统分为人力资源、物质资源（主要指德育设施、场馆、基地等）、财力资源（经济资源）、文化资源、网络资源等。我们在开发利用德育资源的过程中，要具备系统的观念，对德育资源系统进行全面把握。目前，我国在德育资源开发利用方面系统性不强，大多从德育资源的某一类型或层面来考虑，德育资源体系的整体效应没有得到很好的显现。

第三，德育课程资源开发利用的方法单一，资源整合能力不强。从学校和教师开发利用德育资源的方法手段中，可以看到教师在开发利用德育资源方面的视野和思路。思路决定出路，丰富资源开发利用的方法和手段，强调资源的有效整合，学校的德育资源才能更好地服务于德育工作。方法手段单一，资源整合能力不强，表现在开发利用校内资源方面即德育课程与其他课程中的德育资源缺乏有效整合，德育部门各自为政，管理力度和效果不够明显，德育理论研究较为欠缺，学校的隐性德育资源整合力度较弱，学校的物质、制度、精神、行为等文化资源开发利用不够。在校外资源的开发利用方面，家庭德育资源闲置，社区德育资源浪费，对富有时代色彩的鲜活的社会资源敏感度不够。学校德育资源与校外德育资源缺乏有效的整合。

六、多媒体运用存在误区

随着我国教育事业的不断发展和教育教学改革的不断深化，多媒体辅助教学已经成为课堂教学的重要组成部分。《中共中央国务院关于深化教育改革，全面推进素质教育的决定》明确提出，要"大力提高教育技术手段的现代化水平和教育信息化程度"。作为素质教育主要阵地的德育课程，正呼唤、期待多媒体的渗入、融合，以期对传统教学模式进行深刻的变革。在德育课程的教学中，积极引入多媒体教学具有重要作用和意义，它符合现代科学技术的发展趋势，符合学生的认知和学习规律，能够大大促进教学效果的提高。然而，多媒体教学是一把双刃剑，在实际的教学过程中，多媒体教学在大大提高德育课程课堂教学效果的同时也存在一定的问题。

1. 盲目滥用，过分依赖

这是当前诸多课程都面临的问题。许多教师似乎患上了"多媒体依赖症"，过于迷恋和崇拜多媒体。不管教学内容，也不顾教学对象，教必用多媒体。教师也许只是黑板搬家，也许只是为了一段材料，但为了追求时髦，统统"一刀切"，盲目使用，以致形成没有多媒体就无法上课的局面。有些教师盲目夸大多媒体的作用，甚至认为多媒体就是一种"全能媒体"，多媒体教学完全可以取代传统教学。在他们看来，现代教学环境下的备课就是制作多媒体课件，课件用得越多越好，材料越丰富越好，动画越吸引人越好，于是他们把大部分的精力都用在了制作高水平的课件上，忽视了对如何增强教学内容的针对性和教学方法的实效性的研究。

2. 信息量过大，主次不分

课程性质的综合性使得思想品德课的多媒体课件集中了众多的信息，图片、视频、表演、故事、音乐、朗诵、领导讲话，既有历史的"原音重现"，又有最新的滚动资讯。只要教师愿意花时间和精力上网搜索，课件可以包罗万象。于是，我们发现很多教师在设计课件时过于注重课件的形式和信息量，滚滚信息扑面而来，学生应接不暇，教师不断点击着鼠标，学生不断滚动着眼球。但是，究竟哪些教学信息是主要的，学生很难把握；下课后学生只是根据自己的喜好记住了一些有趣的片段，而这些片段是为了说明什么，学生不得而知，更不用谈对重点内容的印象了。他们所记忆的知识点完全是零散的、不完整的和不系统的，最终教学效果自然也就会大打折扣。

3. 人机交流替代人际交流，师生互动缺失

教学是教师的"教"与学生的"学"的统一，教师需要先设计方案，占有材料，然后在不断的交流中引导学生掌握既定知识。然而，多媒体的应用使得教师忙于呈现令人眼花缭乱的材料，忙于材料间的衔接，忽视了和学生的情感交流。课堂由原来的教师主导、学生主体，转变成了课件领着教师走、学生跟着课件看。教学从传统的"教师满堂灌"变成了"课件满堂灌"，有人讥之为"电灌"取代了"口灌"。在这种机械呆板、满堂灌的制约下，师生情感交流受到抑制；教师固定在一个地方，不便于师生情感交流，教师更不能关注学生的思想动态，学生的学习主动性也被消磨。

4.重预设轻生成，忽视对学生科学思维方法的培养

德育课程教学有效性的一个重要指标就是学生是否通过学习形成了正确且科学的思想观念、政治意识、道德情操及法治意识。这些意识观念的形成需要学生情感的充分参与，需要教师时刻注意通过各种方法、采取各种途径来澄清学生的模糊观念，引导学生学会对事物的正确分析。然而，调查表明，尽管课件制作者事先已经尽可能地考虑学生的已有认知程度和品德水平、可能出现的反应，以及或许会遇到的问题，但在实际教学中，总有许多意料之外的即时"生成"。比如，学生对问题的考虑和教师预设的思路不一致，但课件的结论已经确定，这便带来了诸多麻烦。即使有经验的教师能够巧妙地再设疑引导，也会耗费大量的教学时间。

七、课程教学评价存在不足

课程教学评价是课程教学过程的重要一环。它是系统地、有步骤地从量和质两个方面描述学生的学习过程和学习结果，并据此判断教学结果与教育目标是否符合及符合程度的一种手段。为了建立适应素质教育发展要求的基础教育课程新体系，新一轮基础教育改革对教学评价提出了新的要求。我国传统的课程评价过于强调甄别和选拔的功能，相对忽视了课程评价对学生发展和教学实践能力的促进功能。因此，对原有的课程评价方式进行改革，是新一轮课程改革的重要内容。《基础教育课程改革纲要（试行）》明确要求建立促进学生全面发展的评价体系。评价不仅要关注学生的学习成绩，而且要发现和发展学生多方面的潜能，了解学生发展中的需求，帮助学生认识自我，建立自信，发挥评价的教育功能，帮助学生在原有水平上有所发展。《基础教育课程改革纲要（试行）》还规定：要改变课程评价过分强调甄别与选拔的功能，发挥评价促进学生发展、教师提高和改进教学实践的功能。这些规定要求课程评价要超越传统的评价模式，倡导新的课程评价理念。然而，在传统应试教育的影响下，德育课程评价依然存在种种误区。

1. 评价指标简单，评价方法单一

研究表明，现行评价体系的指标相对简单。例如，对学生的评价，学业成绩占据比重过大，忽视了学生身心各方面发展的全面评价。在评价方法上基本采用单一的以知识为主的测试来判定学生思想品德分数的高低。其导致的结果是学生过分关注考试成绩而不顾实际思想观念、政治意识、道德情操及法治意识的培养。

2. 评价主体单一，忽视主体性

评价主体单一是指在开展教育评价时，基本上没有形成学生、教师、管理者、教育专家、家长等多主体共同积极参与、交互作用的评价模式，忽视了评价主体多元、多向的价值，被评价者始终处于一种消极的被动地位。教师是学生表现的评价者，同行和领导是教师教学的评价者，忽视了评价主体的价值。

3. 评价重视指标的统一性，忽视学生的个体差异

按照多元智能理论的观点，每一个学生的智能是多元的，在评价的时候应该充分考虑主体的差异性。然而，德育课程评价模式依然存在将所有的学生放在同一个评价尺度进行比较的情况，忽视了学生生理、心理、兴趣等多方面的不同，没有考虑不同学生的不同生活背景和个性特点。这样的评价，一方面会造成对某些学生的误评，另一方面又有可能挫伤部分学生的自尊心，不利于学生良好思想品德观念和行为的形成。

4. 评价重结果轻过程

现行评价体系忽略了学生在学习过程中思维、体验、感悟等不断变化、进步和发展的动态过程，看不到学生在不同阶段的努力程度，只关注学生的学习结果。新课程标准已经明确指出，关注结果的终结性评价是面向过去的评价；关注过程的形成性评价，才是面向未来、重在发展的评价。

第三节　中小学德育课程建设的创新路径

一、以素质教育为导向，充分认识学校德育课程的发展价值

学校工作的改革和创新，应以全面实施以德育为核心的素质教育为着力点。实施素质教育的根本目的在于帮助学生树立正确的人生观、价值观、世界观。全面推进以德育为核心的素质教育，必然要求学校坚持正确的政治方向，发挥德育在素质教育中的导向、动力和保证作用，为智育和其他教育提供精神动力。义务教育阶段的学生正处在人生的奠基阶段，是健康人生观的可塑时期。学校理应在学生思想品德成型阶段担当重任。有关部门应健全考核制度，扭转"唯智倾向"，构筑"道德长城"，从素质教育的高度入手，把培育"德才兼备"的育人目标作为学校的指导思想。这便是改进德育课程工作的前提条件。

在很长一段时间内，人们习惯于把教育的功能和教育的价值等同，这样自然也就将德育的价值和德育的功能等同。其实，这是两个具有完全不同内涵的概念。功能的含义是"事功和能力"，指的是客观事物能够满足人们某种需求的属性，强调的是一种客观存在。但是，价值并不是事物的固有属性。马克思指出："价值这个普遍的概念是人们对待满足他们需要的外界物质的关系中产生的。"即价值是能够满足人们生存和发展需要的东西，而这种东西的形成不是因为它是物质的固有属性，也不产生于人自身，而是产生于具有一定需要的人与具有能够满足人们的需要属性的外界物质相互作用的过程中。因此，价值具有主体前提和客体前提。人是价值关系中的价值主体，而能够满足人们需要的外界物质是价值关系中的价值客体。无论是价值客体还是价值主体，都不能单方面生成价值，只有当具有一定需要的人与具有能够满足人们需要的外界物质发生相互作用时，具有满足人的需要属性的外界物质才具有对人来说的价值。这种相互作用的过程，其实是主体改造价值客体的实践过程。德育价值主体是指系统内施教者、受教育者，以及社会环境中

的个人、各类群体（包括民族、国家等）。德育价值客体是指德育活动及其功能。

中小学德育课程是培养中小学生思想政治品德的社会实践活动。它能够帮助提升广大中小学生的思想政治品德，具有培养人的思想政治品德的功能属性，而且这种功能属性又能满足社会对主导思想政治品德养成的需要。所以，中小学德育课程价值可以这样定义：中小学德育课程价值是指通过德育课程可以满足价值主体，即中小学生和社会对培育思想政治品德需要的对象化反映。德育课程价值主要体现在对学生发展的影响上，即中小学德育课程的发展价值。中小学德育课程的发展价值指的是德育课程对社会的发展和对教育对象的发展所具有的价值。这些价值主要表现为以下两个方面。

1. 中小学德育课程可以起到保护学生发展的作用

中小学德育课程对学生自身发展具有保护作用，这种保护作用体现在课程传授给广大中小学生的各项规范上。俗话说：没有规矩，不成方圆。广大中小学生是社会性的人。在社会中，人们离不开各种各样的规范，规范是文明社会的标志。当人们遵循必要的规范时，社会的发展就会有序运行；当人们无视社会规范时，社会的发展就受到了威胁；当社会规范被破坏到一定程度时，人类的生存和发展也就到了崩溃的边缘。"德育具有维护和保证社会正常运转的规范作用。德育教人以德，说到底，是诲人以和平共处关系。"社会规范被遵循了，社会的发展就有序了，学生的发展也就得到了保护。

德育课程对学生发展的保护，还表现在发展方向的规定性上。一方面，德育课程对学生发展的规定性是通过对人的素质构成的规定来实现的。学生要有发展的愿望和能力，前提是要有一个明确的方向。德育课程通过对社会和个人发展方向的把握，规定着学生发展的方向。另一方面，德育课程对学生发展的规定性是通过对学生的素质发展来实现的。目前，人的全面发展问题是非常受重视的问题，人的全面发展已成为社会发展的主要目标。"思想政治素质是最重要的素质"，这是社会对人的素质的要求。一个人只有得到了全面素质的发展，包括思想政治品德素质，才能成为全面发展的人。

因此，德育课程需要通过具有层次性的目标逐步教会学生遵循必要的社会规范，以保护学生的发展。具体来说，"品德与生活"课程是以儿童的生活为基础，以培养品德良好、乐于探究、热爱生活的儿童为目标的活动型综合课程，要把培养具有良好品德和行为习惯、乐于探究、热爱生活的儿童放在目标的首位。"品德与社会"课程要为促进学生良好品德形成和社会性发展，为学生认识社会、参与社会、适应社会，成为具有爱心、责任心、良好行为习惯和个性品质的社会主义合格公民奠定基础。初中"思想品德"课程的德育目标应该是以社会主义核心价值体系为指导，促进初中生正确思想观念和良好道德品质的形成与发展，为使学生成为有理想、有道德、有文化、有纪律的合格公民奠定基础。高中"思想政治"课程的目标应该是让学生知道中国共产党是中国特色社会主义事业的领导核心，了解马克思列宁主义、毛泽东思想、邓小平理论、"三个代表"重要思想、习近平新时代中国特色社会主义思想；了解中国特色社会主义现代化建设常识；学习运用马克思主义基本观点和方法观察问题、分析问题、解决问题；具备在现代社会生活中应有的自主、自立、自强的能力和态度；具有爱国主义、集体主义和社会主义思想情感；初步形成正确的世界观、人生观和价值观。

2. 德育课程可以激励学生的发展

"激励"是心理学术语，是指持续激发人的动机的心理过程。或者说，激励是引起个体产生明确的目标指向、特定行为的内在驱动力。它是按照"需要引起动机，动机激发行为"的方式来运行的。德育课程的激励发展作用是指通过各种方法激发和鼓励学生的发展。心理学研究发现，人的需要产生动机。动机是人们追求某种目标、从事某种活动、获得某种满足的主观愿望，是激励人行动以达到一定目的的内在原因，是直接推动人进行活动的内部动力。某种动机一旦产生，就会产生与这种动机相适应的行为，即动机产生行动。因此，只有激发了人的发展需要，才会产生发展的行动。这种发展需要的欲望越强烈，发展的行动就会越积极，效果也会越明显。

德育课程的实施过程是一个不断促进学生政治、道德、心理品质形成的过程，这个过程包括道德认识、道德感情、道德意志和道德行为四个阶段。这就需要我们不断激发学生政治、道德、心理品质的内在需要，不断提高学生这些需要的层次。针对德育课程的具体特点，可以在以下四个方面对广大中小学生进行激励。

第一，目标激励。"所谓目标激励，就是通过设置和树立理想和目标，使人们为实现理想和目标而奋斗。"目标是人的动机体系的一个重要组成部分，具有导向功能，它是行动的指南。明确目标，并把自己的行为与目标不断加以对照，发现自己的不足，持续提高自己的行为积极性。在德育课程工作中，要结合学生的个体差异和需求设置相应的目标。在激励目标设置的过程中，应充分考虑以下两点：其一，目标要明确。应该根据不同年龄阶段、不同学生的生理、心理和个性特征，设置具有不同内容和层次的目标。其二，目标要具有挑战性和实现的可能性。课程标准虽然对各年级的教学目标都做了相应规定，但不同的学生有不同的需求，教师要善于调整目标以适合相应的教学对象。

第二，榜样激励。德育课程要对学生进行特定的思想品德教育，必然离不开榜样的激励。榜样具有很强的号召力和影响力，能够触发学生的仰慕、效仿，从而不断激发其上进心。这就要求广大德育课程工作者在日常的教育教学中做到以下三点：其一，要身体力行，起到表率和示范作用。古人云："其身正，不令而行；其身不正，虽令不从。"如果德育课程工作者按自己在工作中所说的去做，履行自己的诺言，就会让学生产生一种崇敬、佩服的感觉，就会形成无形却巨大的说服力、感染力、号召力和凝聚力。其二，选择好典型，努力使树立和选择的榜样具有先进性、典型性和时代性，让学生在形象、实际、生动、直接的体验中培养情感，升华感悟。其三，注重实践，要在实践中逐步磨炼、培养榜样的意志，真正把先进思想、优秀品德落到实处。

第三，情感激励。情感激励是指德育课程教师以积极的情感为手段或中介，对学生实施教育激励，调节学生的意向与体验，激发学生的学习动机，引起他们对思想道德的积极情感体验，促进他们由言到行的转化。德育课程工作的对象是具有复杂情感的中小学生，他们感情丰富但心理比较脆弱，特别需要关心、尊重和爱，及时、正当、合理的情感交流是他们最基本的心理需要。情感激励就是要求德育课程工作者加强与学生的感情沟通，适当地利用情感的感召力和号召力，增强教师的亲和力，从外部给学生以适当的激发和鼓励，使消极情感的减力转化为积极情感的增力，积极情感由弱变强，使情感一直处于积极的促进作用中。

第四，成就激励。成就激励是指德育课程通过他人或者学生本身的成就，实现激励发展的目的。他人的成就可以对自己的发展起激励作用，每个人都具有竞争意识。学生会想：别人能够有这样的成就，自己为什么不能有？这样的意识能促进学生间的竞争，竞争又使学生获得成功。

二、加强管理，创设中小学德育课程发展的局面

1. 加强德育课程管理

德育课程管理的主要目的是提高教师对德育课程的认识，树立以人为本的观念，加强对教师课堂教学及课下的管理，协调教学主管领导之间的工作关系。这里应该重点解决三个问题：一是德育课程的管理者应该加强自身学习，率先更新观念，从德育与教学的对立和德育只搞活动的限制中走出来，去关注、研究德育课程，调整德育管理的内容与结构；二是将管理思想具体化，有秩序、有重点地推进德育课程，逐步提高教师以人为本、全面育人的自觉性，最大限度地发挥德育课程的优势，实现"教书育人"的目标；三是把管理落到实处，通过加强管理，提高任课教师驾驭课堂的能力，增强实施德育的意识。

2. 加强德育课程建设

课程建设是提升学校教育质量的中心环节和现实着力点，是实现教育教学目标的基本保证。当前，我国的教育发展已经进入从规模扩张转向质量提升的重要时期，为迎接质量提升时代的到来精心准备，是当前教育理论与实践探索的共同使命。因此，各级各类学校都应认真贯彻落实《国家中长期教育改革与发展规划纲要（2010—2020年）》的基本精神，确立科学的教育质量观，深刻认识并切实把握课程建设的规律性，促进课程建设过程的科学化、规范化，从而促进学校教育教学质量的有效提升。

3. 促进德育课程教师的专业发展

专业的教师队伍是德育课程工作的直接执行者，决定着德育课程的教学

成效，因此要创造条件，积极促进德育课程教师的专业发展。教师的专业发展以教师"专业发展"为视角，强调教师自我成长、自我完善的过程，即德育课程教师通过强化自我专业发展意识，依托外在专业发展背景的支持，不断更新教育理念，丰富专业知识，提高专业能力，实现专业自主，表现专业道德（遵守专业伦理），从而提高自身专业素质，成为一名优秀的德育工作者的专业成长过程。

具体而言，可以通过以下方法促进教师的专业化发展。

第一，帮助教师认识德育课程的价值和意义，更新观念，积极主动地打造自我专业发展的实力。教师的自我专业发展是指教师具有较强的自我专业发展意识和动力，自觉承担专业发展的主要责任，通过自我反思、自我专业结构剖析、自我专业发展设计与计划的拟订、自我专业发展计划实施和自我专业发展方向调控等实现自主发展的目的。概括地说，德育课程教师要更新观念、勤于学习、立足实践、积极反思、乐于合作、主动探究。

第二，创设有利于德育课程教师专业化成长的发展环境、评价机制和培训机制。学校要重视思想品德课的学科地位，尊重德育教师的劳动，给予他们学习和锻炼的机会；利用集体备课、"以老带新结对子"、公开课、示范课、研究课、校本教研等多种方式，促进教师的协作教研；遵循新课程改革中"立足过程，促进发展"的评价理念，构建促进德育课程教师专业发展的教师评价机制；设立专项经费，积极开展教师的职业培训。

三、坚持以人为本的原则，真正把学生的发展放在核心地位

新课程标准明确提出了"以人为本"的观点，此处的以人为本是指以学生的发展为本。这是新课改的核心理念，是新课改的基本精神和灵魂，是新课程的基本价值取向。

1. 实施以学生的发展为本的战略

以学生的发展为本，要求教师要实现从传统教育教学"学习中心主义"向现代教育教学"学生中心主义"的战略转移。一字之变，不仅仅是教育观的转变，更是教学论的重大变革；不但涉及"培养什么人，如何培养人"这

样的大问题，也是在教学领域真正体现教育本质，把促进学生健康成长作为学校一切工作的出发点和落脚点的具体要求。

2. 把尊重学生作为第一原则

以学生的发展为本，首先要求我们把尊重学生作为德育课程的第一原则，承认学生的差异，关注学生的个性发展，不能用一个标准、一种模式来要求和衡量个性各异的学生。通过各种活动平台，要让每个学生都能完成一件自己认为成功或满意的事情。多元化、人文化、个性化的德育评价，理应成为新课改背景下德育工作的指向与追求。以学生的发展为本，就要了解并引导学生的需求。

3. 突出学生的主体性

以学生的发展为本，要求教师要以人文精神尊重学生的情感，把学生的主体作用放在第一位。教师要实现从知识的灌输者向学生学习的引导者、合作者的转变，构建思想品德课求实有效的教学方法。要坚持以育人为本、德育为先，围绕学生开展教学活动，促进师生的情感交流，强调让学生自己去发现知识，为学生营造宽松的、温馨的学习氛围，培养大胆探究、勇于创新的精神，建立和谐融洽的关系，强调教师在教学中由"权威"向"同伴"的角色转变，尊重、理解和信任每一位学生，以满腔的热情去爱护学生，以高尚的人格魅力去影响学生，以父母般的温情去感化学生。

4. 多元化、人文化、个性化的德育评价

新课程标准明确提出了"以人为本"的观点，课改的目的是培养学生的学习能力，提高学生的综合素质，为学生的终身发展奠定基础，要求教学要做到"知识与能力""过程与方法""情感态度与价值观"这三维目标的有机结合。因此，要强调课堂教学是对学生进行思想道德教育的主渠道的观点，开发各学科的德育资源，注重学科渗透，发挥各学科德育课程的优势。各学科教师要根据教材特点，在备课和上课环节充分挖掘教材内涵，把握好教材中学科知识与德育的结合点，注重教材内容与现实生活的联系，在教学中真正体现"教材是对生活的总结，生活是对课本的延伸"这一宗旨，让每一位教师都认真参与，真正实现每一位教育者都是德育工作者的设想。

四、创设多样化的德育课程方法

德育课程方法是为达到德育课程目的、实现德育课程目标、完成德育课程任务所采取的形式,是架设在社会主导思想道德与个体思想品德之间的桥梁和纽带,是施教者与受教育者相互作用的手段与中介。改进与创新德育课程方法是实现德育课程科学化的基本条件,是完成德育课程任务、实现德育目标的关键因素。《基础教育课程改革纲要(试行)》明确提出:教师在教学过程中应与学生积极互动、共同发展,要处理好传授知识与培养能力的关系,注重培养学生的积极性和自主性,引导学生质疑、调查、探究,在实践中学习,促进学生在教师指导下主动地、富有个性地学习。现代德育课程的宗旨是使学生从根本上形成主体意识和自觉主动的精神,突破以往课堂坐而论道的局限,扩大德育的空间和影响。改进和创新德育课程的途径有主要包括以下三个方面。

1. 认识德育课程教学方法的特殊性

德育课程是将社会的思想、政治、道德规范转化为受教育者思想品德的方式、手段,落脚点是行为的转变。因此,德育课程的教学方法有其特殊性。智育方法要解决的矛盾是知与不知、懂与不懂的矛盾;德育方法还要解决信与不信、行与不行的矛盾。这是如何将社会主导思想和道德要求内化为个体思想品德的问题。这种内化需要经历理论认知、价值判断和行为转化三个阶段,而智育方法通常只需要第一个阶段即可。

2. 能够激发学生自我教育的潜力

德育是社会要求,也是学生自我发展的要求。因为任何教育只有转化为自我教育,才能真正达到教育的效果。这种自我教育的潜力越是得到发掘,就越能使个性化发展和社会化发展和谐统一。因此,现代德育必须直面社会开放和价值多元的现实,正视道德冲突,解决道德困惑,让学生自己掌握批判武器,提升道德辨别力、判断力、选择力,学会自己面对人生,创造生活。教师需要尊重学生的差异,让每个学生都能在自己的天赋潜能范围内充分发展,让他能走就走,能跑就跑,能飞就飞,为每个学生提供适合的教育。

3. 寓德育于活动之中，以活动为载体，并使活动形式科学化、系统化

各种"主题活动"往往会给学生带来各种积极的情感体验。在活动中，学生情绪愉快，态度积极，兴趣极高，乐在其中。通过各种活动渗透，德育教育要提高学生的道德认知，让学生以积极向上、乐观的态度来认识周围的人和事，在活动中表现出坚忍的意志、良好的道德品德、良好的道德行为习惯，从而使学生的心理品质朝着健康向上的方向发展。只有这样，学生长大以后才会挺起胸膛面对各种各样的困难，处理好人与人之间的关系，从而更好地适应社会。

五、加强德育课程实践

德育课程要帮助学生解决知与不知、懂与不懂、信与不信、行与不行的矛盾问题。这不仅是一个理论认知问题，更是一个实践问题，需要我们积极引进实践机制，给学生提供实践机会，在实践中帮助学生形成相应的道德情感，培养坚强的道德意志，并创造条件，让学生在德育实践中产生相应的道德行为，从而培养解决具体的道德问题和处理各种现实的道德情景的能力。朱小蔓在《中小学德育专题》一书中写道："德育实践活动是指从学生的需要和兴趣出发，以学校或学生自我设计的、有计划的实践活动为中心，旨在进一步提高学生的道德认识和思维能力，丰富道德体验，锻炼意志，践履道德，促进道德行为习惯养成而设计的课程。"作为德育关键的德育课程，要在课堂内外有计划地引导学生密切联系自身生活和社会实际，紧紧围绕一个教育主题，根据不同的教学内容，采用"讨论、辩论""概念—诱导—启发""情境体验""活动游戏""社会调查"等多种教学模式，帮助学生理解知识，内化情感，外化行为。具体来说，可以采用以下三种方法。

1. 角色扮演法

角色扮演法是一种使人暂时置身于他人的社会位置，并按照这一位置所要求的方式和态度行动，以增进人们对他人社会角色及自身原有角色的理解，从而更有效地履行自己职责的德育方法。在各种实践活动中，可以让学生扮演各种角色，如让学生扮演交通警察，在路上维持交通秩序，深刻地感受交通警察的辛苦、交通秩序的重要，使学生能主动遵守交通规则。类似的角色很多，如让学生扮演学校的门卫、班长、清洁委员，扮演老师批改作业，扮演家长制订家庭消费计划，等等。在矛盾冲突中也可以通过角色互换的做法，让学生体会、理解、原谅对方，并检讨自己。学生之间的矛盾主要来自误解及过度的敏感，真正的利益冲突并不多。教师可以让学生之间进行角色互换，换位思考。这对于化解矛盾具有非常好的效果。

2. 行为训练法

行为训练法是通过道德实践和对道德行为的价值领悟、策略训练、奖励与惩罚等方式对学生进行思想观念、政治意识、道德情操及法治意识教育，以形成或巩固学生的道德信念，磨炼个人的道德意志，促使个体形成良好行为习惯的一种德育方法。行为训练法的一个重要问题就是要将行为习惯按照学生的实际情况进行分层，在不同年龄段、不同年级设定不同目标，进而将这些目标以学生喜闻乐见的形式呈现出来。

3. 情感激励法

情感激励法指通过某种生动、具体、形象的教育情境，激发学生的道德情感，并使学生情不自禁地从事相应的道德行为，从而培养良好道德品质的一种德育方法。如学校举行的升旗仪式、重大节日的庆祝活动、校庆活动等，如果能出色地举办，都可能对学生产生情感上的激励，从而起到很好的德育效果。此外，教师一个鼓励的眼神、一句看似漫不经心的鼓励，都可以起到引导学生积极向上的作用。

第四节 网络背景下中小学德育机制的构建

一、网络背景下德育建设的挑战

1. 良莠不齐的网络信息对中小学生价值观造成巨大冲击

在互联网出现前，人们获取信息的渠道主要是人与人的直接交流，或者报纸、杂志、广播和电视这些传统的大众传播媒体。这四种媒体在各大部门的监管之下对信息进行层层筛选、过滤，其内容与我们社会需要的教育目的具有一致性、趋同性，对人们特别是对中小学生的消极影响不大。但以网络为依托的新媒体就不同了，网络的开放性使得互联网信息良莠不齐，大量消极、虚假的不良信息影响着广大中小学生的价值观。

（1）资本主义意识形态的渗透

网络的开放性和超时空性加速了世界各国人民的文化交流和经济贸易，也为各种意识形态和价值观的传播与斗争打开了方便之门。越来越多的国家利用文化传播加大对其他国家的意识形态、价值观念的渗透，使得网络越来越成为意识形态宣传的战场。一些国家凭借其信息技术的优势，通过互联网，向世界国家宣扬西方资本主义社会的意识形态、政治制度和文化理念等，而这场战争争夺的主要是各国的青少年。由于青少年心理不够成熟，社会经验单薄，不能很好地分辨和抵制网络上的各种不良信息，他们的政治观念和民族意识很容易被淡化。

（2）多元文化对青少年价值观念的冲击

网络的开放性和超时空性，使得网络正在演变成一个复杂的文化熔炉，东方文化与西方文化、传统文化与现代文化、主流文化与非主流文化交织在一起，全球不同国家和地区的文化形态、思想观念和价值取向等都汇聚在网络上。不同的文化蕴含着不同的价值观，网络受众尤其是价值观还未成熟的中小学生极易受到影响。研究显示，多元文化的存在已经对人们传统的价值评判和选择构成了巨大冲击，中小学生的价值取向变得多样化。价值取向指的是一定主体基于自己的价值观在面对或处理各种矛盾、冲突等关系时所持的基本价值立场、价值态度，以及所表现出来的基本价值倾向。在多元文化的影响下，相当一部分中小学生在生活中开始出现炫耀、崇洋和攀比的行为，这与我国传统的生活方式、价值观念及社会主义意识形态相去甚远。

（3）不良信息的影响

互联网发展至今，已经被打上了太多的商业化烙印，在唯利是图、实用主义观念的催化下，网络信息变得越来越复杂。为了吸引眼球它可以猎奇，为了增加点击率它可以造假，良莠不齐的网络信息让网民无所适从、无从辨别，更不要说价值观还没有最终形成的中小学生了，他们一不小心就会受到不良信息的污染。暴力游戏、色情网站、网络欺诈、封建迷信等内容的泛滥和传播，不仅增加了青少年选择和评判的难度，也使得他们逐渐淡化了是非观念，淡化了社会责任感和诚信度，淡化了网络道德意识。

2. 互联网的匿名性容易导致中小学生道德品质的滑坡

传播学中有一个理论叫作"沉默的螺旋"。该理论描述了这样一个现象：人们在表达自己想法和观点的时候，如果看到自己赞同的观点受到广泛欢迎，就会积极参与进来，这类观点就会被越发大胆地表达和扩散；而在发觉某一观点无人或很少有人理会（有时会有群起而攻之的遭遇）时，即使自己赞同它，也会保持沉默。一方意见的沉默造成另一方意见的增势，如此下去，便形成一方的声音越来越强大，另一方越来越沉默的螺旋发展过程。该理论基于这样一个假设：大多数个人会力图避免由单独持有某些态度和信念而产生的孤立。这和德育工作中个体道德品质的修正机制有很大的相似性。因为大多数人遵循的是社会主导的价值观，持不同看法的人往往会因为外界的压力而不断进行道德品质的自我修正。然而，许多学者认为"沉默的螺旋"理论在网络传播中已经失灵。最明显的挑战直接来自网络传播的显著特性——匿名性。

匿名性曾一度被人们当作畅游网络的"通行证"，但同时人们又发现它是引发种种社会问题的"罪魁祸首"。因为匿名，人们的网上交流无须留名留姓，无须自报家底，无论是胡言乱语，还是诚信直言，都没有人干涉，因为谁也不知道到底是谁在说话，也无法判断他说的到底是真是假。因为匿名，个体在进行自我表达时也很少会顾及社会规范，随意发表自己的观点，而不受别人想法的影响，他们无须对自己的行为承担心理上的负担。"网络的匿名性使网民在上网交流时很少顾及社会规范及所承担的心理压力，使得他们充分自由地表达自我。"网络匿名带来的这种因缺乏环境的压力而更轻易实现的自我真实坦露，更加促使个人对自己意见的坚持，即使与别人意见不一致，他仍会表达自认为独特的见解。网络在给网民营造话语权的同时，冲击着传统的主流价值观。青少年正处于成长的特殊时期,也是价值观形成的关键时期。好胜、易冲动、不轻易服输是这个年龄段的特点,当遭遇不同意见的时候,他们往往固执己见。如果在现实社会,这种固执己见有可能因为群体意见而改变,但在网络上,这种固执己见往往以谩骂与攻击收场。这些都极易造成中小学生的道德滑坡。

3. 网络的不当使用严重影响了中小学生的心理健康

培养中小学生良好的心理素质是中小学德育工作的重要目标之一,网络的推广与运用对中小学生的心理健康产生了很大的影响。一方面,网络使中小学生的课余生活更加丰富,为他们提供了宣泄心理压力的平台。另一方面,网络也为中小学生的心理健康带来了一定的负面影响。

迷恋网络使部分学生冷漠和非社会化,产生紧张、孤僻等心理问题。目前,大多数中小学生是独生子女,他们本来就缺乏与他人沟通的机会,如果再沉迷网络,就会使他们更加内向和自我封闭,甚至会患上"电脑自闭症"。久而久之,他们不想也不知道该如何处理现实中的人际关系。他们发现网络社区运用的语言、遵循的规则与现实世界大相径庭,在网络里可以肆无忌惮,但到了现实中处处受到管制约束。于是,他们宁可面对冷冰冰的键盘和屏幕,也不愿意与现实中的人沟通。现实世界中的他们表现得越发紧张、孤僻和冷漠。

更有部分学生因为痴迷上网,最终沉迷网络不能自拔,对网络产生了强烈的心理依赖,即"网络成瘾症"。"网络成瘾症"是一种过度使用网络造成的损害心理的一种疾病。其主要特征是无节制地花费大量时间上网,必须增加上网时间才能获得满足感,不能上网时出现异常情绪体验,学习成绩不佳、工作绩效变差或现实人际关系恶化,向他人说谎以隐瞒自己对网络的迷恋程度,症状反复发作,等等。研究显示,长时间上网会使大脑中的多巴胺水平升高,这种化学物质会令人出现短时间的高度兴奋,沉溺网络的虚拟世界不能自拔,但兴奋过后的颓废感和沮丧感会较之前更为严重。时间一长,这些影响就会导致一系列复杂的生理和心理的变化。开始只是精神依赖、渴望上网,而后可发展成躯体上的依赖,表现为情绪低落、头昏眼花、双手颤抖、疲乏无力、食欲不振等，影响人的身体健康，引发各种疾病，甚至可能导致死亡。

长期沉迷网络导致中小学生心理负担过重。网络文化是一种集文字、声音、图像于一体的"快餐文化"，这种文化消解了传统文化的深度模式，诱导青少年用"看"的思维方式来认识世界。上网占用了中小学生很多阅读和思考的时间，使得他们虽能非常熟练地操作计算机，但在其所写的论文里，错字、病句随处可见，一些学生甚至不会用笔写字、写论文，而这种现象又加剧了他们对网络的依赖。还有一些学生由于不能用积极的态度面对紧张的学习生活、沉重的考试压力和激烈的社会竞争等，会选择上网来躲避现实，以求得暂时的安宁和超脱。越是逃避，要面对的问题就越多，这样又使他们更加焦虑不安，情绪更加低落，其结果就是恶性循环，甚至出现严重的心理障碍。

二、构建网络背景下德育有效性机制的策略

由于网络的虚拟性和隐蔽性，在网络世界里，不同的意识形态、文化观念、价值判断和价值选择、言论交织在一起，这必然会削弱道德的外在约束功能和内在的自我约束机制，导致广大网民处于十分危险的网络文化中，进一步引发道德观念的丧失和行为的失范。中小学生的身心正处于发展阶段，其世界观、人生观、价值观还未定型，辨别能力差，缺乏抵御力，在网络漫游时易受到某些信息的渗透和毒害。为了适应网络时代的要求，充分利用网络带来的积极因素，克服网络带来的消极因素，应从以下四个方面加强网络背景下德育有效性机制的构建。

（一）加强对中小学生的网络道德教育

随着网络信息技术的普及与发展，网络正以迅猛的速度深入中小学生的日常生活，它对中小学生当前的学习及今后的发展都将产生极其重要的影响。要想发挥这些影响中正面的作用，就必须正视网络世界各种各样的道德问题，切实加强网络道德教育。日本城西国际大学某教授认为："当你使用因特网

时必须有很强的道德观念,因为在一个人的世界里保证不做坏事是很难的事情。因此,我们必须从小学就开始对孩子进行长期的、有计划的道德教育。"实践证明,要消除网络对中小学生的不良影响,不能仅靠"围""截""堵",关键是要"疏",要教给他们防范和处理网络不良信息的道德认知能力,即把网络道德教育纳入中小学生的教育范畴。在网络立法尚不完善、网络监管尚不到位的今天,加强网络道德教育可以增强广大中小学生对网络信息的鉴别能力、对网络陷阱的防御能力、对网络负面影响的自律能力、对网络诱惑的抗拒能力,使他们自觉地遵守网络规范,养成自觉的网络意识和道德责任感,建立一种自我保护、自我约束的内在机制。具体来说,需要加强以下三个方面的工作。

1. 引导学生树立正确的网络观

观念是行动的先导,要加强中小学生的网络道德教育,首要任务是引导他们树立正确的网络观念。对中小学生进行的网络观教育是要以科学的理论和观念引导广大中小学生正确认识、运用和评价网络信息,并以这些认识为基础来调节自己的网络行为的教育过程。目前,我们需要做到以下两点。

①帮助学生正确认识网络的价值。从互联网的发展和实际应用来看,互联网始于1969年,又称因特网,是全球性的网络。它用传输介质把电脑连接起来,达到数据传递、资源共享的目的,是一种公用信息的载体。因此,网络的首要价值在于它的工具性。网络本身就是集现代微电子技术、计算机技术、电信技术等于一体的新技术,是人类认识和改造世界的现代信息工具系统。既然人是网络的创造者、使用者,那么,人对于网络来说始终具有优先的主体地位,而不能成为网络工具的奴役对象。

②引导学生辩证地认识和处理虚拟世界与现实社会的关系。互联网为人们建构了一个虚拟世界,网民不仅生活在现实社会中,也生活在虚拟世界里。虽然从形式上看这是人与技术系统的结合,但其实质是人以网络虚拟技术为中介形成的一种新的实践方式,是人在信息时代呈现的一种新的生存方式。这种生存方式和现实的生活方式之间有着千丝万缕的联系,也

有着天壤之别，必须引导学生正确理解两者之间的联系。就联系而言，一方面，现实生活是虚拟世界的基础，虚拟世界的生活方式、观念、规范是现实社会的折射；另一方面，虚拟世界作为人类在信息时代新的生存形态，又会超越现实社会，数字化生存消解了现实社会的一部分规范功能，却又再造和增加了许多新的元素。就差异而言，网络最大的特点是虚拟性，这既可以使人们放大或缩小现实社会的某些因素和人的某些行为特征，也可能使人们的行为与现实社会生活脱节。如果人们过度沉溺网络，就会逐渐疏远现实社会；如果长期在网上把自身符号化，人的道德意识、社会责任感和人际信任感就会降低。

2.引导学生养成文明上网的良好习惯

要引导中小学生认真学习并自觉遵守共青团中央、教育部、文化和旅游部等部门联合颁布的《全国青少年网络文明公约》，养成文明上网的良好习惯，做到"五要五不要"。

（1）要善于网上学习，不浏览不良信息

教师要引导中小学生将网络作为课外学习的一种新工具和了解大千世界的新途径，不接触、不浏览有关色情、愤恨、暴力、邪教或者怂恿进行非法活动等的内容；要教育中小学生遵守网络道德规范，懂得基本的对与错、是与非，学会鉴别网络不良信息。正如心理学家戴维·艾尔金德所说："我们没有办法控制孩子所看到和所听到的一切，所以在尽可能控制不良信息对青少年影响的同时，应积极引进传媒教育，逐步培养和增强青少年对形形色色的信息的鉴别能力。"因此，教师要教育中小学生坚决抵制与社会公德和中华民族优秀传统美德相背离的不良信息，自觉抵制网络低俗之风，净化网络环境，不在网站社区、论坛、聊天室、博客等中发表和转载违法、庸俗、格调低下的言论、图片、音频及视频信息。

（2）要诚实友好交流，不侮辱欺诈他人

教师要教育中小学生即使是通过网络这一虚拟时空进行交流，仍要礼貌待人，不使用脏话；要态度诚恳，不欺诈他人；要遵守礼节，不随心所欲。中小学生要认识网络文明的内涵，懂得崇尚科学、追求真知的道理，增强网络文明意识，使用网络文明语言，在无限宽广的网络天地里倡导文明新风，营造健康的网络道德环境。总之，只有尊重他人，才能得到他人的尊重。

（3）要增强自我保护意识，不随意约会网友

教师要教育中小学生认清虚拟交往的危害，不断增强自我防范意识，不与在网上结识的人约见。如果认为非常有必要见面的话，一定要告诉家长并得到他们的允许，见面的地点一定要在公共场所。不擅自邀请网上结识的人来家里做客，尤其是当学生单独在家时。不要透露有关家庭的任何资料，包括姓名、地址、电话等。不要轻易相信别人。

（4）要维护网络安全，不破坏网络秩序

教师要教育学生了解网络安全的重要性，合法、合理地使用网络的资源，增强网络安全意识，监督和防范安全隐患，维护正常的网络运行秩序，促进网络的健康发展；要敢于承担"网络安全小使者"的责任，在保证自己不参与违背道德、法律活动的前提下，对周围有不良行为的小伙伴加以劝阻、说服或告诉家长和老师。

（5）要有益身心健康，不沉溺虚拟时空

教师要教育学生不沉迷网络游戏，不利用网络做造谣生事、冒名顶替、污蔑欺骗、搬弄是非、骚扰恐吓的事情，不利用网络进行个人攻击、毁人声誉、损害他人利益的行为。学生要培养自我约束的能力；制定个人上网规则，把它贴在电脑附近，时刻提醒自己；每次连续上网时间不超过1小时，要坚持做眼保健操；要制订学习计划，不盲目上网；要坚持户外运动，保证身体健康。

3.引导学生网络行为的道德自律

与现实社会中的道德运行相比较，网络道德的一个突出特点在于网民的道德规范绝大多数来自自律。网络社会不像现实社会那样有社会舆论和风俗习惯来对个体行为进行调节，网民要自己约束自己的网上行为，要监督自己在网上只发布对社会有用和有益的信息，不做有损网络道德的事。在《现代汉语词典》中，自律是指"自己约束自己"，说白了就是要增强自我控制能力，使自己的道德认知与道德行为统一起来，做到知行合一。要做到这一点，

就要培养个体的道德意志。如果个体缺乏道德意志，缺乏自我控制能力，即使有深刻的道德认识，也会缺乏必要的道德实践的毅力和勇气。可见，自律的基础是个体发自内心的为善意识。这类似于我国传统文化所倡导的"慎独"的道德境界，也就是说，个体即使没有社会和他人的监督，也能保持自我约束，坚守社会规范的道德信念，自觉按正确的道德准则行事。

网络给现代网民提供了一个充分自由的空间，但这同时也是一个缺乏监管的、无中心的、多元价值并存的空间，各种道德与非道德、合理与非合理、正确与不正确的信息充斥其间。如果缺乏道德自律，每个人都有可能从"天使"变成"魔鬼"，特别对中小学生来说，他们的主体意识还没有完全形成，缺乏主动追求道德人格的能力，需要德育工作者的持续引导。道德教育的最高境界是培养人的自律精神。因此，德育工作者应围绕中小学生的道德认知水平有目的地培养学生的道德自律意识与能力，以"理解"代替简单粗暴的"管制"，鼓励青少年学会生存、学会关心、学会适应、学会选择；要帮助学生树立良好的"网风"和"网德"，加强网络道德修养，培养自觉的网络道德意识、网络道德意志和网络道德责任，促进网络道德的"价值内化"，提高道德的自我教育能力和网络行为的自律能力。尤其应注重对道德现象、道德关系的感知，以及对道德概念、道德准则的解释和说明，使中小学生明确能做什么和不能做什么，进而做到"自己对自己的行动负责"，自我反省道德表现，真正向现实社会和网络社会中的"慎独"迈进，做一个有道德修养的人，即使独自一人，无人监督，也能小心谨慎，坚持自己的道德信念，不做任何不道德的事情。

（二）提高教师的网络德育能力

网络道德是现代社会文明发展的重要表现，而社会网络道德的提升更有赖于学校。学校是实施德育教育的主要阵地，德育工作者是学校德育工作的主要组织者与实施者，他们自身的素质水平从根本上影响着学校德育工作的水平与实效。教师是德育工作发展的动力，没有教师的转变，就不可能产生网络背景下高效的德育工作。为了适应德育工作信息化发展的要求，迫切需要对教师进行网络德育意识及能力的教育和培训，从而培养一支专业的德育教师队伍。目前，教师应该注意四个方面的工作：①强化网络德育意识；②与时俱进地更新专业知识和计算机技术；③培养较强的网络信息运用能力；④提高利用网络资源，发挥网络优势开展德育教育的能力。

（三）加强网络管理，净化网络环境

网络德育是一项全新的系统工程，是德育发展到现阶段的一种全新的表现方式，也是社会网络化发展的必然。健康的网络环境有赖于整个社会力量的共同努力，而当务之急是加强对网络环境的治理，健全针对网络环境的法律法规，采取强制性手段打击网络犯罪，加强全民的网络道德教育。

1. 健全网络法制，提高监管力度

网络为人们不负责任的行为提供了场所。未成年人是网络社会的主要群体，如果网络社会缺乏有效的法律制约，他们就容易被不良内容侵害。因此，建立和完善与网络社会相适应的法律制度，既可以规范未成年人的网上行为，也可以建立新的信息自由原则，把自由化的网络空间变成有一定秩序且管理规范的网络文化体系，有效促进青少年良好品德的形成。

随着互联网的发展，我国相关法律法规的制定、实施也不断取得进展。目前，我国已颁布有关网络管理的法规条例二十余部，与未成年人网络保护有关的法律主要有《刑法》《中华人民共和国预防未成年人犯罪法》《中华人民共和国未成年人保护法》；有关行政法规有《教育部关于加强对教育网站和网校进行管理的公告》《教育网站和网校暂行管理办法》《计算机信息网络国际联网安全保护管理办法》《中华人民共和国电信条例》《互联网信息服务管理办法》《互联网上网服务营业场所管理条例》等。这些法律法规对规范网络文化秩序和青少年网络行为起着极大的作用。但相对于飞速发展的网络技术而言，保护未成年人的相关法律法规存在滞后的现象，难以适应规范网上信息的实际需要，难以应对复杂的、发展迅速的网络违法行为。而且，现有的相关文件大多是管理性的行政法规和部门规章制度，多以"暂行规定""管理办法""通知"等命名，法律位阶较低，且有些条例与现有法律相冲突，在实际操作中存在一些问题。因此，随着网络文化的迅猛发展，进一步制定、完善相应的法律法规以确保网络文化的良性运行和良好秩序已经成为保护中小学生的当务之急。要根据现实需要对已有的法规进行修改、补充和完善，逐步建立适合中国国情的网络法律法规体系，把网络文明纳入法制轨道，特别是要制定打击利用网络危害国家安全和社会稳定的犯罪行为的法规，科学认定网络犯罪行为，并给予相应打击，净化网络环境。

网络游戏的监管问题显得更加严峻。调查表明，中小学生进入网吧大多是冲着网络游戏去的。在网络游戏的影响下，他们荒废学业、疏远亲戚朋友、漠视社会，甚至走向犯罪。相关部门必须尽快出台网络游戏管理的行政法规，以理顺管理体制、完善产业政策、解决多头管理等多方面的问题。要努力建立健全网络信息岗位责任制和网络信息管理制度，包括信息输入更新、信息阅读权限、安全保密等级、信息审核，以及信息员培训、信息管理责任追究制度等。

2. 加强网吧管理，净化社会环境

据调查，网络成瘾往往是因为无节制上网，而为此提供条件的则是大量营业性网吧。一些网吧经营者出于营利目的经常违规操作，如：为了吸引未成年，或为未成年人提供吃住，通宵经营，且帮助孩子逃避学校管理和家长追查；或私设服务器，为未成年人提供赌博、色情、暴力、反动等方面的内容和电脑游戏，引诱一些缺乏自制力的未成年人走上违法犯罪的道路。目前对此虽已有一些政策，但这些政策多流于形式，并不能从根本上解决问题。因此，相关职能部门要制定真正有效的法规政策，切实杜绝网吧的非法经营，如限制网吧的营业时间和进行对网吧消费者的资格审查等，将网吧建设纳入科学管理、合法经营的轨道。要坚决制止未成年人进入营业性网吧，对不法经营者予以严惩，杜绝非法网吧的滋生。要在技术上加强防范，如安装网吧终端过滤软件，推广绿色上网软件，封堵有害内容，不让不利于未成年人良好思想品德形成的东西入眼、入耳、入脑。

为限制未成年人进入网吧，国家有关部门规定，从2005年12月16日起，网吧服务营业场所必须使用实名登记卡。按照规定，消费者购卡要到实名登记卡销售点，持本人身份证等有效证件办理；售卡人员应当对购卡者的身份证等有效证件进行认真核对、登记，并不得向未满18周岁的未成年人销售实名登记卡；实名登记卡每人限购一张。除了严格执行未成年人不得进入营业性网吧的规定外，有关部门还出台了中小学周围200米内不得设置网吧的规定。应开辟相对独立的、区别于普通上网区域的专区，尽可能区分成人界面和青少年界面，控制青少年的上网时间，屏蔽网络不良内容。互联网是个整体，涉及多个部门，各部门要通力合作，不能进行简单的职能分割。文化、工商、公安、消防、技术监督等部门要统一协调，齐抓共管，联合执法，保证管理到位，避免出现"以罚代管"和"真空地带"。

3. 以技术手段加大网络监管力度

当前，由于管理不到位，某些网站对所传播的信息不负责任，使网络信息的准确性、严肃性大大降低，严重妨碍了网络文化的健康发展，也对青少年的健康成长造成了负面影响。针对网络内容失控现象，相关政府职能部门对网站治理的条款应不断细化，力度应不断加大，涉及范围应不断扩大。由于网络中的道德问题大多是建立在特定技术基础上的，因此要积极研究和充分利用各种先进的网络技术手段，对暴力、黄色、封建、不健康、低级趣味的东西迅速予以鉴别，并加以查封和堵截，在技术上实现第一道防范。因此，除了对网吧经营加强监管外，更重要的是要从技术手段上对网络游戏内容加以规范和限制。

要进一步完善网络监控体系，安装先进的绿色软件，监督过滤不良网站信息。文化、公安等部门为了加强技术监管，相继推出了多种网吧管理软件，规定网吧必须安装，以屏蔽有害信息。2008年5月，国家工业和信息化部在相关部门支持下，全面出资购买"绿坝—花季护航"软件，免费向全社会提供下载，并发起组织"绿网工程"的活动。"绿坝—花季护航"绿色上网过滤软件在实际安装使用过程中，可有效避免互联网不良文字和图像内容对未成年人的毒害。同时，该软件使用简单，维护便捷，技术支持响应及时，有力推动了网络环境的净化，对全面推进素质教育，为青少年营造绿色、健康的网络环境起到了积极作用。2009年5月19日，工业和信息化部印发了《关于计算机预装绿色上网过滤软件的通知》，要求国内计算机生产销售企业在2009年7月1日后出厂和销售的计算机以硬盘预装或随机光盘两种方式预装"绿坝—花季护航"绿色上网过滤软件。通过网络监控技术的开发和应用有效监控网上信息，屏蔽不良信息，用技术手段为全国青少年筑起一道网络"绿色屏障"，构建绿色、健康与和谐的网络环境，保障青少年健康成长。

另外，要建立健全网络有害内容报告监督制度，加强对不良网站的打击力度，坚决查处和关闭传播色情、淫秽等内容不健康的网站，全方位为未成年人护航。

（四）加强和改进学校网络系统，建设专门的德育网站

网络是一个"万花筒"，国内外发生的大小事件，各种学术的、经济的、娱乐的信息都能在网上找到；同时，一些淫秽色情信息、反动暴力信息等也混杂其中，必然会对充满好奇和冲动的中小学生产生危害。因此，为了使中小学生得到健康的思想道德教育，学校必须凭借自身优势，建立校园德育网站，开辟校园德育论坛，改进德育模式，使校园网络真正成为开展思想道德教育的重要手段。我国的校园网建设起源于20世纪90年代，目前已经形成一定的规模。但是，目前校园网建设大多集中在两个方面：一是校内的新闻发布及教学参考、科研信息等的交流；二是提升图书馆功能。实际上，我国创办德育网站的学校也不少，据统计，早在2001年就有250多个创办相关网站的学校，但多数为高校。因此，广大中小学校要借鉴国内外校园网站建设的经验，开设专门的德育网站，为切实提高中小学德育工作实效提供条件。

德育网站是指学校在网络时代有计划、有目的创建的力求凸显德育功能的网站，它是中小学在网络环境下开展德育工作的重要阵地和有效载体，可以给学生提供专门的德育信息，对学生进行上网心理辅导，给学生提供专业的德育讨论平台，培养和形成学生正确的道德价值观、道德辨别力及道德自

制力，避免他们在纷繁复杂的网络世界里迷失方向。具体来说，德育网站的建设应该注意以下三个方面。

1. 加强德育网站的内容建设

内容是德育网站的灵魂。在选择和提炼网站内容时，要从中小学生的特点入手，思考他们处于什么样的道德认知层面，他们对什么内容感兴趣，他们需要解决什么样的问题，等等。在具体内容的选择上，一是典型性和德育性，即选取的内容必须具备思想政治教育功能，蕴含德育信息，同时具有典型意义，能让学生在一则案例的学习思考中获得可迁移的德育价值。二是生活性，即不能脱离中小学生的生活世界。道德是分层次的，不能把对大学生、成年人的道德要求搬到中小学阶段来。同时，道德又是源于生活的，特定群体的道德选择是不一样的，必须具有针对性，并由此获得指导。三是时效性，网络技术的一大优势就是迅捷动态，只有紧跟社会发展，紧跟学生的实践，及时更新内容，才能激发学生的浏览欲。

2. 加强网站的交流平台建设

要依托校园网络，通过开设BBS、网络驿站、博客，设立校长信箱，利用QQ、微信等在线聊天工具，搭建师生交流平台，通过网上的互动交流，帮助学生解决思想问题和实际问题。BBS和聊天室具有即时性、公开性、匿名性和群体参与性的特征，可以让学生畅所欲言。教师不仅可以通过这种形式的发言收集学生关注的问题并加以分析，而且可以参与学生的讨论，就他们关注的问题进行在线交流，及时跟帖，为他们释疑解惑，有针对性地进行引导，从而帮助他们形成健康向上的网络习惯。

3. 精心设计网页，提供个性化服务，加强监管

网页是网站的形象，是浏览者对网页效果的第一印象。德育网站的建设首先要保证一般网站应有的特点：主页制作快速、简洁，信息概括力强，易于导航；网页色调简洁明快；网页布局明亮、雅致、纯洁、畅快；网页结构安排得当，重点信息突出、醒目、易于捕捉；等等。在此基础上，要针对德育网站的特殊性开发个性化的项目，如开设引领学生成长的"伟人青少年时代的故事"等栏目。当然，在呈现方式上不能太生硬，单一的文字陈述很难

吸引学生的注意力。可以采用图文并茂的形式，以动态的方式呈现，在呈现过程中也可以让学生参与其中，但千万不要提几个思考题了事。可以借鉴网络游戏的思维模式，开发以德育为主题的网络游戏。总之，必须在坚持正确的思想导向的前提下，以创新思维建设德育网站。

  网络为德育工作提供了一个新的阵地，在网络德育教育的过程中，广大德育工作者要主动出击，抢占网络德育阵地。要善于根据中小学生的特点，通过学习、就业、交友、心理咨询、法律援助、网上竞赛等喜闻乐见的内容和形式，服务中小学生，凝聚中小学生，充分利用这一独特的阵地对中小学生进行正面的教育，从而建立吸引中小学生的强势德育网站，开辟一条网络德育发展之路，使之成为对学生进行思想政治教育、品德教育、心理健康教育等的主要阵地，引导中小学生树立正确的人生观、世界观和价值观，强化民族意识，自觉抵制外来文化的侵蚀，筑起反渗透、反颠覆的思想长城。

第五章　中小学素质教育与校长管理

第一节　中小学校长的社会定位与职责

一、中小学校长的社会定位

为了保证我国教育事业的有序发展，提高全民族的素质，促进社会主义物质文明和精神文明建设，要根据社会主义市场经济发展和社会进步的需要，推进教育改革，促进各级、各类教育事业协调发展，建立和完善终身教育体系。国家支持、鼓励和组织教育科学研究活动，大力推广教育科学研究成果，促进教育质量的全面提高。中小学基础教育期是培养人才的核心阶段，校长又是推行具体教育实施与改革的领头人，所以素质教育实施质量的高低，关键在于一个学校的校长。

随着我国社会的发展和基础教育改革的深化，中小学校长面临着严峻的挑战，这迫切要求中小学校长承担更多的社会责任。哈佛大学校长中心的创始人之一罗兰德·巴斯曾经说过这样一段话："校长的领导奠定了学校发展的基石，它决定着学校的学习风气，决定着教师的专业水平和道德水平，决定着学生的发展能否受到关注。如果一个学校是生机勃勃的、不断革新的、以学生的发展为中心的，学校的教学水平受到广泛的赞誉，学生能充分发挥自己的潜能，那么人们有理由相信校长的领导是学校成功的关键。"这段话形象而透彻地揭示了校长在引领学校教育事业发展过程中的显著地位和重大作用。著名教育家陶行知先生曾经说过："校长是一所学校的灵魂，要想评价一所学校，首先就要评论它的校长。"

因此，中小学校长素质的高低，对中小学校的发展前景有很大的影响。一名优秀的校长必须有一套科学合理的管理办法。其中，"管"要靠制度，把工作常规化、系统化;"理"要找规律,用技能与方法,做好师生奖惩、激励与团结工作。同时还要有不断进取、追求卓越的优秀人格品质,善于学习,把自己的职业生涯当作"产品品牌"来经营。

校长是学校的法人代表,是教学方法的领导者,也是教学活动的组织者与管理者。因此,中小学校长拥有特殊而重要的社会地位,影响着每一位学生的未来与一个民族的兴旺和发展。

二、中小学校长的基本职责

一个学校的校长应担负起学校的各项职责,带领全体教工为学校的卓越发展不懈努力。校长绝不是一种官职或单纯的管理者,而是一种思想的职业、实践的职业,是播撒阳光和引领孩子的"阳光"职业。校长首先必须是一名合格的教师,而教师又是思想家、学习者与实践家的统一体把教师比喻为思想家、学习者非常好理解,至于实践家,即教师的工作绝非简单的讲课、批作业、实验和重复,而是充满创造的实践过程,每一位教师的工作都是无可替代的,每一节课都可能是独一无二的;教师在每一个教学实践过程中,都应富有创造激情和理想追求。

校长的非职权影响是促进学校可持续发展的条件。校长是学校的管理者,如果不能正确解决权力与利益、个人与集体、眼前与长远、职业与事业的矛盾冲突,就"身无正气",做不好工作,做不好人,成就不了教育事业。因此,搞好学校管理,提高教学管理质量是一名校长最基本的工作职责。而如何去完成这项工作,把这项工作做得更好,简单地说,就是要提高校长的管理水平。其中,学校管理是其重中之重的职责,也即校长通过组织协调全体师生员工,充分发挥人力、财力、物力的作用,充分利用各种资源和校内外的有利条件,高效地实现学校办学目标的活动过程。

三、中小学校长的管理对素质教育的推动作用

卓有成效的中小学校长心中一定有学校发展的宏伟蓝图,有个性化的教

育思想，有教育的梦想和职业的激情，这种信念给校长提供实施素质教育改革不竭的精神动力。在校长的心中，魂牵梦萦的应是学校的改革与发展，内心应常常涌动着一种创新、创业的激情，这种强烈的事业感和追求发展的自我成长激情，给校长一种神圣的使命感，将工作的巨大压力变为追求成功的不竭动力，进而保证素质教育能够全面推行并长期坚持。优秀的校长不仅应有教育的梦想，还应该成为学校发展的火种，用自己的激情去点燃学校每一位师生心中的火炬，让每一位师生心中时刻有一种为实现全面素质教育而全身心投入的动力与热情。

现代中小学校长应该超越现有的教育和学校管理现状，有浪漫的、面向明天的、描绘未来的教育梦想，并用奋斗激情去营造学校的精神文化。倘若校长没有教育梦想，那势必会淡化或禁锢教师的教育理想；倘若校长只有平庸的甚至守旧的自满心态，那学校必将缺乏生机、故步自封，教师没有责任感，学生没有创新想法与思路，素质教育也会成为一纸空文。可见，高效的校长管理理念与方式对素质教育的实施有积极的推动作用。

第二节　素质教育对中小学校长管理的要求

常言道："百年人才、教育为本。"实施素质教育，是时代的需要，是经济和社会发展的需要，也是教育自身改革的需要。目前，国内教育形势良好，社会各界也比较关注我国的教育问题，但全面素质教育的实施目前还仅仅处于起步阶段，今后的路程还很长，困难还很多，阻力仍然不少。因此，中小学校长对全面推行素质教育的复杂性、艰巨性、长期性要有充分的估计与分析。现代教育的目的在于提供学生未来所需要的观念、能力、精神、品德、习惯、个性等品质，也就是培养学生的毕生的技能与良好品质。总而言之，对素质教育的新理解促进我们对中小学校长管理的新思考。

一、素质教育的内涵

（一）素质的概念

狭义的素质是人生来具有的解剖生理特点，主要指神经系统，特别是脑的解剖生理特点和感觉、运动器官的解剖生理特点。狭义的素质主要强调由遗传或其他先天因素决定的个体特性。

广义的素质是指个体在从事活动前所具有的较为稳定的、内在的、基本的品质，包括生理素质、心理素质、能力素质、文化科学素质、身体素质、思想道德素质等。

有人认为，一个人只要掌握的知识多，素质和能力就会提高，其实不然。知识是人类在实践中获得的经验的总结和概括，人掌握知识只是知道了一些事理或做事的原则（仅仅停留在对事物的认知层面）；素质则是主体身上所存在的、内在的、相对稳定的身心特征及结构，是决定主体活动功能、强度、指向、状况及质量的基本因素，它会影响人的具体行为方式（涉及对事物的情感与意志层面）。素质可以看作是一定的社会文化对人的行为的要求与规范在个体身上的内化，也可以看作是个体生理结构及心理结构与潜能向着一定社会文化对人的行为的要求与规范的方向主动发展的结果。

从存在方式来看，知识是可以脱离活的人体而存在的任何一种物化的形式，而素质与人的生命、具体活动联系在一起；从测验与评价方式来看，知识可以用考试的方式量化评价（考试成绩），素质只能通过观察人的实际言语、人际交往、行为举止来评价（具体的行为及处事的方式）。除智力、心智、技能在一定程度上可以进行测验外，品德、能力、意志无法用简单的纸笔测验进行量化测评。

（二）素质教育的概念

素质的本质是人的主体性，提高素质就是培养个体的主体性；人的身心发展在类型和水平方面都有差异。素质教育是全面发展的教育，具有全面发展的教育特征，但又不完全等同于全面发展的教育。素质教育是以整个民族素质的提高为出发点的教育；素质教育是运用文化手段促进个体的自然素质的社会化，使个体的自然素质得到改造，融进社会的新教育思想；同时也是将群体素质转化为个体素质，并通过个体素质的完善达到提高群体素质目的的教育；还是潜能开发、心理品质培养和社会文化素养训练的整体性教育。素质教育是以文化素质教育为导向，以心理素质教育为中介，以身体素质教育为载体，以全面提高学生的身心素质、发展个性为共同目标的教育模式。素质教育最终是以提高全民族素质为宗旨的教育。实施素质教育是全面贯彻教育方针，培养全面发展的跨世纪人才的需要，素质教育更是构建中国特色社会主义教育体制的重要组成部分，素质教育是承接历史发展的教育，更是向未来提出挑战的教育。

（三）中小学素质教育的特点

目前，我国不少学校的教育理念有些扭曲，只重视或培养极少部分，甚至个别能考上重点大学的学生，或者只以"听话""高分数""考试机器"为教育培养目标。而教育公平原则的背离、高强度的授课和频繁的考试与排名对学生健康和人性造成的伤害，是应试教育中存在的亟待反省的问题。"考试升学"制度本身没有问题，它承载着公平与希望，不应废弃，我们既要重视学习的结果，也要关注学习的过程，更应反思实施教育的目的。

素质教育应该提倡愉快地学习，学校不是压制和折磨人的地方，校长不应把重点中小学办成"学生的监狱"，破坏学生的学习乐趣，挤压学生的想象力。学生不是学习的"奴隶"，而是学习的主人；学生不是考试的机器，而是情感丰富和思维活跃的新生命力。中小学素质教育的特点就是在尊重个体自身发展规律的前提下，开发每个学生的潜力，让每个学生的生命如鲜花一样光彩夺目、灿烂无比。

具体而言，中小学素质教育有以下特点：①全体性。素质教育必须面向全体，任何一名社会成员，均必须通过正规或非正规的途径接受一定时限、一定程度的基础教育。②基础性。素质教育向儿童、青少年提供的是"基本素质"而不是职业素质或专业素质教育，目的是让学生拥有"一般学识"，而不是成为某一专门领域的"小专家"或某一劳动职业技能方面的"小行家"。③发展性。教育要着眼于培养学生自我学习、自我教育、自我成长的知识与能力，真正把学生的重心转移到启迪心智、孕育潜力、增强后劲上来。这是在强调培养能力、促进发展，正确处理知识和能力之间的关系这一前提下提出的。④全面性。素质教育既要实现功能性的目标，又要体现形成性的要求，通过实现全面发展教育，促进学生个体的最优发展。因为素质教育应该是完善意义上的教育，它指向基本素质的全面发展。⑤未来性。教育应立足于未来国家、社会及家庭的需要，而不应仅关注眼前的升学目标或社会就业需求。

二、实施素质教育的影响因素分析

全面实施中小学素质教育的影响因素有很多，以下就几个比较重要的因素进行探讨与分析。

第一，教育观念，即从社会意识层面对素质教育的认识与期待。当前，我国正在进行社会主义现代化建设的宏伟事业，现代化不仅是"物"的现代化，同时也是"人"的现代化，并最终取决于人的现代化。"人力资本"的现代化，最根本的途径就是提高人的综合素质与基本素养。

第二，管理理念的不断革新。常言道：要想跑得快，全靠车头带。素质教育是一种新的教育思想、教育观念，而不是一门具体的课程或一种具体的方法，它是通过学校的各种教学活动来持续推进的。课堂教学是实施素质教育的主要渠道，中小学校长只有通过课堂教学改革，才能把素质教育落到实处。

课堂教学改革的方法：一是从时代和社会发展的特征和趋势来审视过去的教学理念与方法，对其进行整合与创新；二是吸收当今国内外高新科学技术的新成果，并应用于实际教学；三是研究本民族的历史文化传统，留住传统文化的精髓，学习外来文化的优点。

第三，学生观。要想充分发展学生的个性，必须唤起学生的主体意识，发挥学生的积极主动精神，发挥学生个性特长。素质教育作为一种教育思想，以育人为本。中小学教育应对受教育者实施全方位的素质培养，应引导学生进行自我教育（如学会自重、自尊、自爱、自律、自主、自强等）。当然，强调学生的自主性绝不意味着可以削弱教师的主导作用，或放松学校的组织与管理纪律，而是在充分信任与尊重学生的基础上，采取相应的措施，激励与引导受教育者不断发展、完善自身的综合素质。此外，校园文化对于学生基础素质的形成具有潜移默化的作用。对于一些重要素质的形成，如道德素质、心理素质、与人沟通与交往的素质，往往比课堂教学有着更为重要的作用。因此，要营造良好的氛围，开展多种有益于学生身心发展的学术的、文娱的、体育的、人际互动的活动，使学生受到良好的校园文化的熏陶，为他们提供良好的学习和生活氛围。

三、素质教育对中小学校长的管理要求

教育工作者特别是中小学学校的管理者——校长的责任重大，只有不断努力学习，不断实践，不断提高自己的管理水平，才能适应现代社会的发展，适应教育教学工作的更高要求。在素质教育的背景下，校长不仅需要拓展自己的理论思考高度，还需精通某项专业课程知识，更需要广博的文化知识结构，点燃学校管理的灵性。校长是一所学校的"领跑者"，一个优秀的领跑者自己得跑得快，还必须比别人跑得快，跑得远。校长获得这些素质和才能，唯一的途径就是不断学习，与时俱进。好的校长是善于学习的校长。在使用中学，向古人学、向教师学、向学生学、向书本学、向社会学，这些都是校长工作的思想源泉与精髓。

（一）在向教师和学生学习的过程中不断完善自己的管理水平

真诚地聆听老师和学生的心声，并理解他们所要传达的信息与想法，是一个好校长必须具备的条件。耐心倾听，可以使校长从事件的缘由中发现问题，并寻找出有效解决问题的方法。在倾听的同时，校长必须用诚恳的态度体会诉说者的心情，即同理心倾听。认真倾听往往可以建立彼此之间相互信任的关系，一旦学生、老师对校长产生信赖，他们会更愿意向校长表达自己的想法和意见，而校长所要推动的各项计划与方案也就容易取得老师的支持

及各级学生家长的积极参与。一个好校长还应懂得如何分享教师的教学经验，并在必要的时候给予适当的改善与发展建议。

听课，是校长向教师、学生学习，进行调查研究的极好方式，是最生动且真实的现场调查，也是深入教学管理的必要手段。一般可以采用以下几种形式：①鉴定性听课。这是为对新入岗、新调来的教师进行了解，对其教学水平进行鉴定而进行的。可以连续听几节、听几种类型的课，以获得初步的完整印象，做出初步鉴定。②一般检查性听课。校长听课的立足点在于学习和发现教师授课的问题并及时改正。在这个前提下，可提些参考性意见，切忌向教师发出指令性意见；听到一定时间就要进行总结，提出其教学上存在的主要问题与具体改进建议。③研究实验性听课。高层管理者（校长、教研室主任等）有某种设想，校长和教师研究合作，请教师进行实验，高层管理者去听课，之后进行讨论，并提出改善的方式与方法。

（二）在向中外优秀教育名家的学习过程中提高自身管理水平

不善于学习的校长不是好校长，这是笔者始终比较认同的观点，因为学习能力是个体发展的原始生命力。校长必须懂学习、重学习、善学习、会学习，教师也是如此。管理是管理者向被管理者学习的互动过程。从另一个层面上说，教学本身是教与学的互动过程。只有懂得"学之艰辛、学之规律"的校长，才能正确指导教师搞好教学工作。另外，随着时代的发展，校长要使自己能够站在巨人的肩上，更加深入地了解计算机、网络、互联网、多媒体技术等现代教育技术在教育教学中的作用，引导教师进行信息技术与课堂教学的有机结合，并最终学以致用，这在一定程度上可以提高中小学校长自身的管理水平。

（三）在向中外优秀企业家学习的过程中提高自身管理水平

学校管理与现代企业管理既有共同点又有不同点。共同点是都需要管理人、财、物，都要实现管理目的或阶段性效益；不同点是学校的主要矛盾为教与学的矛盾，所要的效益是教育教学质量，而企业的主要矛盾是投入与产出的矛盾，所要的效益是资金的有效积累与增值。

公立学校作为非营利机构，虽然不用像企业一样为点滴利益精细管理，但企业在激烈的市场竞争环境下如何发挥每一位员工的潜能，充分合理地调配资源，用最少的资源投入办最大的事业、实现最好效益的经验，是很值得学校管理者去学习的。在经营企业的过程中，学校管理者虽然不能全部照搬各层级管理者优秀的管理理念和管理经验，但可取其精华，学习先进的激励策略与制度。在学校中实行"日事日毕，日清日高"的精细管理，使学校教学管理接近 ISO9000 质量管理标准，做到有章可循，井然有序。在学校中引入战略导航、品牌管理、市场竞争、文化经营等理念，使学校能够成为百年学校，实现桃李满天下。为此，学校应坚持"为学生终身发展奠基"的教育理念和"教学相长、人文校园、和谐家园"的办学理念，在规范中创新，在创新中发展，坚持"常抓不懈、细节从严、过程求实"的管理方法，使师生更加以校为荣，使学校更富于人性化，使学校的管理获得教师、学生、家长和社会各界的认可。因此，中小学校长要在管理上追求卓越，进行创新突破，就必须向企业界精英学习先进的管理经验与改革思路。

第三节　素质教育视角下中小学校长管理水平的提升路径

一、中小学校长管理理念的转变

校长的管理思想、理念和行为决定着一所学校的发展。基础教育课程改革涉及中小学教育教学及管理领域诸多方面的工作。校长要以前瞻的理念和超前的思考把握机遇，依靠科学的思想和管理带动教师群体办学，走特色管理之路。校长的管理理念是一种观念，更是一种思维结构，基于其对学校现实状况的理性认识和对教育的理想追求。它在一定程度上决定着校长的管理方式，影响着学校的办学方向和学校的品牌形象。苏霍姆林斯基曾说过，"校长领导学校，首先是教育思想的领导，其次才是行政上的领导"。在新课程改革的今天，中小学校长必须树立具有现代特征的教学管理理念，并能付诸实施，使之成为学校发展的动力和目标。

（一）人本主义管理

中小学校长在学校管理思想上要坚持"以人为本"，以师生和学校的可持续发展为本，实现教师与学生充分且自由、主动且生动、全面且独特的发展，最大限度地挖掘每一个教师与学生的潜能，激发教师与学生的生命活力，提升教师与学生生命的价值。

学校要以引导教师实现自我价值为基点，调动教师参与学校管理的主体性、主动性，从而使每一位教师受到激励。人本主义教育思潮给人本主义教育管理指明了方向：①教育的目的是充分尊重每个个体的人格差异，要求每位教师独立思考，不断充实自己的知识结构与人生阅历，逐步成为有建设性的、创造的、和平的及不断完善的人。教师不是校长行政命令的被动执行者，而是校长的合作者、学校管理的民主参与者，教师也不只是知识的传授者，而应是学生学习的引导者、激励者、促进者，这就要求校长坚持"以人为本"的管理理念，尊重每一位教师及学生。②在教育内容的选择上，教师既要重视传统的人文学科，也要重视现代生活不可缺少的科技教育、道德、情感、意志等方面的培养，因为个体只有适应社会环境才能有发展。③在具体的教育方法上，教师要让教学适应学生，而不是让学生适应教学，教学应当在师生交往、积极互动的活动中完成知识生成、共同发展的过程；特别要强调灵感、意志、感悟、直觉、潜意识等非理性因素，重视自我教育法并注重道德实践、道德情感、道德经验等在教学活动中的有机结合，保证每个个体全面健康地成长。

中小学学校的所有师生都是校长的管理对象，同时又都是管理的实践者，以人为本的思想核心就是立足于发挥每一个人的特长，具体而言表现在以下几个方面。

1. 校长的权威来自自律，而不是权力，校长应严于律己，宽以待人

古人云："己所不欲，勿施于人。"中小学校长的自身管理要严于教师和其他基层领导，只有这样才能有说服力，才能起到表率作用，才能带动广大师生实现教育目标，创造最佳教学效果，提高教学质量。

2. 以诚待人，尊重教职工的人格，以理服人

人际交往的黄金法则即"你希望别人怎样对待你，你就怎样对待别人"。无论是教务工作安排，还是处理日常事务，首先要尊重教师的人格，要量材使用，客观条件要基本适合其才能，确定教师在主观上具备完成任务的能力，然后才能委以其任务，阐明理由，使其心悦诚服，乐于接受，尽力完成。即使教师违反了规定，也要以理服人，说明事情原委，使教师接受批评，服于处理。因此，校长要与教师多沟通交流，以诚恳的态度充分肯定他们的长处和优点，也需要实事求是、推心置腹地指出他们的不足，提出具体改进建议。

3. 着力为全体教职工搭建施展才华的平台

作为一所学校的校长，不仅要向教师布置工作任务，提出具体要求，而且还要主动为教师完成工作任务及获得事业成功提供有利和必要的条件，要善于利用资源，创造各种条件，鼓励每一位教师成为"品牌"教师。因此，校长管理也是为教师和学生服务的，校长管理的服务既要面向每一位教职员工，又要根据学校的阶段性工作中心突出服务重点，确保阶段内的中心工作能出色完成。当教师完成工作任务，获得事业成功时，作为校长要以服务者的身份为老师的成功高兴，为老师的成功喝彩。因此，校长又要具有"甘为绿叶的胸怀，愿做铺路石的情怀"。

4. 了解教师的需求，关心教师的生活

校长要关心教师的工作、生活、身体健康和其他一些事情。校长要抽出一定时间，经常和教师及学生开展谈心谈话活动，了解他们在工作和学习中遇到的问题，了解他们的思想与心理动态，征求他们对学校发展的建议和意见，了解他们生活上的困难，关心他们的疾苦，帮助他们克服困难。只有满足教师的不同需求，才能使教师安心工作。要使教师对自己有话敢说，有话愿说，有话可说，使教师把校长当作工作上的领班人，生活中的知心人。只有这样，教师才能肯干，校长才能有凝聚力，不忧"政令不通"。校长与教师以心换心，在工作上信任，在生活上关心，以诚相待，以友相处，一视同仁，不偏不向。在构建和谐校园的过程中，每位教师都有很强的事业心和责任感，每位教师都想在教育教学工作中有所成就，这种事业感和责任感无论对个人

和学校，对孩子及家庭，还是对国家和人民都是好事。学校的校长应该对他们有所了解，积极主动地、心甘情愿地为他们解决困难，为他们的生活分忧，给他们在学历提高、评级评优、专业知识培训等方面提供有利的资源与条件。

良好校风是由学校的教风、学风、党风等部分组成的。一所学校没有良好的党风，就不可能有良好的校风，更不可能可持续发展。中小学校长应多方位多层面、深入细致地做好群众的思想政治工作，在学校改革、教育教学工作中形成一种良好氛围，在全校形成一股强劲的亲和力，这样才能发挥学校的潜能，建立"以人文本"的管理机制，使学校各项工作步入可持续发展的轨道。总而言之，中小学校长在管理学校方面的目标和主导思想应该是"让学生成功自信，让教师快乐发展"。

（二）科学化管理

校长与教师的以人文本的教育理念和服务行为不可能自发形成，需要一定的管理机制进行规范、激励和约束。只有这样，教学管理的各项活动才能有效落地，教育的理念才能深入人心。管理好一所学校光有热情和奉献精神还不够，必须有科学的管理手段，以制度化、契约化去规范、巩固、发展改革成果并使其成为学校各项改革的主线。因此，校长还应实施科学化管理。

真正的科学管理应该是具体化的、可衡量的、可实现的、细化的目标管理和指标系统，这样才能充分发挥学校的人力、财力、物力、时间和空间的作用，才能减少矛盾，避免内耗，形成真正的科学管理，进而提高教学质量，推进素质教育全面实施。

1.应建立校内质量管理平台

校长要学习优秀企业的科学管理方式，建立以满足顾客（学生、家长、教师、社会）要求为宗旨，以注重产品（教育过程及学生素质）质量为目标，强调过程持续改进的科学化管理体系。组建自己的"全面质量管理"控制平台，对全校教育过程各个方面、各个环节的合理性、有效性、持续性进行检查、评估和监控。一方面，这有利于各级教师树立正确的服务观、质量观，转变教育观念，使学校管理水平在改革中发生质的飞跃，促进学校的可持续发展；另一方面，能把学校做活、做大、做强，使问题清晰化，从源头更正教育方法及思路的不妥之处。

2. 要改革体制，激活内部竞争

诺贝尔奖经济学家获得者西奥多·舒尔茨曾说过，在教师的管理活动中，有一条经济学格言："激励因素是最要紧的。"即通过一定的方式与方法激发人的最大潜能。在任何管理中，人都是决定因素。学校管理也要以人为中心，把满足教工的需求、形成融洽的人际关系、调动教工的主动性和积极性作为工作重点。随着新课改的深入发展，校长应大胆借鉴并适度引入市场机制与竞争体制，形成符合学校管理特点的用人机制、竞争机制、激励机制、约束机制、评价机制等。

在管理手段的运用上，校长要把教职工与学生作为服务对象，改变以往的学校管理形式；放弃以管理者为中心的思维定式，摒弃以训斥、命令、控制、束缚为标志的刚性（硬性）管理手段，代之以平等、尊重、信任、宽容、赞赏、理解、激励等柔性（软性）的管理手段，创造出具有亲和力的学校人文生态环境，使师生感受到民主、开放、友善的发展与成长氛围。

（三）创新式管理

创新式管理是学校可持续发展的有力保证，中小学校长是学校的带头人，职位要求校长必须有自己的追求、有独立的思考，能够不断创新。全面质量管理是一种现代化的管理方式和理念，它主要的内容包括"全员、全方位、全过程"的管理方法，体现在管理者与基层员工的参与性、管理对象的全面性、管理控制的全程性三个方面。中小学校长在工作中要培养教职工全面质量管理意识。

第一，加强对中层干部的选拔任用，提高整体素质。中层干部在学校管理中起承上启下的关键作用，是日常管理及上下级有效沟通的重要环节。中层教育管理干部必须德才兼备，做能者、智者、贤者，能为教师活动做出表率，并且在工作中能正确处理好四种关系，即与下级的关系、与上级的关系、与平级的关系、与学生及家长的关系，并处理好与当前工作的关系为，年底评优或更高一级职务提拔做准备。也可将企业人员素质评估中的360度评估方法用于教师管理改革的思路中，全面分析每个教师的优缺点、发展机会及存在的威胁，摆正每一位教职工的位置，挖掘每一位教师的真实潜能。

第二，激发并有意识地培养全校教职工与学生的责任精神。只有全校教职工与学生都能够对自己的工作高度负责，勇于承担责任，才能保证学校每个"子系统"或"分系统"都处于高速运转之中，才能有效提高整体工作效益，推动素质教育高质量的实施。

第三，充分发挥学生会、团委、学校工会等部门的积极作用，广泛提供与开拓教师及学生参与学校管理的机会，逐步形成学校师生自我教育、自我约束、自我管理、自我完善的创新运转机制。

时代呼唤着教育，时代期待着教育。教育决定着国家、民族的兴旺；国家与国家之间教育的竞争也可以说是人才的竞争与综合国力的竞争。所以，每一位教育工作者都是管理者与推动者，都要负担起教育管理的重大责任，为中国教育的振兴贡献自己的力量。

二、中小学校长管理方式的转变

（一）管理的艺术化

校长应站在一定的高度纵观全局，统筹全盘，达到"无为而无不为"的艺术管理境界。应在"理"上有所作为，即注重日常管理的体系性、差异性与公平性，变无形的"理"为有形的"理"，将抽象复杂的管理变成简单、便捷、可评估的制度或体系。

第一，要注意改进课程结构和教师的知识结构，从以往教给学生具体的感性经验、结构支离破碎、强调教材的稳定性，向体现教材内容的理论性、内在结构性和智能性的方向发展；重视更新教材内容，指导教师把最新的科技成果以通俗易懂的讲解方式传递给学生。

第二，革新教学方法，引入合作教育、现代技术、教育观念转变，加强教职工的终身教育管理。中小学校长在阅读教育专著时掌握先进的理论，在阅读教育学相关杂志时改变教育理念，在借鉴各级、各类学校的经验时树立正确的教育观，在与教师一起参与培训、教研、教学活动时获取鲜活的教学观。更为重要的是，中小学校长只有坚持不懈地学习，才能把实践的经验和理论的智慧巧妙地结合起来，创造具有学校特色的新鲜办法、新鲜语言、新鲜思想和新鲜经验。这样校长讲话就不再是陈词滥调，而是新鲜活泼、富有启迪的智慧之音。

第三，通过主动学习，实现艺术化的教育管理活动。校长应间断性地梳理学校的工作思路，掌握学校管理过程中出现的难题，安抚好教师的思想情绪，做好教职工的情感投资。校长只有思路清楚、方向明确，才能艺术性地提出改善举措，解决发展中存在的问题，推动素质教育全面实施。

另外，在当今市场经济的大背景下，中小学校长免不了与社会各界人士进行人际交往。在交往的过程中既要艺术化地坚持"有利于学校的发展"，又要坚持"遵守法律法规"的原则，正确处理与上级领导的关系。中小学校长要摆正上下级关系，学会换位思考的沟通方式，学会艺术化表达自己的意见。这样有助于中小学校长获得上级领导的支持与帮助。

可见，无为而"管"（在学校规章制度的基础上实现柔性、人性化管理）是校长艺术管理的至高境界，它能让被管理者（教职工及学生）心情舒畅地工作，让管理者精神愉快地进行创新。

（二）管理的品牌化

随着中国教育资源供给方式日趋多元化，以及家长对孩子学校选择性的增加，教育品牌的竞争力已不容忽视。在开放的市场经济条件下，品牌已经成为学校赢得家长、学生信赖和求得生存与发展的关键，打造学校的品牌是学校优化教育资源配置的必然选择。在这种情况下，校长必须树立品牌意识，并认真审视其品牌管理策略。

学校品牌经营管理的主要策略包括以下几个方面。

第一，要有准确的学校品牌定位。任何品牌都必须发现和科学定位自己的服务对象（单个顾客或某些群体）及核心经营价值（愿景、使命、核心价值观等），而后紧紧围绕这些主题，将这个核心经营价值向目标消费者、潜在顾客、社会公众传播，在服务对象心目中建立清晰、明确、可感知的核心价值形象，并在各个方面、各个环节中不断加强、巩固这一核心价值。

打造"品牌学校"必须经过一个精心策划、统筹运作的经营过程，"特色学校"要从各自的学校文化入手，审视学校教育特色，深挖各种教育资源，凝练教育理念，进一步彰显特色，使特色更"特"，使优势更"优"。将"特色学校"先进、科学的教育教学资源发展成"品牌学校"的优质资源，将"特色学校"独特的办学个性变为"品牌学校"的无形资产，最终形成"品牌学校"的核心竞争力。

第二，要有一流的品牌人物。中小学校长与教师是实现学校教育目标的核心和关键因素。正所谓"没有优秀的个体只有优秀的团体"，品牌学校离不开品牌校长和品牌教师，素质教育呼唤全体教职工提高素质。能否建设一支具有优良师德、能够胜任现代教育教学工作、具有现代教育理念、适应教育改革和发展需要的高素质师资队伍，关系到一所学校的生存与发展。因此，中小学校长要培养一批"品牌"教师，推动品牌学校的建立与发展。

第三，需要稳定的品牌内涵。现代经营管理理念认为品牌是消费者和产品之间全部的物质和精神体验。这种品牌管理观念对于建立品牌学校有特别的意义，因为维持和巩固这种关系是学校品牌经营的关键。学校稳定的品牌内涵，表现在学校稳定的培养模式上。培养模式是在一定的教育理念指导下，对人才培养目标、方法、机制、措施及人才培养过程中各种关系的规范。

先进的人才培养模式是先进的教育理念的客观体现，是先进的教育思想在教育实践中的反映和表现。品牌实质是一种承诺，学校建立品牌的过程就是孜孜不倦、亲身实践其诺言的过程。质量是品牌的基石，学生的综合素质是学校"品牌"的展现，而稳定的培养模式、扎实的课程体系是学校的质量承诺得以兑现保障，决定着人才培养的规格与最终质量。

第四，要有广泛的品牌忠诚。一个学校品牌的存在与否不是由自己说了算的，而是根植于家长和学生心目中的。培育品牌的过程就是建立和维护学校与家长、学生、员工和社会关系的过程。一般认为，学校的社会参与度越高，学校越好。现代社会是开放的社会，现代教育也必须是面向社会的教育。这种教育在积极服务社会的同时，也能广泛吸引社会的支持与参与。所以，要从细微之处入手，当家长及社区把学校作为可依托的"朋友"时，品牌关系就同建筑一样牢固。

第五，要有丰富的品牌联想。校园文化是学校教职工与学生共同创造的，它一旦被创造出来，就是一种能动的教育力量，反过来影响这所学校的教职工与学生。文化是一种精神期待，是一种社会现象。校园文化是一种持续的教育力量。优秀的校园文化等于卓越的文化品牌。此时，学校和品牌已经融为一体，传统积淀、文化氛围、办学理念、学风、教风等要素构建起了学校品牌的根基。

品牌如同市场一样，是按照其客观规律运作的。我国中小学校的品牌意识普遍没有觉醒。一些民办学校虽然有了品牌意识，但品牌策划与管理水平仍然很低。通常，一些中小学校在品牌知名度的推广上往往不遗余力、不惜重金，百般策划与宣传，可是一旦学校品牌被知晓之后就疏于管理，而且也不知道如何继续维护及提升学校品牌，结果就是一开始由广告宣传塑造起来的良好品牌形象，随着时间的推移转眼间就变成了风烛残年的"老人"，使其退出学校之间的竞争舞台。

铸造品牌对一所学校来讲是一个异常艰辛而又漫长的过程。这意味着中小学校长对教育品牌需要有更深刻、更独到、更理性的关注与思考。中小学校长要想长久赢得家长及社会的信任和忠诚，需要走很漫长的路。社会的进步与发展、市场竞争环境的不断完善、家长的逐渐觉醒及学生需求的多样化等，将作为一种外在压力，促使教育品牌的创建者进一步规范和理性运作。此外，提高品牌建立的理性认识，自觉遵循品牌建立和发展的内在规律，学会管理自己学校的品牌，也是我国中小学校长迈入市场经济必须补修的一门功课。

（三）管理的民主化

管理的最高境界是"管无定法"，在学校管理中不宜采用过于严厉的方法，要进行恰当有效的管理，在依据规章制度、常规条例管理的同时，实行民主化管理。在各项制度出台和宣布重大决策之前，应广泛征求意见，然后由教师职工代表大会讨论、修改、通过并实施。这样既保证了制度、决策出台趋于科学与民主化，又便于后期的具体操作与落实。

第一，决策要讲究民主化。决策是中小学校长的首要任务、核心工作，校长往往为决策费尽心思、绞尽脑汁，但如果决策讲究民主化，不仅能使校长从困境中摆脱出来，而且会使决策更加科学和可行。校长日常管理工作的决策民主化表现如下：首先，在每周或每月召开的例会上准备好需要决策或讨论的内容，（非重大工作）通过讨论做决定；其次，把一些重大的决策草案的任务分解给分管负责人，各分管负责人组织中层管理者和相关人员研究，提出决策意见，再集体通过；最后，对于涉及全局的重大工作，先由校长与相关人员一起拟出决策草案，交由教职工代表大会讨论或召开民主沟通会予以修正后通过。这样的决策过程既发挥了分管事务负责人和中层管理者的工作潜能，又汲取了全体教工的智慧，尊重了各个层面管理者的民主权利与义务，同时加深了学校教职工对决策的理解与支持，为决策后具体工作的顺利实施奠定了基础。

第二，执行要讲究规范化。决策的落实、制度的执行，最主要的是规范化。每个职能部门都要制定明确且操作性较强的工作规范，按规范办事，全体员工一律平等。尤其是各个领导者要率先垂范，以身作则，做出表率，对执行过程中的某些必要内容（如考核评优，出国培训、职称评定、外出旅游等激励措施）予以公示。领导者身体力行，是无声的号角，是无言的纪律与引导。校长把这些核心内容和具体要求渗透在日常工作中，无须插手下属的具体工作，各项工作也会按部就班、有的放矢地进行。

第三，评价要讲究多元化。中小学校长对教职工的评价方式主要有：①自评，即讲授完每一节课后的反思，每学期的工作小结，每一学年的考核；②学生、家长、社会评价，可以设计几个维度，让学生、家长及其他社会人士做匿名的问卷评价；③互评，同年级的教职工、各职能部门、各教研组和各级教工之间的互评；④上级部门评估，即当地教育相关部门的评价与建议。

多元评价的前提是深入检查调研,这一环节不容忽视,只有深入课堂才能保证最终评价的准确性与公正性。

三、从重视目标到重视过程的转变

有人认为现在的教育是目标教育,也就是比较注重对结果的教育,注重对现成知识的教育,注重对"是什么"的教育。这种教育是有问题的。为什么呢?因为现代社会是知识信息大爆炸的时代,信息呈指数增长。无论怎样刻苦努力,知识"结果"也是学不过来的。那么学生应该怎么办呢?

教师应该注意对被教育者学习方法的引导与传授,让学生学会聪明地处理问题,因为懂得了方法,掌握了规律,学会了技能与智慧,就能够举一反三,从根本上提高人的素质。这种教育是什么教育呢?有学者称其为注重过程的教育,通俗来讲,就是对学生进行有关具体知识产生的来龙去脉知识的教育。在过程教育中,学生能够受到启发,得到更多的智慧,也会获得更多的实操知识与创新能力。笔者也一直认为过程教育是比目标教育更高水平的教育。也就是说,目标教育是容易的、粗糙的、简单的,而过程教育是困难的、繁杂的、细化的。目标教育或结果教育只是告诉学生"是什么",过程教育则是告诉学生"为什么",而对于"为什么",学生需要具有一定程度的理解能力,才能够学习与感悟到的。否则,教师可能讲得很好,但超出了学生的理解能力,这无异于对牛弹琴,弹得再好,也没有实际用处,学生很难在生活中应用。

(一)重视目标管理的经验分析

传统的重视目标管理的教学活动是以选拔考试、提高升学率为目标,以考试要求为教育内容并设计课程,相应确立起一套适应考试要求的、比较稳定的教育教学方法,并由此确立以考试成绩、升学率高低为质量评估标准的教育体系。

重视目标管理的教学活动能够使教师统一思想、目标清晰地开展教学活动,评价学生的整体水平;也能够给学生指明学习与努力的方向,快速而阶段性地评价学校、教师。但是，重视目标管理的教育实践活动也存在一些让人担忧及不可回避的弊端，传统人才观的教育体系存在如下缺点：首先，对学生个性的压抑。因为要实现目标教育就要统一要求、统一内容、统一标准、统一考试，所以教师在开展教学活动的过程中，容易忽视学生的个性和创造性的发展。其次，造成教育教学工作的片面性。片面强调技术性、重点知识及应用性知识的掌握，忽视广泛的人文科学、自然科学、社会科学、心理科学等知识的教育。最后，使教师教学活动的功利性趋势越来越严重。

在目标教育的指引下，一些教师的教育行为注重短期结果，片面强调应试阶段的培养目标，而忽视经济社会发展及学生个体发展长期目标的要求。然而，从农业社会、工业社会向现代社会过渡的过程中，不仅要求学校培养出的人才能促进国家的经济增长，推动社会的全面进步，提高整体文明程度，更要求培养出的人才具有综合性。适应信息社会发展要求的人才不仅应掌握丰富的应用性知识与技能，更要掌握更多人文科学、自然科学、社会科学的知识、思维方式，具有适应整个社会文明进步所要求的知识和能力。另外，我国的经济增长方式由以往偏重"纯数量"的扩张转向"质量和效益"同步增长的内涵型发展，对人才的创造性能力及独立获取新知识、新信息的能力要求越来越高，人才只有具有科学的思维方式及能力，才能够创造性地进行劳动与社会改革。

总之，笔者一直认为教师只有改变教育的"功利性"目的，真正关注每一个个体的生命和成长品质的培养，并将其作为主要职责，才有可能达到最终目的。

随着我国工业科学化、信息化、国际化程度的不断提高，劳动生产率也在逐步提高，整个社会生产力的提高不仅依靠技术和工艺的运用，还依靠知识的积累、科学的力量、信息的获取与使用。所以只有强调人才的个性发展，充分挖掘各种人才的潜能，才能在动态中适应经济社会的快节奏发展，推动我国综合实力的不断提升。

（二）对重视目标管理模式的反思与总结

换句话理解教育的实质："教"就是启蒙启发，"育"就是在基础上孕育新的东西。更升华些理解："教"就是希望，"育"就是创造，教育就是给人希望，让人创造改变更多的东西。所以教育的意义就是改变这个世界甚至更多的东西。教育的本质就是给每一个个体希望，让每一个人有能力去改变这个世界，追求更美好的生活。

在农业社会、工业社会向现代社会发展的进程中，对于人才有不同要求：第一，社会更加信息化与经济化，追求经济增长高于一切，更强调培养标准化人才、通用型人才与高潜质人才；第二，实现工业技术化，在提高劳动生产率的过程中主要偏重对具体科学技术的应用，不强调知识的物化，而科学技术需要应用型人才，应试教育（结果教育）忽视了人才应有的整体素质；第三，注重经济数量化，实现经济的增长主要依靠数量的扩张，强调技术型人才，忽视对社会型人才的要求。

我国传统的、注重教育目标的教育方法与思路已经不适应现代客观社会发展的要求，这就要求中小学校长积极进行教育体制的转型与改革，从传统的计划经济模式全面转向社会主义市场经济模式；社会主义市场经济是现代文明的市场经济；现代市场经济的文明程度直接取决于市场主体的文化素质；市场主体的文化素质主要表现为全体国民的人文素养、科学技术发展水平和个体道德水准的高低。立足于现代化的客观进程，我们应加快实现从目标教育向素质教育的转变，这也是社会经济发展到一定历史阶段的内在要求。然而，目标教育与素质教育作为一对范畴，具有特定的内涵，是两种不同的教育体系，包括教育指导思想、教育理论、教育方法、教育内容、教育行为、教育质量评估等一系列内容、环节和要素构成的系统，实现教育转变需要中小学校长不断摸索与勇于尝试，也需要社会各界人士的支持与配合。

（三）推广重视过程管理的教育模式

教育质量是学校的生命线，一所学校的发展直接决定于教育教学质量的不断提高。而教师实施教学的过程也是学校教育教学质量不断提升的过程。

学校管理的根本目的是提高教育教学质量，促进学生的全面健康发展。因此，中小学校长应制定科学合理的教育教学过程管理制度，为全体教职工提供最佳的教育教学服务，想方设法提高教学质量，帮助学生全面健康成长。

目前，大多数学校管理更多强调"自上而下"的行政监督和控制，教师处于被动管理状态。他们缺少对工作的积极性和主动性，导致教学质量难以提高。

因此，在日常的教育教学过程管理中注重培养教师工作的创造性和主动性，为教师提供最佳的服务，成为当前加强学校管理的一个重要主题。只有不断加强教育教学过程管理，才能真正提高学校的教育教学质量，实现学校管理的目标。中小学校长围绕教育教学目标而制定的组织制度和行为措施是有效实施教育教学过程管理的根本保证，它要以实现对教育教学过程的控制和服务为中心任务，以学生的发展为根本目的，以促进全体教职工思想的解放、业务素养的提高为核心内容。关于有效加强学校管理中的教育教学过程管理，笔者想从以下几方面谈一下自己的具体看法。

首先，全面推行素质教育，即以为社会培养全面发展、整体素质优良的人才为目标，以促进学生的个性发展、塑造健全人格，使其各方面知识和能力平衡协调发展为教育宗旨，并以此确立教育内容，设计教育课程，选择相应的教育方法，以学生全面素质的提高为质量评估标准的教育体系，一定要重视人的全面发展。

其次，建立研究性学习组织，研究性学习是一种以学生自主探究为主要特征的学习活动，有利于培养学生的创新意识和创新能力。研究性学习最初提出就是基于提高学生的"发展性学力"，力图保证学生在"基础性学力"的基础上，进一步发展"创造性学力"，促进学生综合能力及素质的提高，以及学生的个性和特长的充分发展。

再次，重视教育内容的全面性、基础性与长远性；要引导学生不迷信书本，不迷信权威，不墨守成规，大胆想象，标新立异，积极提出自己的新观点、新思想，保证每个学生的创新精神和创新能力得到良性发展，注重素质教育的最终教育功能的应用。

最后，一定要重视人才素质的完整性与系统性，使受教育者（学生）在不同的阶段具有适应现代社会发展要求的知识和能力，满足受教育者终身可持续良性发展的需求

第六章　科学发展观视角下中小学素质教育研究

第一节　科学发展观概述

一、科学发展观为进一步研究人的发展规律奠定了理论基础

2003年7月，胡锦涛在全国防治"非典"工作会议上指出，要更好地坚持协调发展、全面发展、可持续发展的发展观。这是胡锦涛第一次完整提出科学发展观的内容。2003年10月，胡锦涛在十六届三中全会上的讲话指出，坚持以人为本，树立全面、协调、可持续的发展观，促进经济社会和人的全面发展。并提出要统筹城乡发展，统筹区域发展，统筹经济社会发展，统筹人与自然和谐发展，统筹国内发展和对外开放，对科学发展观的内容进行了充实。党的十七大把科学发展观作为马克思主义中国化的一个重要成果列入报告，并且写进党章。党的十七大报告指出："科学发展观，第一要义是发展，核心是以人为本，基本要求是全面协调可持续，根本方法是统筹兼顾。"

党的几代领导人都对科学发展进行了阐述。毛泽东的文献中多次强调统筹兼顾问题。毛泽东指出："统筹兼顾，各得其所。这是我们历来的方针。""无论粮食问题，灾荒问题……以及其他各项问题，都要从对全体人民的统筹兼顾这个观点出发。""搞社会主义建设，很重要的一个问题是综合平衡。"邓小平对可持续发展问题的论述很多。邓小平指出："我们要按价值规律办事，按经济规律办事。搞得好，有可能为今后五十年以至七十年的持续、稳定、协调发展打下基础。""没有改革就没有今后的持续发展。所以，改革不只是看三年五年，而是要看二十年，要看下世纪的前五十年。""发展才是硬道理。"江泽民关于科学发展的论述很多。江泽民指出："国民经济要保持持续、快速、健康发展，健康这两个字很重要。……这六个字是相辅相成的

统一整体，健康是持续、快速的保证，如果不健康，发生了严重的经济过热和通货膨胀问题，持续、快速就会被迫打断。""改革、发展、稳定三者存在着不可分割的内在联系。发展是硬道理。……实现未来十五年的奋斗目标，关键仍在于深化改革。……稳定是发展和改革的前提。""在现代化建设中，必须把实现可持续发展作为一个重大战略。""一定要统筹兼顾地抓好教育、科技、文化、卫生、体育、环境保护、计划生育等各项工作，努力促进经济、社会、环境协调发展。""实现可持续发展，核心的问题是实现经济社会和人口资源环境的协调发展。"

科学发展观是对三代党中央领导集体关于发展的重要思想的继承和发展，是马克思主义关于发展的世界观和方法论的集中体现，是既同马克思列宁主义、毛泽东思想、邓小平理论、"三个代表"重要思想一脉相承又与时俱进的科学理论，是我国经济社会发展的重要指导方针，是发展中国特色社会主义必须坚持和贯彻的重大战略思想。

科学发展观包含了对发展的本质、目的、内涵、途径和要求的总体开发和根本观点，其创造性地回答了为什么发展、怎样发展的重大问题，赋予马克思主义发展理论以新的时代内涵和实践要求。

科学发展观不仅是针对国家发展的理论体系，也是针对任何事物发展的理论体系，同样适用于人的发展规律的研究和指导。胡锦涛指出，"科学发展观揭示的是发展的普遍规律"，"是指导发展的世界观和方法论的集中体现"。因此，科学发展观不仅为人的发展规律的研究提供了理论基础，还有力地促进了对人的发展规律的研究。在素质教育的研究中落实科学发展观，就是要解决人的科学发展问题，从而推动素质教育理论和实践的快速发展。

二、人的科学发展观是落实科学发展观的具体体现

用科学发展观指导人的发展研究就会发现，人的全面发展观并不完全符合科学发展观的理念。人的全面发展观只是科学发展观内容的核心部分，而

科学发展观的内容要丰富得多。因此，有必要根据科学发展观的要求，将"人的全面发展观"理念提升到"人的科学发展观"理念的新高度。根据科学发展观的定义，人的科学发展观应该表述为：以人为本，全面协调可持续发展。其中第一要义是人的发展，核心是以人为本，基本要求是全面协调叫持续，根本方法是统筹兼顾。

（一）人的科学发展观是科学发展观的核心

科学发展观包括社会发展和人的发展两个方面，提出了两个方面和谐发展的命题，强调了人的发展的核心作用。但人是在社会发展中达到自身的全面性的，"个人的全面性不是想象的或设想的全面性，而是他的现实关系和观念关系的全面性"。也就是说，人的发展和发展目标的实现，必须在现实社会的发展中才能够实现。社会发展和人的发展彼此依存、互动前进。正因如此，科学发展观不仅适用于社会发展，也同样适用于人的发展。

科学发展观的核心是以人为本，凸显了人的发展的重要性。从人是社会发展主导者的角度看，科学发展观首先是人的科学发展观，社会发展进程就是人的发展史。人构成社会发展的主体对象、主体内容和最终目标。离开了人，社会发展就失去了存在的基础、内容和意义。马克思曾经指出，人是社会关系的总和。现实社会的发展最终体现在人的发展上，人是科学发展的主体，人的科学发展是社会发展的核心。因此，人的科学发展观也是科学发展观的核心。科学发展观所提出的原则同样适用于人的科学发展观。

胡锦涛指出，随着科技的进步，知识越来越成为提高国家综合国力和国际竞争力的决定性因素，人力资源越来越成为推动经济社会发展的战略性资源，科技、教育、人才竞争在综合国力竞争中的重要性日益凸显。当前，我国社会主义现代化建设已进入新的发展阶段。优先发展教育、提高教育现代化水平，对实现全面建设小康社会、建设富强民主文明和谐的社会主义现代化国家具有决定性意义。

教育是人的发展的重要推动器，教育发展的作用体现在人的发展上。《国家中长期教育改革和发展规划纲要（2010—2020年）》指出，教育是民族振兴、社会进步的基石，是提高国民素质、促进人的全面发展的根本途径。从教育事业的角度提出了人的发展的重要意义。

（二）人的科学发展观是马克思主义人的自由全面发展观的现实体现

众所周知，我国的教育方针长期表述为"全面发展"。人的全面发展观是中国共产党理论的重要组成部分。对人的全面发展的论述随着社会的进步和形势的发展不断提高和完善。人的科学发展观包含了"全面发展"，是连接"人的全面发展"到"人的自由全面发展"的一环，是符合社会发展阶段性的发展观，是现今时代要求的人的自由全面发展观。

人的科学发展观是一个多维度的立体坐标，既强调了空间维度上的"全面"，又强调了时间维度上的"可持续"，还强调了发展速度的协调与均衡，发展战略战术要统筹兼顾，较人的全面发展观更加灵活、更加开放、更加全面，是党在人的发展理论上的新突破。

马克思曾多次提到人的自由全面发展。马克思在《资本论》等许多著作中对人的自由全面发展都有所论述。尤其是在《政治经济学批判》中对于人与社会发展、人的物质生产与社会发展之间的关系进行了集中论述。著作论述了人在追求自身解放的历史过程中，要经过三个历史阶段：与自然经济形态相适应的"人的依赖关系"阶段、与商品经济形态相适应的"以物的依赖性为基础的人的独立性"阶段，以及建立在个人全面发展和共同的、社会的生产能力成为社会财富这一基础上的"自由个性"发展阶段。这说明，人的发展是与社会进步高度相关的，人的发展是社会进步的重要内容。社会进步的阶段性必然反映为人的发展的阶段性。从人的"全面发展"到人的"科学发展"，再到人的"自由全面发展"反映了人的发展与社会发展的关系。

改革开放以后，我国由计划经济体制转向市场经济体制。三十多年来，社会进步、经济发展不仅带来了丰富的物质财富，而且带来了生活方式和价值观念翻天覆地的变化，对人的发展产生了前所未有的影响。人的发展观正以前所未有的速度，由"全面发展观"向"自由全面发展观"演进。人的科学发展观正是马克思主义人的自由全面发展观的现实体现。

三、人的科学发展观的内涵

（一）人的发展

人的科学发展观强调人的发展是第一要义。任何教育包括素质教育，其目的都是促进人的发展。对于人的发展，国家有明确的要求，其中包括"造就'有理想、有道德、有文化、有纪律'的、德智体美等全面发展的社会主义事业建设者和接班人"，"具有爱国主义、集体主义精神，热爱社会主义，继承和发扬中华民族的优秀传统和革命传统；具有社会主义民主法制意识，遵守国家法律和社会公德；逐步形成正确的世界观、人生观和价值观；具有社会责任感，努力为人民服务；具有初步的创新精神、实践能力、科学和人文素养及环境意识；具有适应终身学习的基础知识、基本技能和方法；具有健壮的体魄和良好的心理素质，养成健康的审美情趣和生活方式，成为有理想、有道德、有文化、有纪律的一代新人"。

国家确定的人的发展目标几乎不存在任何争议，但在如何实现发展目标的问题上，争议比较大。我国目前的人才发展模式使高考成为人才发展的独木桥和分水岭，绝大多数学生必须通过高考，才能得到更高层次的培养，同时只有得到更高层次培养的人才能够被视为人才，因此优异的高考成绩成为中小学生的奋斗目标。虽然提倡素质教育的人对这一问题有不同看法，但笔者认为，这不是值得争论的问题，因为这是无法改变的现实。"学生以学为主"，学生的主业就是学习，这是无须争论的，但这并不是说学生就不应该全面发展。

在我国当前的教育形势下，急需解决的问题是如何使学生取得优异的高考成绩。普遍的观点认为，高考只是几门课程的考试，因此只要学好这几门课程就行了，同时让学生从小就只学与升学相关的课程，拒绝升学课程以外的任何学习和发展。持有这种观点的人认为用于学习的时间越长，学习成绩必然会越好。这就产生了实施素质教育的第一个重要争论点，即全面发展与高考或升学考试成绩的关系问题。此外，也有相当一部分人认为，只要死记硬背就能获得高考或升学考试的好成绩，因此他们不仅要求学生只学习，还要求学生通过死记硬背来学习。这就产生了实施素质教育第二个重要的争论点，即死记硬背的学习方式能不能使学生提高高考或升学考试的成绩。以上两个争论点也是阻碍素质教育顺利推进的关键点，不解决这两个问题，全面推进素质教育几乎是一句空话。

用人的全面发展观理论来解释以上两个争论点是比较困难的，也缺少说服力，但用人的科学发展观来分析，许多问题就可以迎刃而解，因此可以说人的科学发展观理论的创立将对推进素质教育起到十分重要的作用。

（二）全面发展

关于人的全面发展的内涵，在人的全面发展观的研究中已经阐述得很全面。这些研究成果，人的科学发展观是完全继承的。但在人的科学发展观的框架下，"全面发展"还具有一些新的内涵。

1. "全面发展"内涵的扩展

一般认为，"全面发展"就是发展内容的全面发展，如德、智、体全面发展等。这是国家宏观层面的理解。从素质教育的角度看，人的发展内容应该划分为知识、素质、能力和兴趣爱好四个方面。知识和能力主要体现在人的做事水平上，素质主要体现在人的做人水平上，兴趣爱好是人的做人水平和做事水平的综合体现。人的全面发展首先应该是知识、素质、能力和兴趣爱好四个方面的全面发展，即四个方面缺一不可，其次才是具体的知识内容、素质内容、能力内容和兴趣爱好的全面发展。这一理念虽然在《国家中长期教育改革和发展规划纲要（2010—2020年）》中有所体现，如"优化知识结构""全面实施素质教育""坚持能力为重"等，但还没有被系统地提出来。这一理念的提出对推动教育发展具有较大意义。首先，可以从更加宏观的角度强化全面发展的理念。其次，可以破解各种"无用论"的错误观点，如"知识无用论""读书无用论""素质无用论"等。

2."全面发展"内容的细化

"全面发展"的第二个层次就是知识的全面发展、素质的全面发展、能力的全面发展和兴趣爱好的全面发展。但仔细研究可以发现，这只能是一种理念，缺少可操作性。首先，知识无穷无尽。人类每天创造的知识一个人一生都无法学完，更何况几千年的知识积累。理论上，任何人都无法实现知识的全面发展。其次，素质、能力、兴趣爱好也各有上百项内容，实现素质的全面发展、能力的全面发展和兴趣爱好的全面发展是天方夜谭。因此，世界上无人能够实现真正意义上的全面发展。但研究伟人的发展状况可以发现，许多伟大人物确实在更加广阔的领域发展自己，如爱因斯坦能够开小提琴演奏会。为解决这一问题，笔者提出"核心知识""核心素质""核心能力"和"核心兴趣爱好"的概念，即对人的发展起到关键作用的知识组合、素质组合、能力组合和兴趣爱好组合。因此，所谓"全面发展"就是"核心知识""核心素质""核心能力"和"核心兴趣爱好"各自的全面发展。这一理念的提出，不仅可以解决"全面发展"的可操作性问题，还能够开拓人的发展研究的更大空间。

"核心知识""核心素质""核心能力"和"核心兴趣爱好"的提出，使教育研究有了新的内容。以"核心知识"为例，普通人的核心知识就应该是中小学课程的内容，而大学生的核心知识应该是专业知识。因此，设计中小学课程和大学课程，实际上是设计普通公民应该具备的核心知识和专业人员应该具备的核心知识的课程。不同的工作岗位和职责需要不同的核心素质和核心能力。

3."全面发展"认识的变化

"核心知识""核心素质""核心能力"和"核心兴趣爱好"是否就意味着其他的知识、素质、能力和兴趣爱好不重要？这是一个非常严肃的问题，也是一个长期没有得到解决的问题。实际上，一名学生只要在某一方面出现严重问题，就会影响学习状态。例如：身体健康出现问题会影响学习，心理健康出现问题同样会影响学习；厌学情绪会影响学习；思想、人际关系出现问题，都会影响学习。因此，从科学发展观的角度出发，所谓全面发展，就是使学生的方方面面都能够正常发展到不影响学习的程度。由此可知，人在科学发展观理念下的全面发展就是全面合格发展，是不出现严重问题的发展，也是均衡的发展。在教育系统中比较普遍的观点是培养"合格+特长"的学生，这里的合格其实就是人的全面合格发展，而特长就是"核心知识""核心素质""核心能力"和"核心兴趣爱好"的高水平发展。

（三）协调发展

所谓人的协调发展，就是在全面发展的基础上，根据自身的特点在一些方面重点发展，在其他方面辅助发展，从而形成特色鲜明的发展要素组合，使人的发展达到高水平。强调协调发展是因为受时间、精力、潜能和环境等因素的制约，任何人都不可能做到面面俱到的高水平发展。因此，协调发展的关键是重点发展内容的配置和结构，一方面要考虑个人的潜能，另一方面也要考虑发展的需要和可能。例如，有的人是勤奋、刻苦、诚实的组合，而另外的人则可能是聪明、钻研、灵活的组合。总之，协调发展的一个要求就是培养人的特色，成为高水平人才。

协调发展强调要正确处理各发展内容之间的关系，不要顾此失彼。首先，知识、素质、能力和兴趣爱好之间要协调发展。许多教育方面的问题都可总结为没有处理好知识、素质、能力和兴趣爱好四者之间的关系。知识、素质、能力和兴趣爱好的重要程度也是随着社会的发展不断变化的。最早的教育缺少知识，以素质和能力的培养为主。在中国历史上，由于科举制度的影响，人们十分重视以知识为主的教育。相当一段时间内，人的兴趣爱好也成为人才的重要内容，即要求琴棋书画样样精通。现在提出的素质教育就是强调素质的重要性。

其次，各发展要素间要协调发展。《国家中长期教育改革和发展规划纲要（2010—2020年）》提出，"坚持全面发展。全面加强和改进德育、智育、体育、美育。坚持文化知识学习与思想品德修养的统一、理论学习与社会实践的统一、全面发展与个性发展的统一"。"加强体育，牢固树立健康第一的思想，确保学生体育课程和课余活动的时间，提高体育教学质量，加强心理健康教育，促进学生身心健康、体魄强健、意志坚强；加强美育，培养学生良好的审美情趣和人文素养。加强劳动教育，培养学生热爱劳动、热爱劳动人民的情感。重视安全教育、生命教育、国防教育、可持续发展教育。促进德育、智育、体育、美育有机融合，提高学生综合素质。"这正强调了发展要素间的协调发展。

协调发展要求在各发展要素之间不要顾此失彼，因为许多发展要素之间是互相矛盾的，加强某一方面发展的同时，会削弱另一方面。例如，学习太刻苦可能会影响身体健康；又如创新精神与遵守纪律、课堂学习与课外活动等都是相互矛盾的，在加强某一方面发展的同时，必然会削弱另一方面。

当前教育中出现的许多问题主要是在协调发展方面，如课业负担过重、重智轻德、重做事轻做人等。

（四）可持续发展

所谓人的可持续发展，就是要保持人的长期高水平发展，甚至终身高水平发展。如何保持人的可持续发展是一个大难题，这也是实施素质教育最突出的问题。保持人的可持续发展，至少应从以下三个方面努力。

1. 动力提升

所谓动力提升，就是要在人的发展过程中保持和提高发展动力，从而实现可持续发展。人的发展动力主要由以下四个方面决定。

（1）动机

正确和科学的发展动机是人的发展的主要动力。为国家富强、民族发展而学习，为探索科学奥秘而学习，为实现个人远大理想而学习是较为科学的学习动机，必然激发无限的学习动力；为发财而学习，为父母而学习，甚至为个人私利而学习，可能会激发一时的学习动力，一旦遇到困难或挫折，就会丧失学习动力，很难保持可持续的发展动力。当今，由于社会浮躁，一些学生的学习动机相当功利，结果造成这些学生缺少学习和发展的动力，普遍存在一定程度的厌学情绪。

（2）兴趣

兴趣不仅是最好的老师，也是人的发展的最大动力来源。学生选择感兴趣的学习内容，在学习中培养学习的兴趣对保持长期的学习动力非常重要。可惜的是，由于教育体制限制，以及人们错误的思想观念的影响，学生的兴趣问题很少被考虑，这也是学生学习动力不足的一个原因。例如，在高考报志愿的过程中，更多人考虑的是专业的发展情况，如就业率、工资等，很少考虑学生的兴趣，结果出现越是热门专业厌学学生越多的奇怪现象，这实际上是注重利益不注重兴趣的必然结果。

（3）自主性

自主性也是人的发展动力之一。自主选择的发展方向，发展动力更大。大学中自主选择专业的学生学习动力要大于家长选择专业的学生。在当今社会中，学生自主选择的机会较少，不利于学生的可持续发展。

（4）自信心

人对实现目标越自信，其动力越大。但现实往往不注重学生自信心的培养。许多教师和家长怕学生过于自信而骄傲自满，结果教育的主要内容就是打击学生的自信心。学生受到较多批评已成为我国教育的弊端之一，也是我国教育区别于西方教育的主要方面。

从人的发展动力四个方面来看，当今的教育存在相当严重的问题，四个激发学生发展动力的方面都存在或多或少的问题和不足，严重影响了学生的发展动力。在可持续发展方面，如何提高学生的发展动力已成为落实人的科学发展观的主要研究内容。

2. 内涵发展

所谓人的内涵发展，就是注重人的内在因素的发展，如人的知识、素质和能力的发展等。人的所有内涵因素一旦形成，都能伴随人的一生，具有可持续性。例如，人一旦形成了良好的道德素质，就会一生具有良好的道德素质，不会改变。因此，培养学生的道德素质会使学生终生受益。当今社会有更加注重外在因素的倾向，学校和家长拼命逼学生学习，只为获得一时的好成绩，造成学生的厌学情绪，使学习积极性大大下降，无法实现可持续发展。

在学习过程中如何注重学生的内涵发展，避免可持续发展能力被破坏也是素质教育的重要课题。

3.战略规划

要解决这一问题，一方面要了解人的发展状况随年龄的变化情况，另一方面也要了解在人的发展过程中社会对他的要求。众所周知，学生从小到大的成长过程，也是从依赖家长到自我独立的过程，从感性思维到理性思维的过程，从个体生活到融入社会的过程。而社会对人的要求是一个从更加重视"才"到更加重视"德"的变化过程。总之，无论是人的发展规律，还是社会对人的要求，基本上都是从个体到社会、从简单到复杂、从做事到做人的变化过程。注重学生的战略规划，就是要在学生年轻的时候考虑和规划今后10年、20年的发展，并根据未来的需要提前做准备，从而保证学生的可持续发展。

战略规划的另一个问题就是控制发展速度。马拉松运动员和百米运动员一起参加马拉松比赛，一定是马拉松运动员胜。为什么速度慢的马拉松运动员在马拉松比赛中的成绩更优秀？就是因为他一开始跑得比较慢，能够把力量比较平均地分配在马拉松赛段的全程。今天的学生也在进行一场人生马拉松比赛，要使自己能够成为最终赢家，必须适当控制发展速度。现在中小学生厌学现象随年级的增高而增加，相当一部分厌学学生一开始的学习压力过大。一些学生由于学习太努力、太用功，结果身体和心理健康出现问题，不得不因病休学。目前常见的学生职业病有近视眼、颈椎病、腰椎病、发育不良及心理疾病等，这些都严重影响了学生的可持续发展。

如何保持最佳发展速度？首先，最低标准是不能出现严重问题；其次，学生能够保持良好的学习状态；再次，使学生保留适当的业余活动时间；最后，学生的家庭能保持良好的气氛。当然，这是一个庞大的研究课题，需要长期研究才能得出比较科学的结论。

（五）全面发展、协调发展、可持续发展之间的关系

人的一生主要有三个发展阶段：学习阶段、工作阶段和退休阶段。学习

阶段始于出生，止于完成学业；工作阶段始于参加工作，止于退休；退休阶段始于退休。人的发展内容也可以分为三大方面，即做人水平、做事水平和兴趣爱好。做人水平主要由人的素质发展决定；做事水平主要由人的知识发展和能力发展决定；兴趣爱好主要由人的兴趣和特长决定。

在学习阶段，做人、做事和业余爱好都处于起步阶段，万事待兴。由于不清楚自己哪方面有潜力和特长，在发展的过程中，对方方面面都要进行尝试。众所周知，学习阶段又是打基础的阶段。基础打得好与坏，不仅决定着发展潜力，也决定着发展方向。例如，政治素质的早期培养不仅决定了人的政治素质发展潜力，也决定了其政治的发展方向。如果学习阶段树立了维护中国特色社会主义的政治观点，就会一生维护中国特色社会主义。此外，许多技能项目从小开始学习才有可能达到专业水平，如音乐、体育等。因此，某一方面基础打得好，人在这方面一生的发展就有保障，并能够达到较高水平。所以，学习阶段主要以全面发展为主，在保证学习进度的情况下学习更多的知识，培养各方面的素质和能力，广泛涉猎各种业余爱好。当这一阶段结束时（以完成高等教育为例），学生掌握了一定的基础知识和专业知识，素质和能力也有一定的提高，形成了一定的爱好（如文艺、体育、美术等），一些爱好甚至具有较高的水平，为进一步发展打下基础。这一阶段也需要协调发展和可持续发展。由于涉及的发展内容比较多，协调各发展内容之间关系的任务很重，一旦搞不好，就会影响可持续发展。三者的顺序为全面发展、协调发展、可持续发展。

工作阶段由于有了明确的工作要求，人的发展主要集中在做事和做人两个方面，爱好成了真正的业余活动。这一阶段的主要发展方式是可持续发展。围绕工作要求，持续发展做事水平和做人水平，并根据工作岗位的变化及时进行调整，从而达到高水平完成工作任务的目的。这一阶段一般要持续30多年。从干部考核的德、能、勤、绩、廉等方面内容看来看，德、勤、廉属于做人的要求，能、绩属于做事的要求。工作伊始，对于做事水平的要求比较高。随着社会地位的提高或工作岗位的变化，对做人水平的要求越来越高。学习阶段的全面发展程度对这一阶段的可持续发展影响很大，全面发展的方方面面都会促进人在工作上的发展。许多人进入新单位后得到认可的原因并非工作业绩，而是在业余活动中的表现。因此，学习阶段的全面发展程度越高，对工作阶段的可持续发展越有利。这一阶段也需要全面发展和协调发展，但三者顺序为可持续发展、协调发展和全面发展。可持续发展能力由人的发展潜力决定。一旦没有了发展潜力，一部分人就会停止发展。保持可持续发展是这一阶段的主要任务。

退休阶段，由于没有了工作要求，人的发展主要是业余爱好，目的是颐养天年，发展问题已经不再是主要问题。

由以上分析可知，全面发展是基础，协调发展保证以上水平，可持续发展是最终目标。

（六）以人为本

从党的十七大报告来看，以人为本就是一切为了人，一切依靠人。一切为了人是目标，一切依靠人是手段，只有在工作中做到一切依靠人，才能够达到一切为了人的目标。在教育中，就是一切为了学生，一切依靠学生。但在目前的教育实践中，这两个方面都存在比较严重的问题。

从一切为了学生的角度看，地方政府、学校、教师和家长往往从自身利益角度出发，很少考虑学生的利益。一些地方政府、学校只注重升学率，缺少对学生的真正关心。教师往往从自身角度出发，以完成学校的任务指标为目的，很难做到一切为了学生。在家庭教育中，以孩子为本的理念更难落实。一是家长在家庭中说了算，一言堂的现象还很严重。家长不顾孩子的愿望和条件，只根据自己的意愿为孩子设计人生、设计未来。二是许多家长的教育理念和教育水平都很低，不懂教育规律，教育完全凭感觉，造成家庭教育的严重失败。在一项网络成瘾的调查中发现，发达地区和不发达地区网络成瘾学生的比例大致相当，同一地区或城市、不同学校的网络成瘾学生比例也大致相当。这说明出现问题学生的比例与地区和学校都无关，而与家庭教育有关。可以说，家庭教育是应试教育，甚至是"非正常教育"的重灾区。

以学生为本的核心内容应该是一切依靠学生，即素质教育要依靠学生来实现。这方面我国做得还很不够。一是认识不到位。许多人认为以人为本就是"一切为了人"，不知道还有"一切依靠人"的内容，更谈不上落实。二是在学校的教育教学中，教师没有充分调动学生的积极性，没有尊重学生主体地位，没有发挥学生首创精神，课堂教学基本是满堂灌。学生被动地学习，主体地位很难体现，更谈不上调动学生的学习积极性。三是对学生的自我教育重视不够。一般认为教育分三大类：学校教育、社会教育和家庭教育。但从科学发展观的以人为本的角度出发，学生自我教育不仅应该是教育中的一大类，而且应该是教育的核心内容。因此，可以把教育分为四类，即学校教育、社会教育、家庭教育和学生自我教育，并以学生自我教育为核心。虽然这与现实的教育理念反差很大，但认真研究可以发现，社会教育、学校教育和家庭教育都是学生发展的外因，而学生的自我教育是学生发展的内因。外因只有通过内因才能起作用。因此，如果不能激发学生的自我教育，任何教育都不能真正实现教育效果。所以说，学生的自我教育才是教育的核心。

很显然，我国在学生的自我教育方面的研究和探索还很少，还没有形成理论和实践体系，是实施素质教育的薄弱环节。

（七）统筹兼顾

根据科学发展观的精神，统筹兼顾是落实科学发展观的根本方法。落实人的科学发展观同样需要统筹兼顾。所谓教育上的统筹兼顾就是正确认识和妥善处理学生发展中的重大关系，从而实现学生的科学发展。主要应该统筹七个方面的关系。

1.统筹学生的科学发展与学习成绩之间的关系

推进素质教育遇到阻力的主要原因就是许多人认为素质教育会降低学生的学习成绩，使学生在升学考试中吃亏。因此，贯彻落实科学发展观，全面促进学生的科学发展，处理好学生的科学发展与学习成绩的关系尤为重要。

首先，应该提高对学生的科学发展的认识。所谓学生的科学发展，就是让学生在各个方面取得成绩和进步，包括学习和考试。因此，搞好学习和考试就是学生科学发展的一部分内容，但不能把学生的科学发展与学习、考试相对立。其次，考试的重要性也是有区别的。期末考试和升学考试相对重要，而平时的测验重要程度相对较低。因此，可以考虑平时多参加活动，期末复习的实践要充分保证。再次，学生的科学发展不仅是通过课外活动进行的，学习和考试的过程同样可以促进学生的科学发展。因此，要充分利用学习过程，促进学生的科学发展。例如通过考试培养学生的意志力。最后，努力提高素质教育水平和效果，让学生的全面素质快速提高，从而提高学生的学习水平和考试成绩。

2. 统筹学生的眼前利益与长远利益之间的关系

所谓眼前利益一般指考试取得好成绩、升学顺利、因学习成绩优秀获得各种奖励等。长远利益涉及面很广，如持续终生的学习积极性、事业发展、家庭幸福、受人尊敬、子女教育成功等。眼前利益是否与长远利益一致呢？许多人认为，眼前利益与长远利益是一致的，因此他们只注意眼前利益。一些家长在这方面的问题更严重。例如，许多学生只要平时测验出现了问题，就会遭到家长的批评。家长认为，一次考试没有考好，就可能意味着将来没有出息。但实际上，眼前利益与长远利益并没有直接关系。例如：有些学生小时候成绩很优秀，长大后并没有什么成就；相反，有的学生小的时候考试成绩很一般，但长大后成就却很大，所谓大器晚成。从可持续发展角度看，更应该注重长远利益。如何保证学生的可持续发展，是个需要长期研究的课题。但几次重要的升学考试是获得进一步教育机会的保证，因此这些考试也必须受到重视。

3. 统筹学生的课堂学习与课外活动之间的关系

在学生的发展过程中，课堂学习是成长和发展的主渠道，课外活动只起辅助作用。但这并不等于可以无限夸大课堂教育的作用，缩小课外教育的作用。学生素质的相当一部分内容是通过课外活动提高的，如交往能力、身体素质、运动能力、社会适应能力等。课外活动的时间基本是由学生自己支配的，对培养学生的主动性、兴趣爱好、创造精神和实践能力都有好处。因此，应该处理好课堂学习与课外活动的关系。首先，课堂学习和课外活动的时间比例应该合理。现在的学生课业负担过重，课外活动时间太少，对培养学生的许多素质是不利的。教育部要求"减负"，要求学生每天参加一小时体育锻炼是非常正确的，但遗憾的是这些要求很难落实。要解决这一问题，学校要建立对老师布置作业的控制机制，确保教育部提出的对作业时间的要求得到保证。同时，家长也要转变观念，多给学生自由活动的时间。其次，要提高学生课外活动的质量。许多家长不愿意孩子参加课外活动的原因是课外活动的质量不高。由于业余时间比较少，许多学生的课外活动内容单调，教育效果更是不乐观。大多数学生的课外活动就是上网、玩游戏、看电视。这些活动有时还会产生负面影响。因此，许多家长宁可不让孩子参加课外活动，也不许孩子上网、玩游戏和看电视，这就产生了恶性循环。比较好的课外活动应该是运动型、主动型、交往型、高雅型、业余爱好型和创造型的活动，如写日记、户外运动、组织和参加各种学生活动、参加比赛、同学交往、做家务等。最后，要努力培养学生良好的课外活动习惯。学生良好的课外活动习惯不是与生俱来的，而是靠不断培养而养成的。在学校，老师要引导学生充分利用课间开展有益的活动；在家庭中，家长也要注意培养孩子的课外活动习惯。一些家长限制孩子活动，结果一旦取消限制，孩子也不知道参加什么活动。许多学生由于家长一味地限制其活动而对任何活动都失去兴趣，除了上网没有任何兴趣和爱好，因此家长一旦限制孩子上网，就会遭到孩子的激烈反抗，有些孩子甚至以死相威胁。

4.统筹学生的主干课与非主干课之间的关系

所谓主干课就是升学考试要考的课程，非主干课就是升学考试不考的课程。统筹主干课与非主干课就是要处理好两者之间的关系，使所有课程都能够为学生的科学发展做出贡献。现在的普遍现象是主干课特别受重视，而非主干课在很大程度上不被重视，经常出现主干课挤占非主干课的现象。在家庭中这一现象更加严重，这就使孩子的发展更加狭窄，不利于孩子的科学发展。要知道，无论什么课程都是学生的"核心知识"，都是学生必须学习的。

5. 统筹学生的知识积累与学习方法提高之间的关系

这个问题是一个老问题，但解决起来并不容易。首先，要提高学生对学习方法在提高学习效率方面发挥作用的认识。学习方法是提高学习效率的主要途径，如果没有好的学习方法，知识积累就只与学习时间相关。目前，许多学生每天学习时间为13个小时至15小时，但即使一天24小时地学习，提高知识积累速度的潜力也只有30%，而学习方法的提高可以几倍甚至十几倍地提高知识积累速度。其次，要注重学习方法的升级和改进。知识积累显示度高，容易得到认可；学习方法显示度比较低，不容易把握。但学生只要在学习过程中不断研究和探索学习方法，就能够在积累知识的同时改进学习方法。另外，关于学习方法的书籍有很多，学生要多阅读这方面的书籍，加快学习方法的升级。同时，学生之间也要多交流学习方法方面的经验和体会。最后，要根据学习状况不断改变学习方法。不同学习阶段的学习方法有很大区别。从小学到大学，学生学习的独立性越来越强，学习的速度也越来越快。因此，在学习的不同阶段，学生的学习方法也要进行相应的改变，否则在新的学习阶段很快就会处于落后状态。许多大学新生在进入大学后仍然沿用高中的学习方法，学习很快就落后了，而那些学习方法改变比较快的新生进入大学后一直处于学习的优势地位。

6. 统筹学习知识与学会做人之间的关系

学生应该学知识，这是众所周知的。因此，统筹学习知识与学会做人关系的主要任务就是使学生学会做人。学生学会做人的过程就是学生由家庭人转变为社会人的过程。小学到大学的教育过程也是把一个学生从无法独立在社会中生存的人培养成一个能够在社会中发展、生存甚至干出一番事业的人的过程。教育的这项功能往往被人们忽略。人们更多地关注考试成绩和升学的情况，使学生在学习方面超年龄发展，而在做人方面远远落后年龄发展，从而导致其做人水平无法支撑学习的继续发展，产生厌学和半途而废的情况。

如何培养学生学会做人同样是一个复杂的问题。起重要作用的是老师和家长的言传身教。做人教育涉及生活的方方面面，无法仅仅通过课堂实施教育，它渗透在生活之中。教师和家长处理事情的态度和方法往往被学生模仿。

因此，教师和家长在平时的生活中对事情处理不当，都会影响做人教育。例如：教师急功近利，学生也学会急功近利；教师不能平等对待所有学生，学生也学会不平等待同学；教师遇事拉关系、走后门，学生也学会这种不正之风。

教师毕竟还有为人师表的要求，许多事情还会回避学生，家长在言传身教方面出现的问题就比较严重了。许多家长对单位、社会有不满情绪，在家不回避孩子，结果孩子小小年纪也出现对社会的消极悲观态度，极大地挫伤了孩子的学习积极性。家长做人的水平会在很大程度上对孩子产生影响，笔者称之为家庭的文化遗传。因此，要教会学生做人，教师和家长必须先提高自己的做人标准，要针对孩子学习和成长中出现的问题，积极开展做人教育。当学生遇到挫折时，教师和家长要帮助他们克服困难，研究出现问题的原因，找出解决问题的方法；当学生取得成绩时，教师和家长要帮助他们正确对待，在鼓励的同时也要帮助他们发现其中存在的问题，寻求进一步提高的途径。

7. 统筹学校教育、家庭教育、社会教育与自我教育之间的关系

从科学发展观的角度来看，学校、家庭和社会对学生的教育作用都很大。同时，学生的自我教育对学生的发展也非常重要。因此，只有统筹好学校教育、家庭教育、社会教育和自我教育之间的关系，才能更好地促进学生的科学发展。从学生的特征来看，不同学校、不同家庭、不同社会的学生具有不同的特点，这就是学校教育、家庭教育和社会教育给学生留下的烙印。社会教育与社会发展程度有关，较难人为控制。目前，国家在改善学校周边环境方面做了许多工作，有效改善了社会教育的大环境。

学校教育是人们最为重视的教育，也是学生教育的主战场。问题最大的是家庭教育，相当一部分家长对家庭教育的认识有偏差。一种想法认为，家庭只管后勤服务，不存在教育，他们忽视了家庭中言传身教和潜移默化的教育。另一种想法认为，家庭存在教育，父母是天生的教育家，他们对自己的教育能力非常自信，按照自己的想法对孩子实施教育，结果把家庭教育搞得一塌糊涂。目前，这一类家长的问题最多。许多学生网络成瘾都是因为家长不懂教育又积极开展家庭教育。因此，培训家长，提高家长对家庭教育的认识水平和教育水平是帮助学生科学发展的重要内容。

对学生的自我教育重视程度不够是目前最重要的问题。从以学生为本的"一切依靠学生"的理念来看，学生的发展最终还要依靠学生的自我教育。因此，建立学生自我教育机制，统筹学校教育、家庭教育、社会教育和自我教育，才能真正落实科学发展观，有效实施素质教育。

第二节　科学发展观与素质教育的关系

一、人的科学发展观为素质教育提供了新的理论基础

人的科学发展观进一步揭示了人的发展规律，也为实施素质教育奠定了理论基础。素质教育要按照人的发展规律进行教育，因此可以说素质教育的实质就是落实人的科学发展观，促进人的科学发展。

人的科学发展观至少在四个方面为素质教育提供新的理论基础。

1. 进一步强调了"以人为本"的理念

素质教育较多强调"一切为了学生"，而较少强调"一切依靠学生"。人的科学发展观提出以"以人为本"为核心，不但要求把"一切为了学生"作为素质教育的核心，同时也要求把"一切依靠学生"作为素质教育的核心。因此，如何实现以人为本的核心作用，特别是如何在实施素质教育时充分依靠学生成为素质教育理论的突破点。

2. 在人的全面发展方面提出了新的内容

以前的全面发展研究更重视向前发展，往往忽视最低的发展要求，因此一些优秀学生会因为某一方面出现问题导致失败。人的科学发展观从全面协调可持续发展的角度出发，提出"全面发展"的新内涵，即合格发展或保底发展，从而为研究素质教育拓展了新领域。

3. 提出了人的协调、可持续发展新概念

人的协调、可持续发展是人的科学发展观提出的新内容，不仅能科学分析许多人们无法理解和解释的素质教育现象，也能为素质教育开辟新视野，是人的全面发展观没有涉及的全新内容。

4.强化了统筹兼顾对人的科学发展的作用

人的科学发展观不但提出人的科学发展理论，还提出了实现人的科学发展的根本方法，这就是统筹兼顾。这一理念也为实施素质教育提供了新思路，即解决素质教育问题和困难的根本方法就是统筹兼顾。

二、人的科学发展观为素质教育制定了新目标

素质教育推进困难的一个原因就是素质教育缺少新的理论依据。目前中国的教育虽然经常被称为应试教育，但一直以落实人的全面发展观为主要目标。如果说这种教育存在什么问题，那就是落实人的全面发展观不到位。提出素质教育理念无非是希望教育能够更好地落实人的全面发展观。这样就把素质教育摆在了技术层面，而不是战略层面，从而使素质教育的意义贬值。这也是素质教育推进困难的原因之一。

经过60年全面发展观教育，人的全面发展观已深入人心。从某大学优秀学生评选的过程和结果可以发现，优秀学生一定是全面发展的学生。因此，学生的优秀标准是非常明确的。家长为使孩子能够考上大学，不惜牺牲孩子的全面发展，也是不得已而为之，并不能表示他们不赞成人的全面发展观。他们只是不知道除了牺牲孩子的全面发展获取优异的高考成绩，还有什么其他办法。如果有既能让孩子获得高考好成绩，又能实现孩子全面发展的好方法，相信绝大多数的家长都会采用。

在人的科学发展观的理念下，素质教育已经不是教育手段和方式的变化，而是教育目标的变化，即实现人的科学发展。这种教育目标的变化会带来一系列教育的变革。

一是素质教育成为战略目标，大大提高了素质教育的重要性。素质教育由战术目标变为战略目标，必然会进入国家的教育战略之中，从而大大加强国家推进素质教育的力度。此外，民间也必然会对如何促进学生科学发展产生更大兴趣，提高推进素质教育的积极性。

二是教育理念的重大变化，必然会引发人们对教育的再认识，从而促进教育的大发展。人的科学发展观提出了一系列教育新概念，如"科学发展"、

以"以人为本"为核心、新的"全面发展"、"协调发展"、"可持续发展"、"统筹兼顾"等，每个概念都有着丰富的内涵，可以成为重大的研究课题。笔者只是对这些概念做了最原始、最粗浅的描述。深入研究这些概念的内涵并将其成功应用于教育之中，估计需要几十年的艰苦努力。

三是教育内容和方法的大调整。教育目标的重大变化必然导致教育内容和方法的调整。如何充分依靠学生搞教育，学生如何参与素质教育的全过程、如何参与教育改革，如何培养学生的自学能力等，这是提高学生自我教育能力需要解决的主要问题。对教育的方方面面都要进行调整才能够真正培养科学发展的学生，这是一项巨大的工程。

三、从人的科学发展观角度分析实施素质教育的难点

实施素质教育就是要实现学生的科学发展，即实现学生的全面发展、协调发展、可持续发展。素质教育不仅是更高层次的教育，也是对教育者的教育水平要求更高的教育，不能立竿见影地看到教育效果的教育，更是涉及内容多、控制复杂、难以把握的教育。学生既要全面发展，又要协调发展，还要保持可持续发展，这确实是一项巨大的系统工程，其难度相当大。从已有的实践分析，推进素质教育面临许多值得注意的问题。

1. 教育者素质水平有限

这是阻碍素质教育发展的关键因素。教育者在素质水平不高的情况下，很难做到培养高素质的学生。对于作为教育者的教师，可以通过培养和教育不断提高其教育水平，并禁止他们在教育中采取严重违纪的教育手段，如打骂、体罚等。而对于作为教育者的学生家长，国家除法律外没有任何约束手段，而一旦达到需要法律干涉的程度，其教育问题已经相当严重，对学生造成的伤害甚至已经无法挽回。从正面的角度看，教育者的素质水平决定其素质教育水平。素质水平低的教师不可能培养出素质水平高的学生。同样，素质差的家长也很难培养出素质高的孩子。由此可知，素质教育需要依靠教育者素质的不断提高才能够提高水平，因此素质教育的发展是一个漫长而逐渐进步的过程。

2. 素质教育涉及的内容多

部分教育内容可以通过教育教学计划实施，但更多的教育内容无法通过有计划的教育手段实施，只能在学生的学习和生活中潜移默化地实施。有些教育内容可以通过学校组织实施，更多的教育内容需要通过学校、家庭、社会和学生本人共同努力才能实施。从我国的教育现状来看，素质教育的许多教育内容都无法进入教育计划。学生在这些方面的发展完全靠自发，从而导致一些学生由于教育缺陷而在某些方面出现严重问题。

教育内容太多的另一个问题是教育者的教育水平很难达到基本要求。教师的教育水平虽然较高，但要掌握所有素质教育内容并能够在教育中灵活运用已经很难了，更何况多数教师对素质教育内容并不一定有正确的认识，外加自身素质存在问题，对学生的素质教育很难做到正确、有效。许多学生家长的自身素质和教育水平就更差了，他们很难承担学生家庭教育的重任。

素质教育许多内容的缺乏影响素质教育的实施。即使可以通过潜移默化的方法实施教育，但如何进行仍然是一个难题。例如，大家都知道感恩是一项重要的素质教育内容，但使学生能够真正做到感恩是非常困难的。当前，社会上出现了不少学生殴打教师的现象，许多人对一些学生没有一点感恩之心表示困惑。解决感恩教育的实际问题是教育的难题之一。类似的问题在其他素质教育内容的教育中同样存在。

由于素质教育内容繁多，各教育内容之间协调困难，往往出现顾此失彼的现象。在学习与心理健康的教育方面顾此失彼的现象更为严重。教师和家长为了督促学生好好学习，不惜对学生施加过大的心理压力，结果造成一些学生或多或少存在心理问题，反而严重影响了学生的学习。这种教育方法不但会造成孩子的厌学情绪，严重的可能影响孩子的心理健康。有的家长在学习成绩方面对孩子的要求过于严格，间接培养了孩子的欺骗行为。他们往往采取考试作弊、瞒报或假报考试成绩的方法欺骗家长，从而躲避严厉的惩罚。人的科学发展观强调，人的协调发展非常重要，否则教育的成果很快就会被负面影响抵消，教育效率降低，甚至出现负效率。如何处理好各类教育内容之间的关系，防止教育中的顾此失彼现象，也是推进素质教育的难点之一。

3. 素质教育需要全员参与

所谓全员参与教育就是学校、家庭、社会和学生本人都要参与教育，还要求他们都具备很高的教育水平。在这四类参与教育的群体中，学校的教育水平较高，家庭、社会和学生本人的教育水平都不高，所以平均教育水平是不高的。在这种情况下，要取得良好的素质教育效果很难。要让所有参与教育或与教育有关的人员都具备相当的教育能力，不是短期能够完成的。因此，提高全社会教育水平成为推进素质教育的最大难点。

4. 素质教育需要解决全面发展与学习统筹兼顾的难题

由于学生科学发展要素中除学习以外的内容太多，要做到彼此兼顾确实非常困难。以至于许多人认为虽然素质教育可以使学生全面发展，但可能导致学生的学习成绩下降。这是在推进素质教育过程中存在的最大阻力，是一个协调发展的问题。由于在过去的教育实践中很少涉及协调发展的问题，无论学校、家长还是学生本人在这方面的水平都不高。要解决这一问题，就要加深对协调发展的认识，研究协调发展理论，探索协调发展经验，建立协调发展的保证机制。这无疑是推进素质教育的又一难点。

5. 素质教育需要学校教育、家庭教育、社会教育与自我教育紧密配合

素质教育内容多，单独的任何一方面都无法独立完成所有的教育内容，每一方面必须在独立完成自己承担的教育内容的同时，与其他方面的教育紧密配合，共同完成素质教育的任务。要达到这一目的，需要解决的问题很多：一是这四个方面的教育应该怎样分工；二是每个方面的教育水平怎样提高；三是各方面的教育如何配合。目前，我国只有学校教育搞得相对好一些。家庭教育、社会教育都处于刚刚起步的阶段，而学生的自我教育甚至还没有起步。这种情况下谈素质教育，特别是谈高水平素质教育几乎是不可能的。这当然也是推进素质教育的难点之一。

6. 素质教育需要在教育方面实施更加精细的控制

我国的教育正处在粗放阶段，即教育的针对性、教育的内容、教育的力

度控制及对教育对象的信息反馈等都是比较粗放的。学校教育只是群体教育，缺少个性化教育内容和机制。家庭教育本应该针对性更强，但家长的教育水平有限。此外，教育的力度控制也比较粗放。教师批评学生不考虑场合和力度，经常出现由于教师批评过重，学生不敢上学的情况。

家长的教育力度控制更加粗放。一些家长只顾批评，根本不顾孩子的承受能力。许多教师和家长在学生出现问题时很少细心研究出现问题的原因，更谈不上进行深入细致的思想教育。在教育信息反馈方面同样不够重视，许多学校的教育都是开环式的，即学校只根据自己的教育计划进行教育，不管教育的效果，更不会根据学生反馈的信息调整教育计划。

7. 实施素质教育需要教育者有足够的胆量和魄力

实施素质教育就是促进学生的科学发展，其最大的特点是学生的可持续发展。所谓可持续发展就是发展的后劲足，即发展的优势是逐渐显现的，并不是从一开始就具备的。这就给教育工作者特别是学生家长出了一道难题。选择素质教育，就可能面对学生最初的学习成绩并不理想的现实。同时，学校在探索素质教育的过程中同样会出现探索初期学生的学习成绩不理想的状况。这是在实施素质教育的过程中遇到的大难题。许多学生家长能够认识到素质教育的优点，但无法承受素质教育初期孩子的学习成绩相对较低的现实，学校在探索素质教育的过程中同样会出现类似的情况。因此，要推进素质教育，教育者必须对实施素质教育有比较坚定的信念，同时还需要足够的胆量和魄力，这样才能够把素质教育坚定不移地实施下去。

目前，教师还能够根据学校的素质教育要求开展工作，学生家长则由于担心孩子在学习上出现问题，不敢冒险实施素质教育。有些家长对素质教育已经具有一定的认识，但仍然迫于压力放弃素质教育。除了他们对素质教育的认识不够，独生子女也是一个重要原因。每家只有一个孩子，家长更不敢冒险。

总之，从上述推进素质教育的难点中可以看出，要达到高水平的素质教育还需要相当长的时间。我国的教育正处在素质教育的初级阶段，并将长期处在素质教育的初级阶段，搞好素质教育任重道远。

第三节　科学发展观视角下中小学素质教育的实施路径

一、充分认识推进素质教育的艰巨性和长期性

从上述的研究可以看出，素质教育是一个庞大的系统工程，要使素质教育深入人心，成为人们的自觉愿望和行动，还需要进行长期、艰苦的努力。从艰巨性和长期性角度来看，素质教育不可能在短期内达到较高水平。

第一，提高作为教育者的教师和家长的素质水平需要长期艰苦的努力。要达到较高水平素质教育，教育者没有高素质是不行的，因此要提高素质教育水平，首先应该提高教育者的素质水平。这是一项长期而艰巨的任务。教师队伍的人数相对少一些，家长队伍几乎包括了全国所有的成年人。所以，提高教育者的素质就相当于提高全民素质。仅仅完成这一个目标就需要几代人甚至十几代人的努力。

第二，素质教育理论体系的深入研究需要长期、艰苦的努力。从发表的论文、出版的书籍，以及国家下发的相关文件来看，对于素质教育的研究还处于初级阶段，素质教育的基本体系、基本方向和基本内容已经形成。但是，这些初步的理论体系对于推动素质教育的广泛开展、提高素质教育水平来说还远远不够，许多素质教育理论还有待于进一步创新。例如，笔者提出的人的科学发展观问题还仅仅是一种概念，如何进一步研究并有效指导素质教育实践还需要漫长的过程。最重要的问题是，现行的素质教育理论体系还不能被广大群众所接受，素质教育与提高高考成绩的矛盾还没有从理论上真正解决。此外，学生自我教育作为教育的一部分，还只是根据科学发展观理论提出的初步设想。学校教育、家庭教育、社会教育和学生自我教育如何真正实现"四位一体"的问题才刚刚提出。总之，素质教育理论体系的内容之多、问题之复杂，是教育史上罕见的，需要几代素质教育研究工作者长期不懈的努力才能够在素质教育理论方面取得突破性进展。

第三，素质教育实践环节水平的提高同样需要长期、艰苦的努力。素质

教育的实践体系同样是庞大的系统工程,涉及内容多,问题极为复杂。仅仅"减负"一项,从中华人民共和国成立之初到现在已经抓了近60年,但实践并没有达到预期效果,有关"减负"的理论也不能达到有效指导实践的目的。教育部最近下发的有关保证学生睡眠时间、每天开展一小时体育活动及保护眼睛的一系列文件都是落实"减负"精神的具体措施,但其在全国各中小学的落实情况如何还有待进一步调查。家庭教育中的素质教育实践问题更多,仅仅是在学习压力很大的情况下搞好家庭成员之间关系的问题就非常棘手,许多有关家庭教育问题的解决更是无从下手。解决家庭教育一系列复杂问题,同样需要经过长期艰苦的努力。

二、进一步加强素质教育的基础理论研究

从现有成果看,素质教育的研究已经结束了快速发展阶段,进入平稳发展阶段,即如果不出现重大理论突破,素质教育的理论很难有大的发展。在这一阶段,初步建立了素质教育的理论体系,初步解决了素质的概念,素质教育的必要性,素质教育基本概念、基本任务、重要目标,以及素质教育的特点、定位、与教学的关系等理论问题,为推进素质教育奠定了基本的理论基础。但其中也存在着一些现有素质教育理论无法解释和解决的问题和难题,需要进一步的理论创新才能够解决。

笔者提出的人的科学发展观理论,从素质教育最基本的理论方面提出了新观点、新认识,为素质教育理论的重大突破创造了条件。人的科学发展观使人们第一次用动态的眼光审视人的发展,从而能够更好地分析人的动态发展规律,统筹考虑人在相当一段时间内的协调发展问题,从而使最终的结果最优化。特别是人的可持续发展理论,不但指出了"不让孩子输在起点"这句话的错误,还为如何使学生的发展呈加速状态提供了理论基础,也为素质教育的理论创新提供的新的思路。通过本书研究可以发现,有关素质教育的许多理论问题亟待解决。主要包括以下四个方面。

首先是人的科学发展观的问题。人的科学发展观是对人的全面发展观的继承和发展。由于人的全面发展观是从马克思主义到中国特色社会主义的基

础理论，因此这一发展意味着对党的理论的重大突破，意义重大。笔者只是提出这一观点，并做了粗浅的分析。人的科学发展观理论是否成立，能否真正成为党在人的发展规律方面的新理论，还要进行深入细致的研究。人的科学发展观中的许多问题也有待进一步研究，如以人为本问题、全面协调可持续发展问题、统筹兼顾问题、发展是第一要义问题等。总之，人的科学发展观为研究素质教育提供了更加广阔的视野、更加丰富的内容和更加科学的理论基础。

其次是学习是素质教育主要任务的问题。这个问题直接影响素质教育的推进和普及。普遍的观点认为，素质教育就是否定应试教育，就是不能把学习摆在与应试教育同样重要的位置。但问题是学习确实是学生发展的主要矛盾，不完成学业不但不能在高考中取得好成绩，无法进入高水平大学继续深造，甚至连完成中小学教育阶段的升学都很困难。轻视学习和由此带来的学生发展成才等问题显然无法被广大学生家长接受。因此，研究学习对于学生发展的重要性非常重要。笔者在学习是素质教育的主要任务方面进行了粗浅的分析，但距离把这一问题彻底搞清楚并得到素质教育研究者的广泛认可还很远，还需要大量深入细致的研究。

再次是学生自我教育问题。现在被普遍认可的教育有三项，即学校教育、家庭教育和社会教育，"三位一体"。在人的科学发展观中，"以人为本"主要就是一切为了学生和一切依靠学生。在教育中如何体现一切依靠学生？对于这个问题的研究现在几乎是空白。本书提出，一切依靠学生可以通过强化学生自我教育来实现，因此应该把学生自我教育作为素质教育的一个大项，提出学校教育、家庭教育、社会教育和学生自我教育"四位一体"的教育模式。在教育的研究和实践探索的过程中虽然也有关于学生自我教育的内容，但由于我国自古以来都把教育看成教师教和学生学，很少强调学生的自学问题，因此人们不但对这一方面认识不到位，而且缺少系统的理论支撑。要落实人的科学发展观，积极推进素质教育，就要提高对学生自我教育的认识，加强学生自我教育的理论研究。

最后是学校教育、家庭教育、社会教育和学生自我教育统筹兼顾的问题。

我国在这几项教育的统筹兼顾方面做得并不好，一方面是对这几方面形成合力的教育效果认识不够，另一方面是这个问题过于复杂，且缺少系统的理论研究。因此，对这方面的研究非常有必要。考虑到问题的复杂性，可以首先解决学校教育与家庭教育的一体化问题，然后逐步广大研究范围。

三、进一步加强素质教育的实践探索

素质教育的特点就是理论研究与实践探索并存。在人的科学发展观的理念下，人们必然会发现原来的一些素质教育实践存在一定的问题，需要改变和调整，许多新的问题和理念需要通过实践来检验和完善。因此，要发扬素质教育边理论研究边实践探索的优良传统，有利于学生科学发展的素质教育实践活动都可以积极开展。素质教育的实践探索可以在以下几个方面开展。

1. 在充分依靠学生开展素质教育方面进行实践探索

以学生为本就是一切为了学生和一切依靠学生。其中为了学生是目的，依靠学生是手段；只有一切依靠学生才能实现一切为了学生的目的。因此，在素质教育的实践探索中关于如何依靠学生开展素质教育探索的内容非常多。

一是学校办学改革的实践探索。学校的许多改革和政策制定都是可以引导学生积极参与的，如学校的重大决策、校园建设、食堂建设及奖学金评定等。学生的参与能够带来许多宝贵的建设性意见和建议，且能够使学生广泛认可和支持这些政策。目前，学生参与学校建设的程度还远远不够，这方面的实践探索同样是素质教育的重要内容。

二是学生参与教学改革的实践探索。目前，许多教学改革都是由专家完成的，学生的参与程度非常小。这种"闭门"改革要想达到使学生满意的目的是非常困难的。一些负责教材编写和定稿的专家都是教育界的老专家，水平高、名气大，但与学生的年龄差距非常大，很难把握学生的兴趣点。教学模式和方法的改革同样存在学生参与不够的问题。如何广泛征求学生的意见，如何在教学改革中争取更多的学生参与是目前面临的问题。

三是学生参与教学过程的实践探索。这一方面做得相对较好，但教学中满堂灌的现象还是非常严重。这不仅取决于教师的态度，还取决于教师的教

学水平及对课堂的掌控能力。因此，这方面的实践还要从转变教师概念、提高教师教学水平两个方面进行。相信经过长期的努力，教师一定能够在调动学生的课堂参与程度、提高学生的上课积极性、提高学生在教学过程中的主体地位等方面取得优异成绩。

2. 在如何培养可持续发展能力方面进行实践探索

《国家中长期教育改革和发展规划纲要（2010—2020年）》中虽然提出要开展"可持续发展教育"，但没有进一步阐释如何开展可持续发展教育。笔者之前的研究对可持续发展教育提出"动力提升、内涵发展、战略规划"三项措施，但由于缺少措施而可操作性不强。因此，开展可持续发展教育的实践探索具有很大的难度。这里仅仅提出一些粗浅的建议。

一是进行可持续发展状况评价的实践探索。学生的可持续发展能力如何，仅凭一个时间点是无法衡量的，要在多个时间点上进行检测，才能发现学生的发展状况变化。对于学生个人，应该把不同年级的发展状况进行比较，如随着年级增加学习成绩越来越好，说明该学生学习的可持续发展能力比较强。因此，学校应该对学生的学习状况逐年记录，分析发展趋势。这种学习状况记录还应该作为学生的档案，随着学生从小学到初中，再到高中，甚至可以带到大学。

对学校的评价也要看该学校学生的整体可持续发展能力。如果以高考升学状况分析小学，就可能发现，有的小学虽然采取学业负担过重的方法使学生的考试成绩排名靠前，但由于可持续发展能力较差，这些学生的高考成绩并不理想。按照现在的评价，该校可能是好学校；可按照可持续发展能力评价，该校就是差学校。由此可知，用可持续发展评价机制评价学校，可以或多或少地减少一些学校急功近利的行为。

二是进行学生人生战略规划的实践探索。所谓树立远大理想、进行职业生涯规划都是人生战略规划的一种。但如果把人生战略规划提升到实现人的科学发展高度，相关做法还有很大的提升空间。人生战略规划主要是针对未来发展需要进行相关知识、素质和能力的储备。根据人在学习阶段可塑性强和学习能力强的特点，可事先学习和培养成人后需要的知识、素质和能力，从而为今后的发展打下良好基础。由于人的世界观、人生观、价值观一旦形成，改变起来非常困难，因此在学习阶段事先为日后的需要进行培养不仅事半功倍，而且往往是"有"与"无"的关系。从各领域领导人大多在学生期间担任过学生干部的现象就可以看出战略规划的重要性。例如，道德要求是随着人的社会地位提高而大幅度提高的，因此重视学生的道德教育就是战略规划的内容，目前重智轻德的做法就是急功近利的表现。学生的未来需要什么？如何培养？这些都是需要通过实践探索来解决的问题。

3. 在提升学生发展动力方面进行实践探索

笔者提到，人的发展动力主要来自四个方面：动机、兴趣、自主性和自信心。提升学生发展动力的实践探索主要围绕这四个方面进行。

一是树立科学的动机。目前普遍存在学习动机不科学的问题。学生为多赚钱、为改变社会地位、为家庭和父母而学习的动机比较多，而且往往出现动力不足的现象；为理想、为自身发展、为国家建设、为人类幸福等而学习的动机较少。实际上，在学校教育中，树立正确、科学的学习动机的教育做得比较好，但社会、家庭的浮躁情绪对学生的影响较大，如何提高动机教育的效果成为动机教育的难题之一。从人的科学发展观角度分析树立科学学习动机的重要意义，并通过不断探索总结出提高动机教育水平的有效方法，是素质教育实践探索的内容之一。

二是培养兴趣。我国文化在关注学生兴趣方面也存在较大问题。一方面，在进行选择时往往不考虑兴趣因素，如学生在高考报志愿时更多考虑今后专业的发展、收入状况、就业形势等。另一方面，在教育教学过程中不注重学生兴趣的培养。例如，课堂中满堂灌的教学方法很少考虑学生的兴趣问题。如何关注学生的兴趣点、如何培养学生的兴趣成为培养兴趣实践探索的重点内容。

三是扩大自主性。自主性对于提高学生的积极性非常有帮助。一方面，学生做自己决定的事情非常积极，做家长或老师强迫的事情积极性就很差。另一方面，学生的独立能力也是学生走入社会必须完成的准备。因此，培养学生的自主性，不仅是提高学习动力的需要，也是成长成才的基本要求。原则上，只要是学生能够独立完成的选择都应该让学生自主选择，即使学生在选择中出现一些问题，也要帮助和引导学生提高自主性。我国在这方面也存在相当大的问题，这方面的实践探索意义重大。

四是提高自信心。我国的家长和教师在赞扬学生方面非常吝啬，往往批评多、表扬少，这在一定程度上打击了学生的自信心。如何在教育实践中更好地培养学生的自信心显然具有十分重要的意义。教师和家长如何通过鼓励学生提高他们的自信心，进而提高学生的学习积极性，是素质教育的重要研究内容。

第七章　素质教育视角下中小学教学改革研究

第一节　教学在素质教育中的作用

教学是学校各项工作的中心，有教学工作的发展才有整个教育质量的提高。中小学要全面推进和实施素质教育，必须依靠教学工作的改革和发展：其一，教学是严密组织起来的传授系统知识、促进学生发展的最有效的形式。通过教学能较简捷地将人类积累起来的科学文化知识转化为学生个人的精神财富，有力地促进他们的身心发展，使学生的个体发展能在较短的时间内达到人类发展的一般水平，从而保证社会的延续和发展。其二，教学是全面发展教育、实现培养目标的基本途径。教学能够有目的、有计划地将教育的各个组成部分，包括智育、德育、美育、体育、劳动技术教育的基本知识传授给学生，促进他们在德、智、体、美、劳等方面按预期的要求发展，因此教学成了学校对学生进行全面发展教育，把他们培养成为合格人才的基本途径。只有提高教学质量才能提高教育质量，保证人才质量；只有以教学为主才能提高教育质量。

其三，任何教育改革都必须以教学的改革为基础，没有教学改革参与的教育改革都只是形式的改革，绝不是教育本质和内容的改革。素质教育的推进，仍要以教学改革为基本途径和主体。因为只有通过恰当的、科学的教学过程，才能使学生的各方面素质都得到发展和提高；也只有通过教学，才能使中小学的素质教育任务得以完成，使教育目标得以实现。因此，教学是中小学素质教育的根本和核心，只有紧抓教学才能有力推进素质教育，改变教育现状，提高教育质量和水平。离开教学及教学改革来谈素质教育是没有现实意义的。在中小学全面推进素质教育，进行教学改革，还必须充分认识到现行教学存在的弊端及其不利影响，弊端形成原因和对其进行改造、转变的意义。

第二节　中小学现行教学问题及成因分析

现行教学的特征直接体现在普通中小学的课堂教学中。所谓课堂教学，即班级教学，是目前占压倒性优势的教学形式。课堂教学的主要特征是：将学生按年龄和知识水平编成固定的班级群体，由一位教师同时对全班学生进行教学；统一教学内容，实行分学科教学；教学以"课"为单位，每堂课规定了统一的时间，在相对固定的场所进行，课与课之间安排休息时间，通过课程，把不同的学科内容划分为相对独立而又彼此衔接的部分。

课堂教学极大地提高了教学效率，一个教师可以同时教几十个学生，因而实现了教育的普及与发展，可以大规模、集约化地培养学生，成批量地向社会输送有文化的劳动者。但课堂教学在自身发展中也存在明显的缺陷，主要表现为教学内容强求统一，教学进度过分刻板，教学要求"一刀切"，教学时间固定不变，因而不利于学生个性的发挥，不利于因材施教。尤其是近年来逐渐形成的为应试服务的教学，在课堂教学中更加突出地表现了种种不足。

一、现行教学的问题

从现行教学的种种表现来看，其问题不在于表面上追求分数的意识和行为，而在于教学中这些做法对学生的发展和培养有什么根本性的损害。学者王坦的教学目标的层阶结构理论认为，终极教学目标就是教育目的，教学在教育目的的实现过程中起主导作用，而教育目的的现实化过程就是受教育者的发展过程。因此，现行教学的问题分析总离不开两个问题：它有什么弊端？它对人和社会的发展有什么影响？

（一）现行教学的弊端

关于现行教学的弊端，从教学活动本身来分析可归结为如下几点。

第一，教学目标"知识化"。现行教学注重的不是学生各方面素质的培养，也不注重让学生通过教育在未来社会生活中得到相应的认可，更不注重学生在学习和生活中的创造；只注重通过课堂把考试的知识和内容灌输给学生，让他们大量练习和背诵，熟记所学内容，达到在考试中获取高分的目的。这样，学生只能通过学习获取相应的书本知识，而未真正在各方面得到发展。有这样一个例子，一个村民要建新房，想请村里的小学校长帮忙算一下建筑面积，校长说："你家在学校读四年级和六年级的两个小孩都能够算出来，你只要回去找他们就可以了。"可是第二天村民又来了，说昨晚小孩子算了很久都没算出来，是不是学校没教这些知识？从这个例子就可以看出，现行教学没有达到使学生通过知识的学习在能力等方面得到发展的目的，而仅仅以掌握知识为目标的教学是不成功的。

第二，教学方法机械化。为了达到纯知识传授的教学目标，教师不顾一切地对学生进行灌输，采用机械的方法，用大量的练习和作业迫使学生进行重复性、机械性的学习，根本不关心学生的学习心态、学习方法、学习效率和学习质量。曾有一名教师在上"刘胡兰"一课时，照本宣科地问学生："这个故事发生在什么时候？""发生在什么地方？""讲了谁？"学生一一回答，教师又问："你为什么知道？"学生说："书上全都有。"这时有另一位学生站起来问教师："云周西村在哪里？"老师却不能回答。这样的课堂教学表面上热热闹闹，实际上学生那本来活泼的天性被一步一步地引向机械的陷阱。这样学生能够学到什么呢？

第三，教学内容保守化。中小学教学内容的保守、陈旧主要体现为很少宣扬人的价值、人的意义、人的个性；很少强调人是社会的平等主体，也不强调个人价值的创造和发展；缺乏对生命的尊重和爱护，也缺乏对时代精神和科学精神的重视。现行教学内容在具有很强保守性的同时，丧失了许多应有的教材品质。如语文教材缺乏文学性、人文性、时代性；数学教材缺乏应用性和实际性等。

第四，教学形式单极化。教学只给教师提供了一个可以全方位表现的舞台，剧本由教师自己写，导演由教师自己当，主角由教师自己演，学生成了观众，没有参与的机会。整个教学过程只有教师对学生的影响、支配和要求，学生只能接受要求并配合。本来教学是师生双方共同活动的过程，是双向影响的过程，而现行教学的形式就只是教师单方面的活动，呈单极化态势。有一名美术教师给小学生上手工制作课（用鸡蛋壳画脸谱），准备非常充分，但在课堂中用了36分钟进行演示，只留下9分钟给学生，以致直到下课铃响仍没有一个学生能完成任务。这样的课实际上只是教师的表演，学生被晾在一边。

（二）现行教学弊端的影响

1. 现行教学培养的是"工具人"而不是"个性人"

在现行教学中，因为其主要目的是追求高升学率，在考试中获得高分，所以课堂教学就成了教师向学生单向传授书本知识的过程，而且所传授的书本知识主要以考试的要求为主。教师只要学生在课堂上学好、记好，在考试中考好，考出高分，在学生的思想品德培养、能力发展、身体健康等方面，教师都没有给予足够的重视，或者说这些方面都成了知识传授的副产品。正因为教师把知识传授看得很重，所以课堂教学基本上是教师一言堂的局面，学生的主体精神没有得到很好的发挥，学生作为一个发展中的人必须得到发展的需求得不到满足。在这种教学中，学生也没有学会做人的基本知识和基本技能，仅仅是学习的机器和工具。同时，学生的分数直接决定了教师在教学工作中的成绩和个人地位，因此学生成为教师的工具，进一步发展成考试的工具和社会的工具。

在现行教学中，教师以传授知识为主，所以是教师控制、支配着课堂教学。课堂上几乎只有教师的讲解、教师的活动，而且教师往往容不得学生插嘴，容不得学生在下面讲小话。如果学生有什么想法要表达，也非要举手并征得教师同意才行，所以在传统课堂教学中，若站在教室外面听，还以为教室里只有一个人在练演讲。教师的主导作用虽然得到了充分发挥，学生的主体作用却受到了压制。事实上从教室的布局中就可以发现这一点。教室一般由教师的"领地"与学生的"版图"两部分构成，教师有比较大的讲桌，有比较高的讲台，学生的桌椅被排得很近，且呈秧田式排列，呈现一种教师高高在上地讲解,学生安安静静在下面听讲的态势。这样的"教室"不像课堂,教师也不像导师。这样的结局显然不利于发挥学生的主动性和积极性。教师的教容易变成为教而教,忽视学生学习实际,使学生的学习成为教的附属产品。这样做虽然意在强化教师的主导作用,但从本质上看,教师的主导作用并没有得到真正的强化、发挥和实现。因为教师的主导作用能否有效发挥的关键,是教师能否调动学生的学习积极性。这种教学培养的人,是墨守成规的社会工具性成员,是只知服从统一要求和纪律的组织人,而非有能力关注自我发展和未来生活的人,也不是有自己价值体现,或有很强自我意识的人,更不是有自己思想、见解和创造力的个性人。

2. 现行教学是统一"制造"而不是因材施教

在现行教学中,强调教师对学生的知识传授,强调教师的主导作用的发挥,追求让学生在考试中获得高分,因而特别讲究向学生讲授系统知识,采取统一的内容、统一的方法,按统一的进度,以统一的要求来教学。优等生和劣等生在现行教学的过程中几乎没有任何区别。如果说有区别的话,那就是教学只是为那些考试有希望的人准备的,差生几乎成了"异己分子"。这种教学实在谈不上个性的发挥和因材施教的实现。在这种教学中,差生往往跟不上教学进度,难以享受成功的喜悦,容易产生厌学情绪,造成恶性循环,最终带着一种失败感离开学校走向社会。而优等生则往往被教师按多数中等程度学生的标准来统一要求,采用统一教学法,因而享受不到使自己得到更大进步的精神食粮,同样感到枯燥乏味,对学习提不起兴致。形象地说,这种教学不是在培养人,而是在生产成批的"产品",而且在"产品"出厂前就加以残酷的淘汰。通过这种教学,不能升学的谈不上有全面发展的机会和可能,能够升学的也只获得了有限发展的机会,没有充分发展的可能。所有的中小学教师成为"统一教材、统一管理、统一考试、统一评价和统一教学"的"教育大工厂"的"工人",学生则成了由这些"工人"在这个大工厂里统一制造的"产品"。

3. 现行教学是对学生进行全方位的精神的"扼杀",而不是培养、促进

近年好多报纸都刊登了关于教育批判的文章,有好多篇文章针对现行中

小学教学进行了深刻的解剖和分析，甚至有人明确提出教师就是"刽子手"的观点。这种说法虽然偏激，却并非完全没有道理。对照现实，学生被扼杀的不只是身体健康和个性，甚至还有精神和灵魂。在现行教学中，机械重复的作业、练习，繁多的考试造成的高负和步步紧逼的教学管理造成的高压，已使中小学生稚嫩的心灵难以承受，也使中小学生对学习普遍产生消极情绪、逆反心理和心理疾病，甚至发生了报复、出走、自残、自杀等悲剧。

现行中小学，特别是中学，多对学生进行封闭式管理。从早自习、课间操、午间休息、读报课、文体活动课一直到晚自习，均由班主任和政教主任全程管理；课堂教学则由任课教师和随时都可能在窗户外窥视的班主任双重管理。这种教学中的师生关系有点像警察和小偷之间的关系。学生在课堂内外不敢轻举妄动，不敢有丝毫闪失，一旦有误，班主任老师轻则批评一下，重则传唤家长到校，名为"共同教育"，实向家长施压，"共同修理"。家长为了挽回面子，会更严厉地"教育"孩子。这样，学生势必两头受气，如果没有很强的承受力是很难在这种三角关系中生存下去的。

从学校到课堂，从课堂到家庭，从家庭到社会，全方位对学生进行时间、活动和精神的"封锁"，使学生没有任何自由。这样的教学除了扼杀学生活泼天真的本性，还能给他们什么呢？

4. 现行教学造成了国家创新型人才的缺乏

每个人都会进入学校接受教育，学校的教学模式和教学风格直接决定学生的素质。现行教学可以说是对国家人才资源低效率的开采和挖掘，也是对人才资源的高度浪费。教学这一环节只着重于工具人的制造，而不注重人才基本素质、创造能力、个性等的培养，从而抑制了我国人才的成长。

人才，特别是尖端人才的缺乏，会导致整个国民经济和政治发展的不稳定、缺乏真正的推动力，甚至会出现畸形。这些反过来又会影响国民的生活质量、生活水平，也会影响教育本身的发展。于是，国家会进入"社会越落后，教育越滞后；教育没办好，社会发展也相对缓慢"的恶性循环。

二、现行教学弊端的形成原因

有人认为要解放下一代就要"炮轰全国统一高考体制"。中国的家长为了高考付出了许多时间和精力,学生为了这一天失去了童年、少年和青春,被考试的痛苦、打击、恐惧、焦虑所淹没。父母的爱变成了残忍,关注变成了监督。但笔者认为把责任全推到高考上是不客观和不公正的,也没有看到问题的根本。从大的方面讲,社会、家庭、学校的原因都有;从具体的方面讲,教育政策、高考制度、用人制度等无不对学校教学产生直接或间接的影响。在此,笔者仅就学校、社会、家庭三方面做简要分析。

(一)现行教学模式是学校生存和发展的无奈选择

学校在现行教学中是重要的操作主体,办学指导思想决定了它的教育教学性质和效果。学校为什么要进行这种模式的教学呢?其主要原因在于,社会对学校的评价和教育主管部门对学校的评价都只重升学率和学生分数。升学率高,学校声誉就高,社会对它的投入就大,学校就有了基本的发展条件。要是学生考得不好,主管部门会批评学校,社会不愿投入,家长会施加压力,甚至让学生转学,使学校声誉下降,生存受到冲击。素质教育可谓深入人心,但今天许多重点学校与薄弱学校并存,可以说是对素质教育的嘲讽。重点学校产生的历史渊源在于学校升学率这个硬指标。因此,学校要在不良的教育大环境中生存,就必须选择违背教育目的的教学模式。

(二)现行教学模式是教师两难选择的结果

教师在整个教学过程中是活动过程的主体,教师的意志和观念能够决定其工作方式、工作形式和工作预定目标。教师的选择又能决定教学模式的类型和教学活动的效果。那么现行中小学教师为什么要选择有诸多弊病的教学模式呢?广大教师也清楚素质教育好,素质教育能够促使学生得到真正的发展。但素质教育在当今的教育环境中,教育管理制度和教育评价仍然滞后,教师和学生都仍然要靠那并不能说明多大问题的考试分数生存,教师的奖金、工资、考核、职称、聘用和聘任无不与之挂钩。教师在科学但有风险的素质教育教学和机械但无风险的教学中进行选择的过程是困难和痛苦的，最终绝大多数教师还是选择了后者。

（三）家庭高期待值行为为现行教学推波助澜

许多家长能够认识到现行教学的弊病，但问题在于不接受现行教学就没有其他的选择余地，只有接受并积极参与这种教学模式，子女才会有更好的发展机会。为此，家长也全身心地投入，为现行教学推波助澜。多数家长关心的是子女的分数、名次，以及能否考上好学校等间接指标，很少有家长关心子女的能力、品德、心理等方面的发展状况和水平。家长的参与造成了现行教学全方位的刚性化，谁也不能放松。面对如此残酷的升学竞争，家长是选择让子女全面、健康发展的素质教育，还是选择子女让片面发展但能够升学的现行教学呢？大多数家长权衡后不得不选择现行教学。由此不难理解广大家长大量购买各种学习资料，在学生的家庭作业上加码，在管理上封闭，在目标上只讲分数和排名，而不注重学生的实际发展和素质培养的现象成为普遍现象了。直到今天，一些学校在推行素质教育，减轻学生负担、减少作业、减少考试，可是家长却在拼命为学生增加各种作业和课程，使学生加班加点地学习。家长这样做是出于"望子成龙"的心态。

（四）现行教学是个人价值发展被动选择的唯一出路

在中小学的发展过程中，中小学教育与高等教育的比例失调和中小学内部比例的失调，使整个学校教育系统升学率低；我国产业结构的不完善，也造成了就业机会少，国民难以自主择业的局面。因此，升学成为得到就业机会的一种主要途径，在多年的中考和高考中，升学机会显得异常珍贵。个人在受教育过程中如果不注重升学，就意味着可能丧失继续发展和价值实现的途径。受教育者既要获得发展的机会，又要获得发展的结果，但机会是前提。因此，选择现行教学是个人价值发展被动选择的唯一出路。

（五）现行教学是社会传统文化沉淀的产物

自开科取士以来，我国逐步形成了"万般皆下品，唯有读书高""仕而优则学,学而优则仕""书中自有黄金屋、书中自有千钟粟、书中自有颜如玉""朝为田舍郎,暮登天子堂"的教育价值观、教育发展观和教育功利观。这些传统文化的影响,造成在当今教育中人们对教育价值选择和教育目的的确定有一定的矛盾性,人们普遍反感现行教学但又普遍接受它,普遍理解素质教育的积极性但又普遍不接受它。教育价值观和功利观在如今的教育现实中仍占据着相当的空间,在一定程度上仍影响着社会成员对教育的认知、理解和选择。

可见,现行的教学过程基本上只是教师向学生传授书本知识的过程,忽视学生的"知情意行"和发展,忽视学生的探索精神,教学的全面育人功能不可能得到充分发挥。鉴于此,加强对现行课堂教学的改革,将素质教育落实到课堂和教学的实处,已成为时代的需求、人的身心发展的需求,也成为教育改革现状和实质转变的需求。

第三节 素质教育视角下中小学教学改革路径

一、素质教育的教学内容改革

教学目标是教学工作的方向和终点。正确的教学目标有利于保证教学工作的健康进行和学生的发展。教学目标的实现依赖于整个教学过程,特别是教学内容的影响。教学内容是实现教学目标的重要媒介,没有相应的教学内容作依据,就难有积极的教学影响和学生的素质发展。教学内容依据教学目标而确定,又为教学目标服务。教学内容问题即"教什么、学什么"的问题,这是教学中的一个根本性问题。教育教学的目的是通过一定教学内容来实现的,学生素质的提高也是通过教学内容来实现的。

(一)教学内容的意义

首先,教学内容是学生在教学活动中的主要知识来源。在学校,学生接受知识的来源很多,有来自同伴的,有来自教师的,有来自大众传媒如刊物、电视、电台的,也有来自其他教学环境如博物馆、科技馆的,但对于学生来讲，最主要的知识来源是学校的教学内容，它包含了人类所积累的一切最重要的基本经验。由于学生处在特定的年龄段，学生的知识掌握、能力发展及思想品德的养成，主要是通过学习各种规定的教学内容达到的。尽管在不同的学习阶段、年级，教学内容有所不同，但其中包含的基本方面是共同的，而且教学内容都是经过反复精选、提炼的人类智慧的结晶，因而不仅有利于学生迅速有效地从各个不同的侧面认识世界，而且还为学生得到多方面的发展提供了条件，是学生得以在有限的学习时间内使个体经验迅速提高到社会需要水平的一个重要保证，是使学生在较短的时间内掌握人类智慧结晶，并在此基础上进一步丰富和发展人类智慧的主要基石。

其次，教学内容是教师设计具体教学活动的基本依据。教学内容不仅规定了教和学的具体范围，而且对教和学的过程有所指导，故有人称教材为"独特的教学过程脚本"。教师在设计每一个具体的教学方案、进行教学准备时都要以某一门课程的教学内容为依据。教学内容往往是经过精选的，它既包含基本知识结构及严谨的推理和分类，又包含典型的举例、分析及指导学习的方法，对教师设计教学提供了帮助。事实上，因为各门课程内容的性质、特点不同，在教学设计的安排上侧重点也应该有所不同。比如，有的教学内容以让学生掌握技能技巧为主，要求教师在安排教学活动时以练习或实验为主。

最后，教学内容是学生全面和谐发展的重要保证。学生时期是学生长身体、长智慧的特殊时期，这一阶段在学校度过，学校的教学成了他们身心发展的主要保证。学生的德智体美劳各项教育都会依靠特定的教学内容来落实，这是一个显而易见的道理。正因为教学内容具有重要意义，在素质教育的构建中，教师必须十分认真地对待教学内容的改革，将教学内容的改革看成素质教育的重要组成部分。

（二）素质教育的教学内容应具有的特征

素质教育教学内容是实现中小学生素质培养及发展服务的工具和媒介。教学内容的选择和确定，必然以学生为核心来考虑价值和作用。在推行素质教育的过程中，笔者认为其教学内容的特征有以下三点。

①教学内容的人本性。教育人本论的一些思想是进行素质教育教学内容选择和确定的基本依据。教育人本论强调教育即发现人的价值，教育即发挥人的潜能，教育即发展人的个性。素质教育的教学内容应关注人的存在和存在的价值，使学生通过学习学会关心自己、关心他人，关注人的社会意义，学会尊重人。教学内容包含丰富的人文故事和人文思想，强调人是自然和社会的核心，人的一切应受到理解和尊重。

②教学内容的发展性。素质教育教学内容的价值在于它能够促进受教育者不断发展。为保证受教育者的发展，教学内容本身应具有很强的发展性。教学内容的价值判断以学生在学习过程中的进步、收获和表现为依据。教学内容本身具有很强的启发性和导向性，也具有很强的发展性，能及时更新，及时调整，能不断以新的思想、价值、知识来促进学生的素质发展。

③教学内容的现代性。素质教育的教学内容必须与时代紧密结合，能够充分反映时代的要求、精神、信息和特点，学习者通过学习感受时代的一切，成为时代的先锋，而不是学习陈旧、保守的思想体系和知识内容。素质教育的教学内容在当今时代就应具有现代性，能充分反映现代社会的政治、经济、文化、科技、宗教和哲学内容，让学习者能够理解和认识现代社会的竞争性、差异性、发展性，形成良好的竞争意识、市场意识、主体意识和发展意识，自觉做好人生的整体设计，注重自己素质的全面、有特色发展。

（三）素质教育的教学内容改革方向

在素质教育推行的过程中，教学内容以面向全体学生、全面提高素质为目标，强调现行教学内容必须改革。

第一，从过分偏重文化知识内容转向知识内容与道德教育并重。近20年来，我国中小学教学内容的改革集中在语文、数学、物理、化学之类的文化知识内容上，偏向于适应社会生产和科技发展的需求，带有一定的非个性化、非人格化的倾向，相对忽视了思想品德的教育内容与内容的人格化。所以，在素质教育中，教学内容的功能不应是单一的。一方面，它应当满足社会生产和科技发展的需要，为社会提供合格的劳动者；另一方面，它还要适应学生自身发展和完善的需要，促进学生的个性发展和人格完善。素质教育的教学内容应是社会增长和个体发展有机统一的体现，它应该变革现行教学中忽视个体和谐发展、具有非人格化色彩的教学内容，强化学生的思想品德教育，提高学生的道德素养，使教学内容建构进一步人格化。

第二，从英才教育的教学模式转向重视内容基础的教学模式。近20年来，我国中小学教学内容不仅偏重文化知识内容，而且过于强调尖子生的培养，是一种英才教育统一的文化知识内容的教学，它忽视了学生发展水平的层级差异，仅以一部分尖子生的接受能力为参照，导致教学内容绝对难度过大，部分学生负担过重，教学质量达不到预期水平，影响学生身心健康。对于中小学生来讲，教学内容的本质特性之一应该是基础性。例如，近十几年来，东西方数学学科的课程设计思想发生了一些重大变化，其中最主要的变化就是"大众数学"或"数学为大众"这一新思想的确立。传统的数学课程是在工业时期发展起来的，为少数尖子生制定的精英数学，这造成大批学生学习困难，数学合格率低。华东师范大学的一项调查表明，全国初三学生中近40％的学生学习数学有困难。而"大众数学"是指现代生产发展和现代社会生活所必需的，所有学生所必学而且能够学习的数学课程，实际上就是重视基础性。只有正视教学内容改革的"基础性"，才能有效地推进素质教育，才能有效促进学生的学习和发展。

第三，加强内容体系间的联系，推行教学内容的综合化。不同课程的教学内容是不同的，但它们之间又有着千丝万缕的联系，即各学科内容往往相互渗透、相互支撑。从总体上看，基础教育的教学内容不外乎两大类：一是自然学科方面的知识；二是社会方面的知识。二者互为基础、互为条件，这一点在以往的教育过程中得不到重视，体系间的联系往往被忽视。换言之，素质教育的教学内容改革应该强化内容体系间的联系，加强各科知识之间的相互渗透和沟通，以利于学生从更广泛的、跨学科的背景上把握学习内容，从而深化他们对自然和社会的理解，牢固掌握自然知识和社会知识。比如，小学语文有"要下雨了"一课，而小学自然与常识课中也有关于水的内容，如果将二者联系起来，教这一课前在不影响本学科逻辑顺序的基础上，可以先教学生学习有关水的内容，以便学生在稍后学习"要下雨了"一课时能够根据水往低处流的知识，对课文中"要下雨了，为什么蚂蚁要往高处搬家"等问题进行正确的分析和回答。

教学内容体系间的联系点是比较多的。比如，语文教材中的《春风》《一粒种子》《雪花》等课文，可以同自然或常识课"找春天"一课观察种子发芽、观察雪花的形状等内容结合起来进行；数学教学内容中有要求学生运用语文和常识课内容的地方，也可以结合起来进行。

各学科之间、各教学内容体系之间的联系可以归纳为三种形式：一是承前联系，各科教学内容尽可能多地联系其他学科已讲过的内容；二是同步联系，各科教学内容尽可能联系其他学科正在同步教学的内容；三是超前联系，各科教学内容尽可能恰当地联系其他学科未教将教的内容。按上述三种方式，教学内容改革有宽广的前景。这样做可以使被人为分开的各科教学内容在一定程度上还原为接近生活实际的对象，有利于学生的学习和理解。

为了加强内容的基础性，保证内容体系间的联系，适应素质发展的统一性，教学内容的又一个改革趋势是适当综合化，更多地与实际生活相联系，安排一定的合科教学。教学改革在这方面还需要更多的探索，目前国内外不少专家与教育工作者都在进行这方面的尝试。例如：日本一些小学废除了理科与社会科，新设了一门以生活环境的构成物为教学内容的"环境课"；而泰国则将社会科和理科综合成一门"生活经验课"，将道德、文艺、体育等课程综合成"个性教育课"；俄罗斯的一些小学则设置了一门叫"周围世界课"的课程；在我国，不少学校尝试将初中的物理、化学、生物综合为一门"自然科学课"，将历史、政治、地理等综合为一门"社会课"。当然，尽管这方面的改革已成趋势，但在具体操作上的尝试仍很谨慎。素质教育也可以结合我国的实际情况做出相应的改革，将分科教学与综合教学结合起来。由湖南师范大学郑和钧教授主持的"协同教学与学生素质发展"的实验，就强调结合学生实际，强调学生身心的和谐发展，特别强调对学生在新的社会变革面前的心理素质的培养，以此对教学内容进行了大幅度的综合性改革：小学一年级开设"学会生活课";小学二年级开设"认识社会课";小学三年级开设"学会学习课";小学四年级开设"学会创造课";小学五年级开设"学会思考课";小学六年级开设"科学技术与社会课"。同时编写了配套教材。该实验在湖南各地受到广泛欢迎,使教学内容的改革得到进一步深化和客观化。

第四,从标准化的一般性教学内容体系转向与区域性乡土教材并重的新教学内容体系。以往的教学内容基本是标准化的"放之四海而皆准"的内容,这对于保证基本教学质量、确立统一教学评价标准有着重要意义,但过于标准化也带来一定的不足,如果教材体系中缺乏适当的有区域性特色的乡土教材,必然会造成教学能够保证基本质量但无法保证对当地社会的适应性的结果,造成保证学生的基本规格但无法保证学生个性发挥的结果。所以,素质教育的教学内容改革应该将标准内容与乡土内容结合,将国家性要求与区域性要求结合,将共同标准与地方特色结合,将整体性与个性结合,逐步构建一套有地方特色、有统一要求的素质教育教学内容体系。比如,湖南是一个农业大省,正在往农业强省发展,那么基础教育尤其是农村的中小学教育,就不能以学术性的、标准化的、某种意义上是英才教育的、强调城市特色的教学内容为唯一内容,而应适当设置适合湖南特色的乡土教材,使学生能"上"能"下","上"可以升到科学技术的殿堂,进一步深造,成为高水平的优秀人才,"下"可以沉到农村和基层第一线,成为合格的普通劳动者。这一目标的实现,显然需要构建一套相应的教学内容体系。

第五,课程设置从单一的学科课程转到学科课程与活动课程相结合的模式上。上述教学内容的改革,更多地体现在学科课程内容的设置上,学科课程仍然是当今占主要地位的基本课程模式。但是,仅仅把目光停留在学科课程上已无法适应社会的发展和教育的改革,无法适应素质教育的要求。所以,在重视学科课程改革的同时,应积极引入活动课程。例如:汨罗市教育局提出"向手指头要素质"的口号,并组织了一系列活动,如科技活动节、体育活动节、艺术活动节、智力活动节等;浏阳市教育局每年五月份定期组织中小学"八小竞赛"等活动。活动课程不仅开发了学生的智力,培养了学生的能力，而且提高了学生学习的积极性和创造性。活动课程在中小学教育中对学生素质的提高有重要作用。

应当注意的是，尽管活动课程在素质教育中具有重要作用，能弥补学科课程的不足，对学生身心发展均有良好的促进作用，但活动课毕竟是补充性课程，它不能取代学科课程的主要地位。活动课程的设置绝不等于学科课程的内容改革，也绝不能因为活动课程搞得有声有色就认为素质教育大功告成了，忽视对学科课程的研究与改革。如果学科课程的改革没有成功，素质教育最终还是无法深入、持久、有效地推行下去。

二、教学内容改革的方法

要真正从现行教学转向素质教育，就不得不进行教学内容的改革。自 20 世纪 80 年代中期以来，在门类繁多的课程实验中，课程整体实验很具有代表性，它是使教学内容趋近于素质教育要求的有效过渡。例如上海大同中学的"高中课程结构整体改革实验"，它的目标是改革课程单一化的结构，改革教学划一化的做法，改革学生课业负担过重的状况，建立适应社会发展需要和学生自身发展需要的、统一性与实践性相结合的课程结构，使学生素质得到全面提高，个性得到健康发展。从各地改革的经验看，改革教学内容可采取如下措施。

（一）减少必修课课时

现行中小学必修科目较多，而且各科目的课时也较多。应将必修课的教学课时减少 9 节以上，必修课每周的教学总课时由原来的 34 节至 36 节减为 25 节至 26 节；适当调整教材内容和教学要求；在各科教学中，努力贯彻"少而精"的原则。必修课的比重也就是教育统一性的比重，必修课比重大，教育的统一性比重就大；必修课比重小，教育的统一性比重就小。教育的统一性与个性又是对立统一的，素质教育追求的应是在教育适量统一的前提下教育个性的充分发挥和受教育者个性的充分发展。因此，在素质教育的课程设置中必修课的比重在原大纲的要求下应有所减少。

（二）增设选修学科和新的课程

选修科目大致分可分为两类，即知识类和技能类。具体科目有：新闻写作与报道、散文漫谈与赏析、外国文学、英语听力与快速阅读、英语翻译、日语、俄语、数学思想方法与解题、物理概念与实物、应用化学、人体医学基础知识、美育基础、人与环境、新科学知识讲座，以及缝纫与编结、自行车修理等。

新的课程有一体化课程、关切型课程、多观点课程等。从课程的角度来看，分化的课程只是从某一学科的角度组织专门化的知识体系，有很大的局限性，而且脱离实际生活。而一体化课程则从知识整体的角度组织各种专门化的学习内容，并能够呈现知识体系与广阔的社会背景之间的联系，从而帮助学生理解知识体系的社会、文化、经济和政治含义，促进学生形成对世界的一体化的理解与认识。关切型课程试图从学生的情感世界和道德生活出发，围绕"关切"这一主题组织教育内容，让学生学会对自我的关切，学会对亲人的关切，学会对陌生人和距离较远的他人的关切，学会对动物、植物和环境的关切，学会对人造世界的关切，学会对思想的关切。这些目标的建立是对传统的认知型课程的重大突破，也是对分科课程的挑战，同时顺应了"学会关心"这一国际教育改革的潮流。多观点课程的核心在于通过一系列学习活动将关于现实问题的各种观点进行对比分析，促使学生在面对不一致的观点时，探讨其各自的特点及所体现出来的价值观，从而在各种观点的冲撞与融合之中形成对现实世界的新解释，并进一步引导创造性的发现。多观点课程包括如下方面。

第一，加强课外活动，开设学科兴趣活动、体育活动、艺术活动、社会活动和学生社团活动等形式多样的课外活动项目。多种活动课程在中小学各阶段都对学生产生影响，学生有机会参加多种类型的活动，学到许多书本上学不到的知识和经验，对学生的基本素质培养和发展有着深刻的意义。

第二，改善管理，建立协调高效的指挥系统、执行系统、反馈系统，改善运行管理和质量管理。通过整体实验，既能够减轻学生的课业负担，为学生创设一个较为宽松愉快的学习环境，又促使课程设置具有统一性和灵活性，为学生发展个性和培养才能提供有利条件，从而保证"全面发展、学有特长"目标的实现。

第三，开发多样化的教育软件，形成科学的课程体系。尽管现代化的电子教学方式还有许多方面需要完善，但它能提高学生的学习效率，培养学生解决问题的能力，培养他们的想象力及创造力。教育软件包括以下七种。

①探索性软件：具有探索功能的软件如模拟软件、微观世界等将是未来软件开发的侧重点之一。模拟软件能够促使学生在模拟的科学世界中漫游，探索客观规律；还可以用于模拟难以实际操作或危险性大的理科实验，让学生在不断的尝试和探讨中解决问题。微观世界则通过模拟想象中的世界发挥学生的探究能力和想象力。

②专家系统：将各学科的专门知识、技能和方法以专家系统的形式贮存起来，学生可以借助各种专家系统学习思维技能及有效解决问题的策略，同时专家系统也能提供解决问题的一般性技巧。

③过程性诊断软件：开发更为有效的诊断性软件，对学生在学习过程中遇到的困难和存在的错误予以诊断分析，并指导学生调整学习策略，或者弥补知识缺陷，或者改变学习方式，从而帮助学生获得自我指导的能力。

④创造性软件：新技术的开发和人工智能的发展将使创造性软件的开发成为可能，可望通过人机对话或新型的通讯交流手段激发学生的各种想象，提高学生的发散思维、类比推理能力，培养学生的创造力。

⑤联网检索软件：开发适用于各种通信网络（如家庭与学校的联网、学校与图书馆的联网、博物馆或国际数据库的联网）的检索软件，指导学生学习如何正确而迅速地提取有效信息。

⑥个性化教学软件：根据学生不同的动机激发水平、学习风格、克服困难的学习意志等，开发能够提供不同学习路径、学习速度及学习持续时间等的软件。

⑦电子课本：能用多种形式贮存信息，学生可以通过声音输入、电子笔接触等各种方式"打开"课本，学习所需要的课文。各种层次的教育软

件的发展将给未来的课程带来活力，也势必给未来教育和教学带来新的发展动力。

三、教学方法改革

所谓教学方法，是指完成教学任务、实现教学目标的途径与手段。教学方法在教学中具有独特的意义。教学方法决定了教学系统本身的存在，没有教学方法，便没有真正意义上的可操作教学过程，任何真正的教学必然通过教学方法来展开。教学方法的恰当与否，直接影响教学目标能否实现与教学任务能否完成。教学方法在其他诸如课程内容、师资条件、学生基础、学科设置等条件基本相同的情况下，往往是影响教学质量的关键因素。方法恰当，可使教学结构合理、功能优化，促进教学质量的提高；否则就会事倍功半，给教学任务的完成带来很大的困难，甚至完不成既定任务。

教学方法有许多种，仅《中国大百科全书·教育》中就有13种教学方法，有的书则归纳90种之多。有学科教学方法、整体教学方法；单一的教学方法、综合的教学方法；具体环节的教学方法和活动全程的教学方法；等等。例如：小学数学五段自学辅导教学法、中学作文四段九步教学法、系统教学法、外语教学法、整体识字教学法、地理课自学辅导教学法、愉快教学法、启发研究型教学法、六环节教学法、点拨教学法、奥苏贝尔教学法、学导式教学法、暗示教学法、设计教学法、引探教学法、图表教学法、学导式单元教学法、综合程序教学法、"启、读、议、讲、记、练"六字教学法、启发式教学法、反馈教学法、"自学—讨论—启迪—探索"四课型单元教学法、问题教学法、字族文识字教学法等。方法多种多样，但每种方法应在什么条件下运用，又应如何运用？笔者认为，在一般原则上，教学方法是由教学目标、教学任务、教学内容、学校条件、学生特点和教师自身特长等决定的。目标、任务、人、对象和学校条件不同，教学方法就可能不同。在这一意义上，没有最好的方法，也没有最坏的方法，只有在特定情况下才有最好或最坏的方法。

（一）素质教育教学方法应具备的特征

素质教育以学生各方面素质发展为主要目标，教学的意义在于能让学生有充分的机会和活动空间，以保证学生在掌握知识的同时，能够在认识上、观念上、行为习惯上、思维品质上和心理其他方面的素质上都得到提高和发展。为此，笔者认为素质教育的教学方法就应针对这些要求而具备如下特征。

1. 双边性

教学方法不等同于教的方法。在我国的传统教育的教学中，教学方法丰富多彩，非常注重教的艺术和教的作用。但传统的教学方法虽然讲的是"教学方法"，实际上却有意无意地等同于教师教的方法。传统的教学方法只研究教师如何教，忽视学生如何学；只在教法上努力，忽视学法指导。因此加重了教师中心主义，加重了学生的学业负担，同时妨碍了教学质量的提高。另外，传统的教学方法偏重于小和细，偏重于教的过程设计，忽视了学生的发展过程和学生发展的指导。教还只是为"教"服务，没有达到教为学服务，也没有真正理解"教是为了不教、少教"的含义。教学方法应是教法和学法的综合，既重教又重学。

鉴于此，素质教育的教学方法改革，最大的特色就是反映教与学的要求，反映教师与学生的相互作用，反映教法与学法的联系。素质教育中教学方法应既包括教师的教授方法，又包括学生的学习方法。中外教育史上出现过各种各样的教学方法。有的侧重于调动教师的积极性，发挥教师的主导作用；有的侧重强调学生学习的积极性、主动性。素质教育则兼顾双方的积极性的调动，强调学生主体性的发挥，所以它的教学方法突破了现行教学只把教学方法作为教师教的方法的旧观念、旧做法，充分体现了素质教育中教师和学生在教学中相互联系、相互作用、统一活动的特点。一方面，学生是学习的主体，而不是消极被动的容器，若没有他们参与教学，就不可能完美地实现教学目标、完成教学任务。另一方面，学生的学习与发展也离不开教师的积极引导与帮助，没有教师的教，教学任务的完成、目标的实现也只是空谈。

在教育史上，持自然主义教育观的教育者如卢梭、尼尔等认为，教育应该培养身心发达、体脑两健、不受传统束缚、天性得到发展的"自然人"。因此，他们所采取的教学方法往往是放任型的。尼尔曾说："自由应该是不受制约地自由选择去做、去实现、去信仰、去感受，否则都是不正确的。"他所创办的学校因此被人称为"随心所欲"的学校。这忽视了教师的主导性，过分强调学生的自然性，影响的学生发展的规范性、有效性，因此是片面的。可见，素质教育所要求的教学方法，本质在于它是教师和学生的双向活动，教师的教与学生的学是相互联系、相互依存的，无教则无学，无学则无教，教学过程是师生双方主动介入的过程。对学生学法的忽视，会压抑学生的主动性、独创性，然而降低教师的指导作用，也忽视了学生发现与完成学习任务的最佳途径。

教学方法要从只重教师的方法、只重教的方法转为兼顾学生的方法、学习的方法。这就要求其中既要有关于教法的明确规定，也要有关于学法的具体要求，特别要强调后者，强调着眼于教会学生学习，强调学生从学会发展到会学。比如，当前的练习法的应用，其重点不仅在于学生的答案是否正确，而且要特别关注学生对正确答案的获取过程。对于这一转变，要求教师予以足够的注意和必要的指导，使教师的教法逐步转化为学生自己的学法，同时也要求学生将知识获取与应用的过程本身作为自己思考的对象，充分理解学习过程，掌握正确解决问题的最佳途径。

2. 突出启发性

传统教学往往把启发式教学误以为是一种具体的教学方法，其实启发式教学更多的是教学方法的一种指导思想，而不是具体的教学方法。任何教学方法都要以一定教学思想为指导。目前的各种教学方法，就思想体系来说，可以分为两大类：一是启发式教学；二是注入式教学。我国最早提出"启发式教学"的是孔子，他在《论语》中说："不愤不启，不悱不发。举一隅不以三隅反，则不复也。"孔子的意思是：当学生心求通而又苦于未得时，教师就去启发他；当学生想讲但又苦于一时讲不出来之时，教师就去诱导他，这是最佳教学时机，教师"举一"，学生就能"反三"。其目的是促使学生自己思考、自己表达，举一反三，达到提高独立思考和独立表达的目的。

古希腊苏格拉底在教学上运用的是"产婆术"，通过"讥讽—助产—归纳—抽象"的过程引导学生自己思索、自己表达、自己得出结论。这种"产婆术"在西方被称为"启发式谈话法"或"苏格拉底法"。当然古人对启发式教学的解释属于经验之谈。直到今天，我们才有可能正确阐述启发式教学的本质，启发式教学才有可能得到科学的运用和发展。

笔者认为，所谓启发式教学，是以学生学习为主体，以引导学生自己思索、学会思索、善于思索为基本特征的教学。在启发式教学中，教师的教学要从学生的实际出发，充分调动学生学习的自觉性、能动性，启发学生积极思考、主动理解并掌握知识，学会独立思考，培养和提高学生分析问题和解决问题的能力。

注入式教学也是一种教学指导思想，可以粗略地将其看成一种"填鸭式教学"。注入式教学的特征是：在教学关系上，片面地夸大教师的主导作用和主体地位，把学生看作教育客体，否认学生在教学中的主体地位和作用，因而在教学中忽视学生主观能动性的发挥和学习动机的培养；在教学与发展的关系上，教师的教学目的只是传授知识，忽视对学生智力、能力的开发，以及对学生的学习动机、情感、态度和品德的培养；在教学方法上，片面地强调教师的外在注入、灌输，突出学生的死记硬背，不注重教师的启发、点拨、诱发和教给学生学习的方法；在教学环境上，过于强调教师的权威和领导的决定作用，师生处于一种传授与接受、决定与被决定、领导与被领导的关系，教师不能做到尊重、信任和理解学生，而采取压制、管教的态度，师生之间缺乏民主平等的气氛；在教学内容的选择上，教师提供给学生的新材料、新知识，缺乏潜在的意义和迁移的生成能力，使学生不能有效地消化、理解和融会贯通。注入式教学往往阻碍学生的独立思考，压抑学生学习的主动性和积极性，增加学生负担，培养的是书本知识丰富但独立思考能力有限的学生。

启发式教学与注入式教学都是教学指导思想，它们都可以渗透到任何一种具体的教学方法之中。启发式教学用于教师讲授法就能启迪学生的思维；注入式教学用于教师讲授法，那就很可能会形成典型的"满堂灌"。在这一意义上，笔者特别强调：启发式教学不是一种具体的教学方法，而是指导各种教学方法的思想与精神，素质教学方法应以启发式教学为指导思想，或者说，素质教学方法应贯穿启发式教学的精神。如果把启发式教学看成一种具体的方法，其实窄化了启发式教学的意义，低估了它的价值。

3. 注重学生的能力发展

现行教学主要特点在于强调基础知识的传授、基本技能技巧的形成（以下简称"双基"），学生能力的发展没有提到应有的高度。而在素质教育中，为了适应社会政治、经济发展的需要，为了促进学生自身素质的全面提高，教学方法的出发点也发生了根本性的变化，从"双基"教学转移到了能力的发展，或至少二者兼顾。因为，一个人要在社会中获得相应的发展机会，必须从只接受阶段性的基础教育转化为接受并对自己进行终身教育。有人认为"不当未来的文盲就是终身教育"是很好的概括。为此，教师最重要的任务是让学生学会学习，提高其自学能力，使其形成独立获取知识信息和运用知识信息的兴趣、能力、意志和习惯，包括知道从哪里迅速而准确地找到所需要的知识信息并有能力加以检索、鉴别、分析和利用。这种独立学习能力的培养与教师的教学方法的应用有着十分密切的联系，也与学生自己的学习方法密切相连，学法的优劣直接影响独立学习能力的高低。

4. 注重情感化、技术化

教学活动是教师和学生共同参与的双边活动，师生间只有建立一种融洽的、相互尊重的人际关系，才能使教学活动顺利有效地进行。在传统的教学中，曾经流行惩戒型的教学方法。中世纪的教育家奥古斯丁曾提出，"体罚是儿童教育中不可缺少的手段。由于儿童生来是邪恶的，所以没有任何学习是没有惩罚的。要使儿童喜爱读书和努力学习，戒尺和皮鞭等惩罚工具是必要的"，但是"它有损于教师，是社会的一种耻辱"。教学方法改革的一个趋势就是更加注重情感对学生学习活动的调控功能。学习活动离不开积极情感的激发、维持、强化和调控。例如，布鲁纳的发现法中一个重要因素是发现的兴奋感与自信感。人本主义学习理论不仅要求师生间、同学间要有积极健康的情绪感染和情感体验，还特别强调学习的"高峰体验"，认为"它们是对学科产生新的兴趣的源泉，是重大的态度与价值变化的刺激物，它起到了使学校变得真正令人兴奋的作用"。再比如，布鲁姆的掌握学习法，其核心就是建立一种新的"学生观"，即以一种全新的、充满希望的信念来看待学生。"我们的孩子都能学好"，这是布鲁姆的教育信条。

教学方法改革的又一趋势就是普遍运用现代化物质教学手段。将现代化物质教学手段运用于教学过程，既解决了扩大教育规模、提高教育效率的问题，又能培养学生独立学习的能力，克服印刷品的局限，延伸人体感觉器官。对教师来说，运用现代化教学技术可以将教师从日常的维持教学秩序和批改作业的繁重劳动中解脱出来，让教师将更多的时间和精力用于钻研业务、学习、备课和指导学生的学习上。

（二）素质教育应借鉴好的教学方法

教学方法的改革和一定的教育哲学思想是分不开的，在不同的教育哲学思想的指导下，教学的方法、艺术也不同。但是，教学方法的改革总是围绕如何促进学生主动学习、发展学生能力而展开的。在素质教育中，除了运用好一般的教学方法和借鉴我国传统教育中积极有效的教学方法，还应积极主动地借鉴国外的一些好的教学方法。具体来说，我国中小学素质教育在注重启发学生学习的核心思想指导下应积极吸收如下几种"探究—发现式"教学方法。

1.体验学习教学法

体验学习教学法是英国、美国等一些国家用于社会学科教学的一种方法，要求学生亲自去经历或模仿某种情景与片段，让学生实际担任一定的社会角色，像电影演员一样体验生活，开展他们的学习活动。其实施要点是：①教师提供一个真实的或模拟的体验环境；②消除环境中的不相关因素，使学生能将精力集中在当前所学知识的体验和探索上；③体验后，引导学生表达感受并讨论。

活动是经验知识积累和深刻化的主要途径，有利于学生学习兴趣的激发、培养和形成，也有利于学习理智的逐步形成和发展，更有利于学生学习积极性的培养。

2. 内容不完全教学法

内容不完全教学法是指根据格式塔心理学原理，有意识地在内容上制造一定的空白地带，让学生自己去推测和预计可能的结论。其要点是：①传授大部分；②最关键的部分不宜作为空白地带；③引导学生推断、预测和联想，评价学生的结论。

这一方法符合格式塔心理学的基本原理，给学生在知识认知的逻辑结构上留有探索的空间和余地，让学生充分想象、思考，有利于培养学生的思考能力、独立分析问题的能力和解决问题的能力。

3. 个案研究法

个案研究法是提供一个真实的案例或假设的案例情景，让学生对这一案例进行分析研究，对案例中确定的问题提出可能的解决方法。其要点是：①选择好课题；②提供深入探讨问题所需要的材料；③放手让学生研究个案，向学生介绍当时的疑难或争议的问题；④讨论。

这一方法通过案例分析，让学生在相应的情境中学会在某一条件下解决问题，有利于学生对知识的理解和运用；也有利于学生获取丰富的体验，培养学生的思辨能力。

4. 紧急情况分析法

紧急情况分析法是指向学生提出在实际的学习和工作中意想不到但又必须认真解决的某种"紧急"情况，要求学生在严格限定的时间内加以分析，并提出解决方案。其要点是：①发给学生一份紧急情况书面记述材料，规定时间；②学生分析"情况"或小组讨论，提出解决方案；③教师比较学生的"方案"。

素质教育对学生各方面的应对能力提出了新的要求，而这一方法有利于学生从课本外获得良好的训练，有利于培养学生的应急能力和处事能力。

5. 主题法

日本的教师在教学中向学生提出认识和理解的知识性、技术性问题，然后鼓励学生把自己当作一名小研究家去领略被简易化的科学知识、技能的产生过程。其要点是：①教师只提供背景材料、要求，不说明解决问题的思路；②暗示全体学生都有能力解决问题；③注重学生研究的过程而非结果。

这一方法有利于培养学生系统分析问题的习惯，也有利于培养学生提出解决问题方案的能力，从而培养学生创造性地解决问题的品质和能力。通过科学的教学方法的引导，使学生学会学习，养成独立学习的能力，形成有效的学习方法，确立终生学习的正确态度和积极意向。正如阿尔文·托夫勒在《未来的冲击》中说的："未来的文盲不再是目不识丁的人，而是那些没有学会学习的人。"学会学习也就意味着学会创造，只有学会创造，学生才是有益于社会的人。

（三）在教学过程中，教师要善于利用相应的教学策略

所谓教育策略，是指教师在教学时有计划地引导学生学习，从而达成教学目标所采取的一切方法。教学策略并非专指某种科目的教学方法，而是广义地指一般教学上所采用的教学取向。例如，加涅累积学习理论中所指的九件教学事项对于广大教师来说，就是必须借鉴的教学策略理论内容。加涅将教师在教学历程中所安排的具有程序性的活动或事项称为教学事项。他认为教学历程中的九件教学事项是依序排列的，必须先完成前面的事项，后面的事项才能继续进行。

（1）引起学生注意：使学生对多元化的刺激信号加以注意，从关注自己最关心的问题开始，形成良好的求知心态。

（2）提示教学目标：使学生在学习之前在心理上有个准备，知道他要学习的是什么，而且知道怎样学习。由此在心理上形成良好的学习新知识的准备状态。

（3）唤起旧有经验：使学生在既有的知识基础上顺利进入对新知识的感知和理解，促进学习状态的主动化。

（4）提供教材内容：教师在提供教材内容时要明确肯定所教内容；注意教材内容的系统性和步骤性；注意通过一定问题来强化信号和内容；多举例以辅助学习者对教材内容的理解。

（5）指导学生学习：在指导过程中教师要注意，如果学生提出的是事实性问题，教师可以给予直接指导，将正确答案直接告诉学生；如果是逻辑性问题，教师可采用间接的指导方式，如暗示、鼓励、启发和引导等。

（6）展现学习行为：通过了解学生外观的学习行为来了解其学习结果。例如看学生的眼神和表情是否有得意和满足的流露；通过随机点名看学生能否把答案说出来；检查学生的家庭作业，了解学生对学习内容的理解和运用。

（7）适时给予回馈：利用后效强化原理，要求学习者在正确反应之后适时回馈，使之加强正确反应的记忆。教师的回馈方式主要是态度、表情、明确的肯定和否定。

（8）评定学习结果：当学习过程基本完成时，教师针对几个有代表性的问题进行必要的检测和讲评，加强学生对学习内容的理解。

（9）加强记忆与学习迁移：为避免学生在学习过程中出现边学边忘的现象，教师应及时提醒学生复习和运用，以达到熟练和善于运用新知识，并形成技能的目的。

总之，"教学有法、但无定法、贵在得法"，教学方法和教学策略的恰当运用有利于教学过程和教学效果的优化，也有利于教与学双方面积极性的培养和提高，更有利于教学机制的完善和教学效率的提高。而这几个方面正是中小学素质教育教学所需要达到的目标。

第八章 中小学"家校社"教育整合研究

第一节 中小学"家校社"教育整合的必要性分析

一、协调"家校社"教育的方向,必须进行有效的教育整合

家庭教育、学校教育与社会教育各有特色,但要想有效发挥三者的作用,让它们在空间上保持互补,在方向上保持协调一致,就必须进行教育整合。

家庭教育即发生在家庭里的教育是教育的起点。一般说来,实施家庭教育的主体是父母。父母的行为举止、言传身教及文化水平等是影响家庭教育质量的重要因素,尤其是父母的行为举止,对孩子有着潜移默化的影响。这种影响是无法替代的,除非父母改变自我。但由于父母的人生观、道德观差异比较大,所以在对孩子的教育中还存在着这样或那样的偏差,普遍的问题是随意性大、重智轻德。有的家庭只知一味满足子女的物质需求,忽视了对子女进行道德品质的引导,有些家庭的生活方式、家长之间的关系,以及家长对社会义务的态度,会对学校在孩子身上培养的一切善良、美好和积极的东西加以破坏,甚至全部抵消。例如:有人曾告诫自己的儿子,"根据我三十年的人生经验,不要对别人轻易说真话";有的家长在教育孩子处理事情时,虽然没有明确地要求孩子"讨便宜",但在具体做法上却包含着"不要卖呆""老实人吃亏"等思想。此类家长对学生良好品德的养成产生的负面影响是久远的,也许学校几年的道德教育效果就在父母行为的潜移默化中毁于一旦。这样的例子不在少数。朱永新说过:"理想的父母,应该是把孩子的人格健全、道德完善放在首位,努力培养孩子追求卓越、独立自主、持之以恒、勤俭节约等个性品质和良好习惯的父母。"要发挥家庭教育中随机性教育的特点,克服家庭教育中重智轻德的问题,必须实行教育的有效整合,

通过社会的正面引导、学校的有效沟通，纠正家庭教育中存在的偏向问题，使家庭教育与学校教育的方向保持一致。否则，学校的正确教育会淹没在家庭的错误教育中，使学生无所适从，甚至会造成学生的双重人格。

社会教育有广义与狭义之分，在这里是指学校教育、家庭教育之外的教育影响源。社会环境作为家庭、学校以外的德育运行空间，具有极大的覆盖面、极强的辐射力和综合的渗透力。它可以通过营造良好的环境氛围培养青少年的社会意识、社会归属感，对其施加影响，并对家庭、学校所传授的思想观念进行强化或制约，最终对其价值取向和行为方式产生重大影响。社会教育以社会为背景、场所，良好的社会环境因素有利于培养青少年亲近社会的倾向，有利于培养青少年的多种兴趣爱好和特长。然而，不利的环境因素也极易削弱学校和家庭正面教育的影响。实际上在社会教育中，积极影响与消极影响是共存的，往往难以控制和筛选。现在的社会环境中对学生产生负面影响的场所很多，让学生去找一个游戏房和网吧很容易，但如果找一个让老师和家长都真正放心的场所则很不容易。以前各地有少年宫等教育基地，现在大多变成了娱乐场所。此外，大众媒介在学生的德行发展中的宣传、渗透和感染作用也没有充分发挥出来。目前的媒体为吸引观众或读者，提高经济效益，大多充斥着言情、暴力等内容，缺乏正确的引导，产生了许多负面效应。这就更需要我们做好整合工作，注意环境对青少年和谐发展的影响。

协同学校教育、家庭教育与社会教育的方向，进行有效的教育整合，要求学校、家庭与社区负起自己相应的责任。学校要加强教师队伍建设，提高师德水平和业务能力，增强教师教书育人的荣誉感和责任感，努力发挥学校教育的影响力；家长要注意把立德树人作为家庭教育的根本任务，注意与学校教育保持方向的一致性；社会要充分认识到"教育是民族振兴和社会进步的基石"，坚持主旋律教育，坚持以人民为中心的创作导向，提高文化产品质量，为人民提供更多更好的精神食粮。最终，学校教育、家庭教育与社会教育要在方向上协调一致。具体实施的路径有很多，如江苏省清江中学的"家长委员会模式"，江苏省南通市海门区东洲小学的"地球村"模式，江苏省扬中市实验小学的"综合、创新社区教育"模式，等等，在这方面进行了有效的实践探索，取得了很好的效果。一句话，要想提高教育的实效，就必须进行学校教育、家庭教育与社会教育的整合。

二、实现"家校社"教育优势的互补，必须进行教育整合

家庭教育的最大优势是灵活机动。一般而言，孩子对父母是极为崇拜的，家长的言行被孩子视为权威，孩子容易接受来自父母的各种信息。家庭是社会的细胞，孩子在家庭中感受着人情冷暖，形成人际关系的最初观念，这对孩子的善恶、荣辱、是非观的建立起着奠基作用。因此，家庭教育在孩子的道德观、人生观教育中是先入为主的。在家庭中，父母是孩子的终身教师，孩子的成长过程伴随着家庭的教育。因此，家庭教育长期影响着孩子。

学校教育的最大优势在于系统全面，向学生传授包括天文、地理、自然在内的各种科学文化知识。因此，使孩子获益最大、进步最快的还是学校教育。学校教育是由一大批专职教师实施的，他们具有深厚的知识与丰富的阅历，这能让他们为学生的学习指明方向。

社会教育是学生从社会环境所提供的各种信息中自发地、有选择地接受某些内容而形成的教育。社会蕴含着丰富的教育资源，大量的人力、物力、财力，各种现代化的设施，为学校教育的延伸提供了广阔的时间和空间。这里有工厂、商店、机关、部队、科技场馆等特殊课堂，包含自然科学、社会科学等各方面的知识，古代的、现代的、国内的、国外的、基础的、高新的，足以供人一生学习和使用。可以说，社会是浩瀚的知识海洋，是人类的知识宝库，它时刻召唤着莘莘学子去遨游、去采撷。在整合家庭教育、学校教育与社会教育的过程中，要注意把社会信息的调节纳入学校的教育系统，通过信息发布会、事迹报告会等活动让学生广闻博见，给学生以正面引导。这既是学校教育的外延，又是家庭教育的升华。

在学校教育与社会教育协同的过程中，要注意挖掘社会中的教育资源：一是社会人力资源，包括社会上的专家、学者、离退休人员、学生家长、企业界人士、热心的长辈等。二是社会环境资源，包括共建单位、家长单位、文化教育基地，如淮安的周恩来童年读书处旧址、周恩来纪念馆、苏皖边区

政府旧址、新四军刘老庄连纪念园等。三是社会管理资源，包括教育行政部门、社会上的各级领导。当然，在挖掘社区资源的过程中，由于前面提到的原因，一定要引导学生注意辩证地分析和科学地把握，注意避免社区里一些负面因素的影响，并注意用学校教育中的正面因素影响社会环境。要通过教育整合，使三种教育的优势得到有效的发挥，形成对青少年教育的有效合力。相反，如果这三种教育力量不进行有效整合，各自互不关联，则不仅影响各自优势的发挥，甚至会出现相互抵消、互相冲突的负面效应，最终导致教育的失效。有效整合学校教育、家庭教育、社会教育，形成同向、同步、同质的教育合力，注意整合家庭、学校、社会教育资源，注意把学校教育的"小课堂"与社会教育的"大课堂"结合起来，实现学校教育、家庭教育与社会教育的有效整合，事关培养青少年的成效。

三、克服"家校社"教育各自的弊端，需要教育的整合

中小学教育的刻板化教育方式、应试教育思想、人满为患的教育场所等，会严重限制学生的创造性。家庭教育中存在的教育目标失调、教育方法失误，会严重影响孩子的健康成长。家庭教育的目标是通过家庭教育使受教育者发生一定的变化。家庭教育目标要适应社会发展的需要，也要考虑孩子的具体情况。它应对孩子的成长起到激励和评价作用。

社会的发展对人才的需求是多方面、多层次的，它包含多方面的要求：健康的体质、良好的体能、优良的品德（包括政治思想素质、道德意识和规范、健康的心理素质等）、较高的文化知识（包括人文知识、科技知识、生活知识）、熟练的操作技能（包括学习技能、制作技能、生活技能等）、较强的能力（包括学习能力、社会交往能力等）。目前，部分家庭在确定家庭教育目标方面存在着失调现象，集中表现在：①显性目标与隐性目标的失调。家庭教育目标多指向学习成绩的量化要求、健康的体质、学习技能的掌握等显性的、外露的目标，对心理素质的提高、社会适应能力的培养等隐性的、内涵的目标则比较忽视。②智育培养目标与德育培养目标的失调。家庭教育目标多集中于学习能力的培养、文化知识的学习、学习技能的掌握等智育方

面，而轻视了思想品德教育方面的要求。③家长意志与孩子实际情况的失调。对孩子期望值过高，而不注意根据孩子的智力能力的发展水平和个性特征实事求是地规划适合孩子情况的教育目标，对孩子职业选择的导向过于功利化，忽视了孩子的个人意志、爱好和特长，以家长的意志取代孩子的愿望。魏书生认为，家长错误的教育方法宛如一把尖利的刀刃，砍去爱心，种下自私的种子；砍去诚实，种下说谎的种子；砍去冒险，种下平庸的种子；砍去善良，种下恶行的种子；砍去自然，种下破坏的种子；砍去创新，种下机械的种子；砍去欣赏，种下嫉妒的种子。近年来，情况虽然有所好转，但没有得到根本的改变，且许多年轻家长对孩子实行包办的现象日益严重。《青年文摘》曾戏说道："5岁：孩子，我给你报了少年宫；7岁：孩子，我给你报了奥数班；15岁：孩子，我给你报了重点中学；18岁：孩子，我给你报了高考突击班；23岁：孩子，我给你报了公务员；32岁：孩子，我给你报了《非诚勿扰》。"克服家庭教育中存在的问题，需要社会的呼吁，需要学校的指导与帮助。所以，三者结合，势在必行。

鉴于环境的复杂性、趋利性、自发性等，当下社会环境对学生产生的负面影响也是老师忧虑的重要内容。例如：媒体中的不健康因素；社区非正式群体的干扰；社区文化市场中的黑白并存、鱼目混珠；社会超前消费意识和行为的影响；青少年不宜的"三室一厅"（台球室、录像室、游戏机室、歌舞厅）的诱惑；并非主流但确实存在的唯利是图、人情冷漠的不良社会风气的侵袭。这一切确实从各个方面对学生施加着影响，使学校老师防不胜防。毋庸置疑，这些问题的解决靠学校老师个人的力量是不够的。问题来自社会，就要依靠社会解决。而这一切确实已引起社会的重视，国家制定了加强精神文明建设的一系列的法律法规，出台了《中华人民共和国教育法》《中华人民共和国义务教育法》《中华人民共和国未成年人保护法》等保障青少年健康成长的法律，不良因素正在逐步被清除，社会环境在不断地优化。但要加速优化，教育的整合势在必行，要协调好这个大体系的行动，必须以学生为中介。因为在这样的教育体系中，学生不仅是被动的教育客体，也是能动的主体；不仅是沟通三方之间联系的纽带，也是三方环境的调节者、改造者。

由于学生与家庭环境特殊的血缘关系，其调节作用表现得更为明显。比如，相对于家庭环境，学校既是教育信息的反馈者、社会信息的传播者，也是家庭其他成员道德素质的教育者、影响者。所以，在"三方一体"的教育体系中，就学校而言，在认识上要着眼于优化全社会教育资源的配置，以学生为中介，拓宽与家庭的沟通渠道，以便更有效地完成育人的任务。

就学校教育中的教师而言，要善于与学生一起分析家长的教育态度、教育方式，以及家庭背景、学习氛围，发现家长的优点和不足，在学生和教师高度肯定家长优点的基础上，指出其努力方向，化解家长与子女的代沟，合力引导和促成家长向有利于学生成长的方向发展。学生在与教师合作教育家长时，双方通过反思，从中也可得到自我教育，还可增加师生之间的协作互动，教师和家长在无形中各自得到额外教育。而让学生和家长共同教育教师，也会使学生从中得到间接教育。教师要善于主动与家长和学生接触和沟通，鼓励学生和家长对教育和教学，以及改进学校和教师工作多提宝贵意见，鼓励家长和学生发现教师的优点和不足，在高度肯定教师优点的基础上，指出其努力方向，合力引导和促成教师向专业发展方向成长。家长在与学生合作教育教师时，可增进学生对教师的理解，家长和学生从中也可各自得到自我教育，同时增加学生与家长之间的协作互动，有效地化解代沟，使学生和家长各自得到额外教育。

第二节　中小学"家校社"教育整合的理论依据

家校与社区教育之间的协作互动，实质上是指在一定的社会和社区背景下，由学校及教师、家庭及家长、学生所形成的三位一体的教育联合体。三者之间是平等的协作伙伴关系，既有彼此之间的相互影响、相互作用，即相互教育，又包含在教育对方的过程中的自我教育；既有一对一的双向教育（教师对家长、家长对教师、学生对教师、教师对社区、家长对社区、学生对社区），又有二对一的双向教育（教师与家长一起对学生、教师与学生一起对家长、学生与家长一起对教师），还有三对一的双向教育（教师、家长与社区一起对学生，教师、学生与社区一起对家长，家长、学生与社区一起对教师）。这种多层次、多维度的双向互动形成教育合力，指向学生的发展。同时，教师、家长和社区各得其所，实现多赢。在合力教育中，学校及教师发挥主导作用。

一、素质教育中人的整体性

人是作为完整而具体的人存在于社会生活之中的，既有感性的一面，又有理性的一面；既渴望情感的满足，又包含着内在的意愿；既有物质的需要，又有精神的需求。就个体在对善的追求方面而言，理智冷静的分析与情感的认同、意志的选择总是交织在一起的。研究发现，虽然有时会把个体分成自然性存在、社会性存在和自为性存在，但任何一个个体实际上都是作为一个"整体的人"而参与各种生命活动的。个体的人本身就是一个生物个体与社会个体交织起来的现实个体。人格特质的形成既有先天遗传的因素，又有后天环境的影响因素，而这种后天环境的影响因素也是综合的。在把人与其他物种进行比较时，往往认为个体最大的特点就是精神性存在，实际上就是指从人的精神气质上看，它仍然是一个整体。个体的情感、态度、价值观等方面的表现是一个整体，它们是在社会文化、家庭环境、童年经验、自然环境因素的影响下形成的。从个体现实存在的角度分析，个体是处于社会关系的网络之中的，正是在各种社会关系的长期影响、陶冶和制约下，才使一个自然人转变为社会人。所以，人生从自然角度看，是人的生命活动的历程；从社会角度看，是人的社会化的过程；从人的主体意识和自身发展看，是人对自然与社会的认识、适应、利用、改造的过程。

既然人是一个整体性的存在，影响个体素质的因素是综合性的，那么要提高一个人的道德素养，当然需要整合相关教育因素。就道德教育方面而言，对个体的教育不是在"白板"上进行的，而是在个体原有的素质基础上"建构"的。社会学家告诉我们，"建构"是使一个复杂的系统存在并组织其精神要素的过程。就关系性体系建构而言，它是指营造一种以关爱为特征的、内涵丰富的道德文化心理氛围，要培育的精神要素有关心、尊重、责任、理解、信任、合作等一系列美德。学校道德教育的过程正是师生之间、生生之间的心灵沟通，以爱心培育爱心、以道德培养道德的过程。教育所培养的人不是单纯的"政治人""经济人"，而是一个完整的"社会人"。个体应该具有作为一个社会人享受生活的自由和能力。社会的发展进步，不仅反映在物的方面，也必然体现在人的方方面面。正是在这个意义上，马克思强调必须"培养社会的人的一切属性，并且把他作为具有尽可能丰富的属性和联系的人"。为了实现这一点，需要培养人的多方面的、丰富的属性。个性是道德、体力、智力、审美意识、敏感性、精神价值等品质的综合，是一种"复合体"，是一个完整的人的综合显现，所以在日常进行道德教育的过程中，必须对人进行整体性的"建构"，绝不可"头痛医头，脚痛医脚"。因为"只要人的某些部分受到工具式的对待，那么整个人都会受到影响。做事的并不是人的手而是整个的人；看的不是眼睛而是整个的人；听的也不是耳朵而是整个的人；思想的也不是人的脑而是整个的人；爱的也不是心而是整个的人"。个体的行动是在个体的头脑、思维及躯体共同参与下完成的。个体的素养也是整体性的显现，是人的智商与情商共同参与的活动。

在道德教育的过程中必须注意关注完整的人和人的完整个性。关注完整的人，在道德教育过程中要求我们尽可能去充分认识和了解一个人的全部，既要了解他的学习、交往、健康状况及个性，也要了解他的学校、家庭及社区生活等。关注完整的人，就要关注个体的各个方面。完整的人是丰满的、活生生的，不能用简单的几个词或话语来概括，也不能用简单的好坏来判定。关注完整的人，就应该基于对学生完整人格的塑造来理解和认识德育的价值。只有立足于培养完整的人的目标，个人的品德才有真实的依托，德育才有根植的生活土壤。当然，关注完整的人，更需要我们在道德教育的过程中关注个体的物质需要和精神需要。学校道德教育要注意各科渗透，注意调动全社会力量的共同参与，以形成道德教育的合力，把一个人在体力、智力、情绪、伦理各方面的因素综合起来，使他成为一个完整的人。

把人当作教育目的本身的教育，才是真正意义上的素质教育。这种教育就个体而言，要努力追求人格的完满发展，它给予人的不只是应付生活的手段，不是把人变成"没有人生追求的机器人"，而是把人塑造成不仅拥有把握外在世界的能力，同时又充满着激情的"一个理性与非理性协调发展的人，一个人格完满的人"。

二、学生成长中教育的整体性

教育是一个整体，一切教育行为、教育活动，对人品德的形成和发展都有某种影响。不是积极的正面影响，就是消极的负面影响；不是自觉地给予影响，就是不自觉地给予影响。在进行道德教育的过程中，一定要全面考虑教育的效应，既要注意正面教育效应，也要尽可能避免负面影响。教育不能光注意一面，而要注意多面。

强调道德教育中的整合，就是因为教育对人的影响是具有整体性的。就学校道德教育而言，它是一个系统。从整体性原则来看，学校道德教育是由道德教育的目标、内容、途径、方法、管理、评价等要素系统构成的统一体。在日常教育中必须把它作为系统来对待和处理，如要注意学校的建筑、文化设施、规章制度和校风给学生带来的潜移默化的影响，注意教职员工的人格品德和气质对青少年产生的一种无形的诱导作用，注意社会的各种媒体在传输各种价值观信息时对学生的影响。教育活动本身除了期望的结果，还可能伴随或附带产生非预期的结果，学科教学在有意识地传授知识、形成技能、培养品德的同时，也可能间接地传达与原先期望相反的某种价值、态度和规范。老师在教育孩子的时候，孩子得到的不仅是言语和行为的信息，还有呈现方式所蕴含的信息，如尊重与不尊重、信任与不信任、希望与失望、快乐与愤怒等。人们在参与社会各种活动的同时，也不知不觉地领会和汲取活动中所展示的某种价值、规范和时尚。因此，道德教育过程中知情意行的整合是道德主体在自身的行动中经过心理的内部活动和外部活动相互作用而完成的。研究表明，即便是学生给妈妈洗脚这类简单的"行"，也是负载着知和情的，这种"行"是基于某种认识、带有某种情感的，而通过"行"又产生了某种情感体验，通过"行"加深了对妈妈及相关问题的理解。所以，行动过程是认知、情感都参与的过程，在"行"中易于实现知和行的整合。个体完整的品德结构包括知情意行相互作用、相互联系的要素。当认识伴随的道德情感成为产生道德行为的内部动力时，就形成了道德动机。个性品性是稳固的动机和稳固的行为的统一体。20世纪80年代，在美国兴起的以里考纳为代表的"完善人格道德教育"学派认为，完善人格是由道德认知、道德情感、道德行为三者构成的，是知善、欲善、行善的人格。"人性的个别特征和个性不仅可连接成为统一完整的结构，而且这种结构还是普及化的……人的每种表现、每种特征都反映着总的个性"。由于每种行动都有教育影响，所以要注意道德教育过程的整合。有学者指出，"道德教育是一个需要多学科共同研究的领域，仅仅通过一门学科来研究这一领域既是有限的也是危险的"。因为各科教育教学的内容是互相关联、无法分割的，如道德内容与许多其他社会性内容是密切相关的，道德习俗、法律等社会性规范之间并没有不可逾越的鸿沟，从根本上讲它们是互相支撑、互相联系的。

另外，教育者自身的活动影响也是综合的，教育者具有渊博的学识、高尚的品质、严谨的治学和生活态度，不仅可以增强受教育者的可信性和感染性，而且能像春雨润物一样，起到细微的不易察觉的隐性教育的作用。在学校教育中，学生热爱老师，他们模仿老师的品质，他们热爱老师教的学科。如果老师经常以亲切的目光关注学生，以平等的态度对待学生，他们就会有信任感、充实感。有位学生用诗化语言描绘了这种感受：我喜欢老师的目光，它时刻温暖我的心房，每当我在黑暗中彷徨的时候，它就像灯塔照亮我前进的航向。由此可见，教育者对受教育者的影响是综合的，道德教育必须注意综合渗透，形成"家校社"联动的教育网络。

道德教育不只是学校的任务，还是整个社会共同建构的事业。从家庭环节来看，家庭是人们接受道德教育最早的地方，良好家庭教育氛围的形成，不仅有利于孩子从小形成高尚的品质，而且对社会风气的净化有积极作用；从机关、企事业单位来看，作为公民教育的重要场所，各单位在岗前和岗中培训形成的职业道德，对树立职业新风影响是极大的；从社会环节来看，社会作为对公民进行道德教育的大课堂，如能积极开发优秀民族道德教育资源，利用种种爱国主义教育基地大力宣传基本道德，推广各种易于、乐于为人们接受的教育方式，使公德规范和必要的礼仪家喻户晓、人人皆知，那么其教育的影响应该是巨大的。虽然家庭、学校、机关、企事业单位和社会在公民道德教育方面各有侧重、各有特点，但它们又是相互衔接、密不可分的统一整体，因而在实施环节上具有互动共振的整合效应。

三、教育环境中生活的整体性

道德教育的存在根源于生活，道德教育的目的服务于生活，进行道德教育显然不能脱离生活。现实世界不仅有日常生活，还有非日常生活，非日常生活是反思的生活，是批判的生活，也是有意义的生活。既然现实生活是日常生活和非日常生活的统一，那么道德教育对生活的回归，就是让人经历完整的生活。生活的整体性是德行整体性的本体论根据，生活的整体性决定了德行的整体性。我们不能简单地将人的生活分割成智力生活、情感生活等生活碎片。从生活出发的德育就是从个体整体生活出发的，而不是从个体生活中截取理智的或情感的碎片作为德育的出发点。

新课改中设置的"品德与生活""品德与社会"课程，其主要意义就在于通过这样的综合相关课程开辟一条通向学生生活的渠道，使他们在与生活的内在联系中获得整体发展，特别有利于学生的品德发展。道德存在于整个生活之中，不会有脱离生活的道德。品德的培养应该遵循一种生活的逻辑，而不是一种纯学科的逻辑。实施综合课程，应使原本综合在一起的生活不被自成体系的课程所分裂，应尝试去营造和展示一种与生活本身一致的综合课程形态。学生现在过的和以后将要过的实际生活本身就是综合的，没有一个人的生活可以按学科分为"历史"的、"地理"的、"公民"的、"道德"的，也没有一种纯道德的生活。道德的生活总是寓于学生生活的方方面面的，不能离开学生的家庭生活、班级生活、学校与社区生活来谈道德生活，也不能离开经济、政治、文化等生活来谈道德生活，道德存在于学生的全部生活之中。以往"我们养成了分析的习性，但是当全面观点成为根本需要时，却忽视了力量的集中"。生活本身是一个整体，我们也必须把生活看作一个整体，否则"我们就不得不处于一种可悲的境地"，对于所追求的目标和所走的道路的性质就越来越没有把握。不同学科研究的只是社会生活的一个侧面，如果把这个侧面与整体的社会生活割裂开来，为学科而学科，结果肯定是只能获得关于社会生活的片鳞只爪。如果将一个学科与社会生活整体结合起来，使其服务于对社会生活的了解，在学科学习的同时，加深对社会生活的体验与理解，那么这一过程本身就具有了伦理上的积极意义。比如从周边的社区环境出发的地理教学，从日常生活、社会现象出发的科学教育，因有助于学生对社会生活的理解，所以具有道德上的积极意义。另外，知识内容本身即具有道德教育意义。学校教育的许多内容本身就具有伦理意义，学生在学习、消化这些内容时，也许并未意识到这些内容的道德教育意义，但由于学习者在道德上不是空白的，都有其先在的德行结构和价值取向，因此在学习知识内容的过程中，知识内容所蕴含的人文与道德内容自然而然、悄无声息地融合在了已有的德行结构中。

生活是整体的，在整体性的生活中到处都有道德教育的好材料。只有让学生整体地生活于其中，它才能真正发挥本身所具有的道德教育的意义，否则其只能是胡塞尔所批判的那种导致科学危机和人的存在危机的"死的生活"。在"死的生活"世界里，最容易使人"读死书、死读书、读书死"。

有人记录了关于乡村学校生活的场景：学生吃过饭就会到学校，或者做作业，或者玩耍，低年级的孩子以玩耍为主，充分享受快乐的童年。小学生在学校不会感到沉闷和无聊，他们很会自娱自乐，上课发言积极，兴致很高，下课蹦蹦跳跳，打打闹闹。在低年级学生上课时，课堂气氛颇为生动，有些孩子打开文具盒时，还会有小昆虫从中跳出来。"学校没有多少体育设施，孩子活动常常在于对自身的运用，而不是借助外物：撒土、爬单杠、爬篮球架杆、相互追赶、踢毽子、打沙包"。总之，他们要使自己的身体和心思都活跃起来，在玩耍中获得快乐。他们也确实很快乐，并且很健康。应该说，这样的生活才是人应该过的生活。实际上，由于个体是生长在整体生活中的，所以个体对生活的感悟才是真切的、全面的、深刻的。著名歌唱家帕瓦罗蒂有一晚住在旅馆里，被隔壁房间婴儿的哭闹声吵得无法入睡。后来他发现这个孩子哭了三个小时，一直没有停，声音居然还很洪亮，而自己唱歌超过一个小时声音就要沙哑了。想到这里，他干脆坐起来听孩子哭，渐渐地他发现婴儿不单用丹田发声，而且哭到声音快要破的临界点时，会把声音拉回来。正是受到这件小事的启发，帕瓦罗蒂开始用心体会歌唱方法，最终成了歌唱家。然而，当今的教育却难以体现生活的整体性，学校教育和家庭教育往往把生活中的困难、挫折、逆境、痛苦、矛盾都过滤掉，人为制造没有思想病毒的环境，试图让孩子生活在"真空"中，喝"纯净水"，吃"绿色无污染的食品"，让孩子在顺利、快乐、无忧无虑中成长。这些与社会长时间"绝缘"的孩子一旦进入社会便会束手无策，无法适应复杂的社会生活。曾有这样一个故事：拥有一流捕鱼技术的"渔王"，把织网、划船、识潮汐、辨鱼汛等一整套经验都手把手毫无保留地教给了他的儿子，可他儿子的捕鱼技术竟然赶不上技术比"渔王"差的渔民的儿子，"渔王"百思不得其解，这时一位路人告诉他，你只传授了他技术，却没传给他教训。对于个体来说，没有教训与没有才能一样，都不能使人成大器。

  德育不仅要在学生的学校生活中展开，而且要在学生的校外生活中展开。不能有两套伦理原则，"因为行为是一致的，所以行为的原则也应该是一致的"。如果校内外的生活所遵循的道德原则不一致，就会出现麻烦，教育的效果就会因此抵消。曾有这样一个案例，说的是有位家长很重视对其孩子进行道德教育，如每次吃苹果都要让孩子先拿大的给奶奶，奶奶总会夸奖他一番，然后让他吃，在父母那里也是这样过招一遍。家人自以为这样有助于培养孩子较高的道德水平。有一天，孩子父亲的上司来家做客，孩子的父母想教孩子如何待人接物，就让孩子拿着苹果给上司吃，这位上司看到孩子这么懂事，本不喜欢吃苹果，但觉得不应回绝这样有礼貌的孩子的好意。可就在他拿起苹果咬下第一口的时候，这个五岁的孩子突然大哭起来，一边哭一边说叔叔吃我的苹果，叔叔贪吃。这位上司一口苹果含在嘴里，吐也不是、咽也不是，而孩子的家人更是被孩子这突如其来的举动弄傻了，他们怎么也想不通，平时那么有爱心、有礼貌的儿子，今天的表现怎么这么差？其实这就是使用两套生活原则造成的结果。

  生活是综合的、实践性的，源于生活、形成于生活、现实地存在于生活的道德才是现实合理的道德，才能提高整个生活的道德水平，而整个生活世界道德水平的提高，依赖于学校和整个社会的改造和社会的进步。因此，学校德育环境建设必须与整个社会的改造和进步联系在一起，形成影响受教育者道德成长的整体性、系统性的道德环境。

个人是统一的，道德教育的社会性功能和个体性功能不是截然分开的，道德教育应该整合这两种功能，注意辩证地对待。

德育的社会性功能是指对社会发展所能发挥的客观作用，德育的个体性功能是指德育对教育对象个体发展能够产生的实际影响。德育的社会性功能和个体性功能分析起来是两个领域，但事实上是一体的。一方面，个体性功能的实现不能脱离社会性功能去谈，社会性功能也必须以个体性功能作为实现的中介。每个个体都是社会的个体，人的本质是社会关系的总和，任何个体都是社会的、历史的、具体的个体，而不是抽象的、绝对的、孤独的个体。另一方面，社会又是个体所组成的社会。因此，社会道德的发展，就不能不受制于组成社会的个体的发展。正是这种社会与个体的同构性决定了德育两种功能之间的同构性。德育的社会性功能是个体性功能的汇集，通过德育形成的社会大多数个体的道德倾向、道德水平，标志着社会的道德倾向和道德水平。同样，德育的个体性功能又总是反映着社会性功能，因为只有促使个体遵从一定的社会道德规范和准则，才能使每个个体得以在社会中生存与发展，这是任何德育的个体性功能都必然包含的内容。德育的社会性功能和个体性功能在结构上的相互包容，说明它们之间存在着一定的同构性。此外，德育的社会性功能和个体性功能在功能发挥的机制方面又是互为前提的。

第三节　中小学"家校社"教育整合运行机制的构建

这里的运行机制是指学校教育、家庭教育与社会教育各要素的构成方式、作用方式，以及由此产生的教育活动的整体运行方式。在学校教育、家庭教育、社会教育有效整合的系统中，家庭教育是基础，学校教育起主导作用，社会教育则是家庭和学校教育的补充与延续，三者必须相互配合、和谐一致，以实现系统效益的最大化。为此，必须建立家庭教育、社会教育、学校教育整合的运行机制。在整合过程中，学校教育要注意与社会生活保持一致，注意同家庭、社区及身边人和事的沟通，以促使学生达到全面发展，保持学校教育生态系统的和谐与稳定。学校要主动发挥自己的纽带和桥梁作用。学校教育、家庭教育和社会教育要实现真正的联合，学校作用很重要，只有在学校的协调下，三者才能充分发挥各自的功能，密切配合，形成教育合力，从而产生整体效应。这就需要建立三者有效整合的运行机制。

一、教育整合的沟通机制

学校教育、家庭教育及社会教育必须加强沟通，建立有效的沟通机制。在沟通的过程中，学校应该起主导作用。例如，教师用组织化的沟通系统与家长沟通，有助于家长了解教师对教学的重视和对每一位学生的关心，教师可通过告诉家长如何协助、支持教师，使家长对学校的教育有正向的态度，对子女的学习有较良好的支持。

家长的协助与支持对教育有较大的帮助，而这种帮助与支持的关键在于教师的良好沟通。有的学校通过介绍刊物、组织心理咨询、召开座谈会等形式主动与家庭、与社区进行沟通，如针对目前独生子女教育中存在的"包得过多，管得太宽，期望值太高"的现象组织辅导讲座，分析其危害性，提出明确的教育要求，同时定期组织家长来校听课，参观学生的书画展，观摩学生的文艺、科技、舞蹈、书画、摄影、体育等项目的表演，引起家长对开发孩子潜能、培养良好个性的重视。这有利于学校和家庭在教育思想上形成共识。同时，在实践中注意通过教学渠道发挥学生协调两者教育关系的媒介作用。例如，在中小学作文教学活动过程中，有的学校以"给父母打分"为题，让孩子写在父母教育自己的意见不一时，自己是怎么想的、怎么做的，又会怎么评价这件事。这样不仅锻炼了孩子分辨是非的能力，而且有利于用学校教育的正确观点去纠正家庭教育的不当之处。有的学校为有效整合三者之间的力量，成立学校、家长代表与社区代表教育委员会，并建立了校长信箱和校长接待日制度，以校长为轴心沟通三方面的教育信息，协调好教育步骤，为学生的发展创设一个和谐的教育环境。

三者之间的沟通主要解决以下问题：一是如何说的问题。例如，就家长与学校教师的沟通而言，家长希望教师专业性强、知识丰富、善于沟通、友善，特别是能尽心地关心他们的子女。因此，教师要以友善、坦诚的态度去化解家长的警戒心，表明自己乐于和他们的孩子共处，充分传达对孩子的期望，并确信经由教师及家长的合作能使孩子的学习、成长更有进步。代表校方的教师应该坦白，无须隐瞒事实，也不要支支吾吾，但要用正向的态度及对孩子长远成长的考虑去和家长沟通。这个原则适用于正向及负向的变化。如果学生表现良好，可侧重他们未来发展的潜能；学生表现不好时，应以正向的方法来说明改进之道。教师的坦白与支持的态度会使家长产生同样的态度。在坦白及支持的气氛中，教师应该尽量简单、明白、有条理地说明。当与家长书面或口头沟通时，简单明了的方式较为有效，不要使用专业术语。所谓有条理，就是指在说明事实时用简明扼要的语言显示专业判断。与家长沟通时要简洁，不要太烦琐，用交换信息的基本方式增进家校合作。

二是说什么的问题。以学校班主任与家长沟通为例，如以"学习"为沟通的内容，可专注于教学目标、教学活动、家庭作业等内容。教学目标是导引教育的目标，家长和学生都应对教学目标有所了解，这样每个人才会朝着一致的方向去努力。为了便于家长了解，在与家长沟通时，应将那些分阶段的行为目标归纳为较大的教学目标。教学活动指的是能使学生达到教学目标的方法，包括教室内与教室外的活动。当教师向家长描述教学活动时，应注意简明扼要。可以这么说："在讲课、考试及学生报告时，都会用到教科书""每节课会用二十分钟来讲解，接着是二十分钟的练习""每周有三次十五分钟的家庭作业""把班上的学生分组，每组要共同完成一项作业。所有的作业完成之后，在班上举行分组作业展览，邀请家长及其他师生前来参观。"对家庭作业的说明要尽量清楚、明确。例如"每天晚上有五题作业""写一篇文章的摘要、大纲""写一篇五段式的作文""订正课堂习作的错误"。

与家长、社区代表联系的形式也是多种多样的，但不管以哪种形式进行沟通，校方代表都要注意做好以下工作：一是做好接待工作。不论何种情况，校方对到校来访问的家长或社区代表应给予热情耐心的接待。一般说来，到校来访的家长或社区代表总会带着自己的目的，或了解情况，或商量问题，或提出一定的要求。无论是什么目的，校方都应该耐心地听取家长意见，认真回答家长或社区代表提出的问题，积极给予科学的指导，诚恳地提出自己的意见和建议，尽可能使家长或社区代表满怀希望而来，高高兴兴而归。二是实行教师、家长或社区代表联系卡制度。联系卡可以定期（如每日或每周）在班主任和家长之间或校方代表与社区代表之间互通信息，及时向对方反映学生在学校、家庭、社区活动中的有关情况。当然，联系卡的设计及使用可灵活机动，可以在部分学生中使用，既可反映全面情况，又可着重反映某一方面的情况，也可以装订成册，成为学生的个人教育档案。三是电话联系、网络联系。现在家庭电话已经普及，网络也已成为联系的重要手段。电话和网络快捷、省时，已成为校方及时与家长、社区代表沟通最常用的方法。当然，这样的联系毕竟不是双方或多方面对面的交谈，在联系时缺少相互磋商、相互信任和增进情感的氛围，不能代替其他有效形式。

二、教育整合的活动机制

在学校教育与家庭教育的整合中，要注意建立学校、家庭教育的整体机制，实施以校为本的家校合作活动，包括家长访校、设置家长学校、家长会、家访、电访、成立家校合作委员会等。学校设置的家长学校有助于促使老师与家长共同学习，共同研究孩子的年龄特点、心理特点、认识规律，一起探讨科学育人的规律。在具体实施中，要注意让家长及社会各界参与对学校教育育人工程的监督与管理，实现学校教育与家庭教育的相互渗透。实践已经证明这是搞好教育工作行之有效的途径。教育的完善，社会性的深化，不意味着家庭作用的减弱，而意味着家庭作用的加强。生活向学校提出的任务是如此复杂，以至于如果没有整个社会，那么不管教师做出多大的努力，家庭高度的教育学素养都收不到完满的效果。学校里的一切问题都会在家庭里间接地反映出来，在学校复杂的教育过程中产生的一切困难的根源都可以追溯到家庭。搞好学校教育与家庭教育的整合问题，家庭教育的成效就会大大提高，而良好的家庭教育环境有利于促使孩子尽快成长，家庭成员间高尚的道德关系、浓厚的智力氛围和丰富的精神生活，都将成为对孩子进行教育的重要资源，也易于使家庭教育与学校教育相得益彰。

实现学校教育、家庭教育包括社区教育整合的最有效的方式就是活动。调查表明，中小学生最喜爱活动。可以说活动是教育整合的有效机制。这就需要校方注意牵头，开展丰富多彩的活动，特别要注意三方携手建立活动基地。

学生任何素质的养成，都是合力作用的结果。有人到某国去调研，发现那里的人垃圾分类做得相当好，重要的原因就是教育整合搞得好。在孩子刚上幼儿园时，父母就会教他们食物不要剩下，每天勤洗澡，更换不同的衣服，在家门口必须脱鞋，垃圾自产自销，精细分类，使孩子从小养成爱干净与保持良好卫生的好习惯。而学校教会他们人与环境的关系，甚至有的学校会组织学生去垃圾焚烧场参观，让他们了解不同的分类对垃圾焚烧转化率与资源回收再利用率的影响。

家长会也是较为常见的活动形式之一。家长会是在确定的时间将班级全体或部分家长召集起来，以开会或其他形式进行的教育活动。班主任召开家长会，事先应根据目的，就内容、形式做出周密安排。家长会一般有以下四种主要类型：第一，宣讲型。宣讲和介绍学校、班级的有关情况，宣讲学校有关教育管理的制度与规定、措施与方法，对家长提出一定的要求和希望。第二，研讨型。主要对班级的教育与管理，学生校内外的表现和家庭教育中出现的问题，以及就解决问题的方法、措施进行讨论和研究，如"如何减少和杜绝抄作业现象""如何帮助转化后进学生""对学生劳动习惯的培养""特长生的教育"等。第三，汇报型。向家长汇报学生的有关情况和班级的工作情况，总结成绩，找出差距，及时总结经验和教训。对汇报会的形式可根据内容灵活选择，如以表彰会的形式向家长汇报学生所取得的成绩，组织家长观看学生军训表演，组织家长参观学生科技制作成果展，等等。第四，参与活动型。组织家长参加班级的有关活动，家长在活动中直接对学生进行教育，如组织家长参加班级主题班会、联欢会、演唱会、亲子夏令营、"迎接18岁"

等活动。这类活动生动活泼，深受家长和学生的欢迎，能增进学生和家长、学生和老师的情感，有助于增强班集体的凝聚力。

三、教育整合的资源共享机制

学校、家庭、社区三方在教育资源的构成等方面存在差异，需要建立资源共享的运行机制，促使整体的教育资源都能有效服务于学生的成长。

首先，学校、家庭、社区三方定期、定时向成员发布收集的相关信息，使成员尽快分享大量有效信息。其次，学校、家庭、社区三方定期相互交流合作工作的心得，为三方的互相沟通提供契机。最后，学校、家庭、社区三方整合的组织机构定期向各方代表通报自己的工作概况及成效和实际存在的问题，通报今后需要解决的矛盾和未来发展的动态，并注意就共同关心的话题展开对话，以便进一步取得共识。

整合系统中的组织机构，定期向各方发布有效外部资源信息与成员内部的有效资源信息，实行内外信息通过与资源共享，并注意引导团队成员对信息实行有效的利用。系统组织要特别注意运用大众传媒，发布学校教育、家庭教育、社会教育及三者合作取得的正面效果，用系统整合的成果及系统内部正面的内容去进行有效引导，以扩大教育整合的成效。有人对中学生做过一个调查：经常阅读课外书籍的中学生有25%；经常看报纸的中学生有46%；经常收看电视的中学生高达95%。尽管家长和教师下过"这个不准""那个不准"的禁令，但这些数据说明大众传媒的影响是控制不住的。在教育整合中，如果我们能有效运用大众传媒，那么它对我们建立有效的教育整合机制将会起到重大的作用。

四、教育整合的监督机制

建立教育整合的评估机制，能帮助我们准确了解教育整合的状况，进一步掌握学生的成长规律与学校教育、家庭教育、社区教育整合的规律，为教育整合提供有效的考核保障。

所谓评估机制，就是通过建立教育整合效果的反馈系统，全面科学地评估教育整合内容、过程及方式方法等的效果。教育整合展开以后效果如何？是否坚持了以人为本的价值追求？存在什么问题？今后努力的方向在哪里？对于这些问题，都要通过建立有效的评估机制来确认。在日常实践中，其着力点主要在以下四个方面。

1. 在评估的基本原则上，要注重社会价值与个人价值的统一

一方面，要看整合教育活动是否服务于社会主义现代化建设事业、服从并服务于党的中心工作；另一方面，要看整合教育活动是否促进了学生的全面发展。因此，方向性原则、人本性原则、全面性原则都应该纳入评估的基本原则。此外，还要坚持实事求是原则，全面反映教育整合的效果，对于学生教育的状况及时做出客观评估。一般可分为四种情况：一是总体效果好；二是总体效果一般；三是总体效果不显著；四是总体效果失败。如果学生教育整合出现严重的负面效应，我们就认为其是失败的。

2. 在评估的基本内容上，要看教育整合是否有利于学生成人成才

一般而言，教育的内容既要符合学生的心理特点与需求，又要符合时代发展的要求。学生的感受是评估的中心环节与评估的起点。另外，还要看教育工作领导部门对工作的总体规划和制度设计，以及落实状况是否合理到位，特别要看学生教育的过程是否符合以人为本的要求，看教育过程是否生动活泼、丰富多样，是否把思想性、趣味性、知识性、生活性融为一体。

3. 在评估的方法上，要注意定性与定量的结合，以育人为根本，以学生的全面发展为目标，坚持过程与结果的统一

要树立综合评估思路，把学生文化教育、思想教育及实践活动工作考核评估纳入教学评价体系，将培养目标、学风建设、社会实践活动、成人成才状况等作为核心指标列入其中，充分调动基层开展学生教育的主动性和创造性。特别要注意的是，对教育活动中违背以人为本价值目标追求的应实行一票否决制。

4. 在评估的时间安排上，要注重把平时分散评价与定期集中评价相结合

平时分散评价有某项具体活动的小结、每月工作小结或每季度工作小结

等，这种评价灵活性大，反馈及时，解决问题快，效果明显。集中评价则有学期评价、年度总结评价，或可定期召开学生教育整合工作会议，总结评价近来的工作成绩，指出存在的问题，提出今后努力的目标和任务。

五、教育整合的保障机制

陈延斌在谈到青少年道德教育整合的保障机制时，认为应该从组织领导保障、制度保障与活动场所保障等方面加以完善。实际上，中小学生教育整合的保障机制肯定涉及上述三个方面。这里着重从制度层面阐述教育整合保障机制。

（1）注意完善教育整合中系统建立与发展的相关制度，营造教育整合发展良好的政策环境。要制定具体的学校教育、家庭教育与社区教育整合的办法，规定教育整合各方的权利与义务，明确具体的分工、具体协作的举措，并规定牵头方的具体任务。每年定期召开会议，三方代表定期向教育整合机构汇报工作，接受监督。

（2）建立有效的教育整合内部管理及运行机制，形成凝聚力和向心力。教育整合机构内部管理与运行机制是教育整合健康发展的关键。要坚持开放、动态发展的理念，根据人才培养的规律和趋势，不断吸收教育教学改革的新思想、新方法，根据社会发展的实际需要，改变教育合作的目标与要求，真正做到教育整合的与时俱进。

（3）建立领导管理制度。学生教育的一切工作都必须围绕"人"展开，这是大家所共知的，但要不偏离以人为本的正确方向，需要有完善的领导管理机制。领导管理机构要有效引导三方经常反思：我们的政府、我们的社会、我们的亿万个家庭应当为基础教育做些什么？

就学校而言，要明确学生并不是学校发展的唯一依靠，但学生处于核心地位。建立有序的领导机制，能始终牢记办学的宗旨，把培养什么人、怎样培养人的问题始终放在学校发展的首位，从而保证人本教育的正确方向。尤其值得注意的是，人本教育的目标从设定到达成所走的道路永远都是"Z"形而非直线形，其间要经历人治与法治、人本与物本的较量，特别要能经受住知识本位思想的冲击。要建立起有序的学生教育党政联席会议制度，加强统筹协调，全面贯彻落实科学发展观，紧紧把握以人为本的价值取向，为学生人本教育工作提供有力的制度保障。这也有利于形成学校、社会与家庭教育相结合、相统一的学生人本教育格局，充分发挥学生中介的作用，为学生人本教育活动的校内外结合提供有力的保障。

　　教育整合的管理机制还要有效引导家长参与活动，充分发挥家长的积极性、主动性，提高家长自身的素质，使家长掌握科学的教育方法。要让他们充分认识到理想的父母应该是努力配合学校、社区对孩子进行全方位、多层次的教育，从而促使孩子健康、快乐成长的父母。要有效改善家庭教育环境，这不仅要求家长关注自己的孩子，将精力投入孩子身上，还要求家长搞好自身建设。家长的素质包括许多方面，主要有思想素质、行为习惯、文化素质、教育学心理学的有关知识、有关的教育法规和学校的管理制度等。家长的思想素质和行为习惯是影响子女的重要方面。父母与子女朝夕相处，长期生活在一起，父母的思想观念、道德观念、行为准则和习惯无时无刻不影响着自己的孩子。只有不断提高家长的综合素质，家长才能用自己正确的人生观、价值观、道德观去教育、影响下一代。

参考文献

[1] 石亚军，赵伶俐. 人文素质教育：制度变迁与路径选择 [M]. 北京：中国人民大学出版社，2008.

[2] 杨映琳. 散论素质教育：教育成功的秘密在于尊重学生 [M]. 兰州：敦煌文艺出版社，2019.

[3] 王翼扬，霍楷. 中国高校美育素质教育问题及对策研究 [J]. 湖南包装，2021，36（04）：172-173.

[4] 季海菊. 高校生态德育论 [M]. 南京：东南大学出版社，2011.

[5] 黄德珍，李艳，石中晨. 社会主义核心价值观教育研究 [M]. 北京：中国文史出版社，2015.

[6] 王宗礼,甘德荣.高校德育的协同机制及其实践研究[M].北京:中国文史出版社,2015.

[7] 朱永新. 新教育 [M]. 桂林：漓江出版社，2014.

[8] 毕甸，吴荣超. 普通教育学 [M]. 北京：人民邮电出版社，2013.

[9] 孟亚迪. 普通中小学教师对融合教育改革的关注研究 [D]. 大连：辽宁师范大学，2019.

[10] 刘瑞莹. 我国中小学数学教育改革回顾与反思 [D]. 开封：河南大学，2016.

[11] 乔君臣. 中小学校长教育理念研究 [D]. 武汉：华中科技大学，2016.

[12] 柴敦涛. "互联网+"背景下中小学数学教学改革与实践 [J]. 大众科技，2021，23（01）：121-122，141.

[13] 钟美玲. 一位民办中学校长教育信念的个案研究 [D]. 南昌：江西师范大学，2020.

[14] 宋英杰. 中小学初任校长与资深校长领导力的比较研究 [D]. 曲阜：曲阜师范大学，2020.

[15] 李雯. 教育国际化视野下学校教学领导的新探索 [M]. 北京：中国人民大学出版社，2016.

[16] 张裴. 中国特色社会主义教育政策的演变研究 [D]. 兰州：兰州交通大学，2020.

[17] 岳庆兰. 中小学实验教学开展不利的根源及对策探析 [J]. 现代教育，2019（04）：39-40.

[18] 叶琳. 国家创新驱动发展战略背景下中小学创新教育发展的核心议题 [J]. 科教导刊，2021（20）：172-174.

[19] 钟柏昌. 中小学在线教学的根本问题与教育创新 [J]. 中国电化教育，2021（06）：15-22.

[20] 程林. 专家参与中小学教育改革的机制研究 [D]. 金华：浙江师范大学，2013.